HOSPITALITY

ホスピタリティの戦略論理

LOGIC

感情労働と接客対話の経営学

内田純一

発行：小樽商科大学出版会／発売：日本経済評論社

目次

第Ⅲ部　接客ストラテジー

序章　ホスピタリティ・ロジック

1　世界はホスピタリティでできている

世界が「ホスピタリティ（歓待）」によって構成されていると言われても、読者は何を突飛なことを言い出すのだと思われるかもしれない。ところが、古来より世界はホスピタリティで実際に動いてきたのである。さっそく以下で説明していこう。

（1）歓待と客人厚遇の歴史

たとえば、我々人間にとって切り離せない宗教との関係でみてみよう。日本には四国遍路があり、見知らぬ巡礼者（通称「お遍路さま」と呼ばれる）を四国各地にある霊場（札所と呼ばれる仏教寺院）の周囲に住む地元住民たちがもてなす（これを「お接待」と呼ぶ）習慣が、およそ一二〇〇年前から根付いている。[1] ヨーロッパに目を向ければ、キリスト教的な価値観に基づく異人歓待の歴史があり、中世（五世紀）より異邦人を迎え入れ、無償で食事を出し、宿泊させたりすることがおこなわれてきた。それらの歓待は客人厚遇（原始歓待ともいう）の形でおこなわれてきたが、無償の歓待そのものは一一世紀以降、「支払いを受ける」異人歓待の登場とともに衰退に向かう。[2] しかし、これは「異人歓待業」の成立であるともいえ、歓待する姿勢そのものは受け継がれている。宿泊サービスの起源とは、この異人歓待業の発展形であり、近代的ホテルの原型はまさに歓待にあったというわけである。

一宿一飯の恩義や、水一滴の恩に湧泉で報いる（滴水之恩、涌泉相報）という言葉があるように、古来、旅人への宿の提供は市場取引の対象ではなく、無償でもてなす贈与機能の一部であり、これが宗教的道徳観と結びつき、キリスト教においては異人歓待、仏教的には「お接待」の文化を生んだ。ホスピタリティは、文化の賜物であると同時に、経済活動の源流でもある。

（2） 交易の中の贈与慣行

ホスピタリティが経済活動の源流であることは、貿易・交易の起源が贈与交易にあることを思い起こすことでも理解されよう。交易の根源的な動機が、未踏の土地の産物を獲得したいという人間の願望に基づくとしても、交易関係を結ぶことは異人との間のコミュニケーション装置となり、結果として無用の武力衝突を避ける効果があった。かつての交易は商業的な意味よりも政治的、儀礼的な意味の方が大きかった。

具体例を探せば、マルセル・モース（Mauss, M.）がその贈与論[3]において、アメリカ北西部のインディアン社会にみられる贈答慣行を紹介している。この贈答慣行はポトラッチと呼ばれ、部族が別の部族を盛大な宴でもてなし、財物を惜しみなくふるまった後、もてなされた側の部族は別の機会にそれ以上の財物や饗宴を相手に与える形が繰り返される。そこには、集団間の争いを回避するという狙いがある。

そして、現代の貿易もまた国家間の政治的な安定のもとに成立しており、そのためには国賓や外交官の接待が欠かせない。明治期日本の欧化政策における鹿鳴館[4]の役割を思い起こすとわかりやすいだろう。

このように、古来より、世界はホスピタリティを介在させることで動いてきたし、現代に至っても消滅していないどころか、ホスピタリティのない生活など考えられない。贈答慣行は我々の日常に今でもしっかり定着しており、消える気配はないだろう。また、異人歓待慣行の一部が商業化し、やがて産業化していった結果、近代的ホテルや飲食、各種セレモニーといったホスピタリティ産業を生み出すが、それらは現代の観光産業の世界的隆盛や、日本においては観光立国政策の推進などの影響もあって、政治経済的に重要な産業とみなされるまでに成長している。世界はホスピタリティによって構成されていることの証左である。

2　ホスピタリティはコミュニティ維持のために

前節ではホスピタリティを世界と関連付けたが、本節では、我々の身の回りのコミュニティと関連付けてみよう。ここでは、経済形態の一つである互酬の概念をキーワードとして説明する。

(1)　コミュニティ感覚は互酬性に宿る

我々がどこかのコミュニティに属しているという実感（コミュニティ感覚）が持てる時というのは、いかなる場合であろうか。コミュニティ心理学の分野には、このコミュニティ感覚をはかる指標[5]がある。端的に言えばその尺度においては、自分がコミュニティ内の誰かの力を借りたり、逆に自分が他者の役に立てたり、といった互酬的な相互依存関係に貢献していることを実感したとき、コミュニティへの所属意識が高まると措定する。

この互酬にもとづく関係の引き結びは、前節における贈与交易や贈答関係の背後にある論理と同じである。つまり、歓待やもてなしを受ければ返礼するという返報原理は互酬性によって生まれているが、互酬性が通用するかどうかで、コミュニティの内外や、敵か味方かに分かれるということである。

よって、コミュニティ内部において、一方的に施しを受けつづけている人はコミュニティ内では異質な存在とみなされる。同様に、国家間や部族間での贈答慣行が相手の拒否によって成立しなければ、コミュニティ外のネットワーク関係を維持できず、敵対関係があらわになる。

互酬性や返報原理が、あらゆる社会に見られるのは、それがコミュニティ内部への所属意識を示すためや、外部との対立を避けるために必要なものだからであろう。我々には、贈り物を交換する社会への参加義務、贈られたら返礼する義務、そして受け取る義務という三大義務が課されている。この義務感を共有し、それを嫌々実行するのではなく、ホスピタリティに満ち溢れた形で示すことが、人間関係の維持のためには大事である。ひいてはそうした意識を皆が持ち合わせることで、秩序あるコミュニティの形成や、国際的な平和がもたらされるからである。

(2) 経済の基本構造における互酬

互酬的な相互依存関係を人間の経済における重大要素の一つとみる考え方は、経済人類学においても見られる。経済人類学は、経済学ではなく文化人類学の一分野として、狩猟採集社会のフィールドワークによって、資本主義社会とは異なる原初的社会の経済原理を追究しようとする学問であるが、経済史の視点を持ち込んだカール・ポランニー(Polanyi, K.)によって理論的に大きく発展した(6)。

ポランニーによる人間経済の基本構造は左記のように説明される。

まず図序-1の左側を参照していただきたい。人間は、基本的に上下関係と平等(水平)関係の中で日々を過ごす。この上下関係と平等関係からなる構図はあらゆる社会に見られる。上下関係は、国家のなかで市民として暮らす人間にとっても、原初的な部族社会で暮らす人間にとっても普遍的に存在する構造であるし、平等関係はさらに、無関係と相互関係とに分かれ、社会システムに応じてどちらの関係性に重点が置かれるかは変わるにせよ、必ず双方の関係

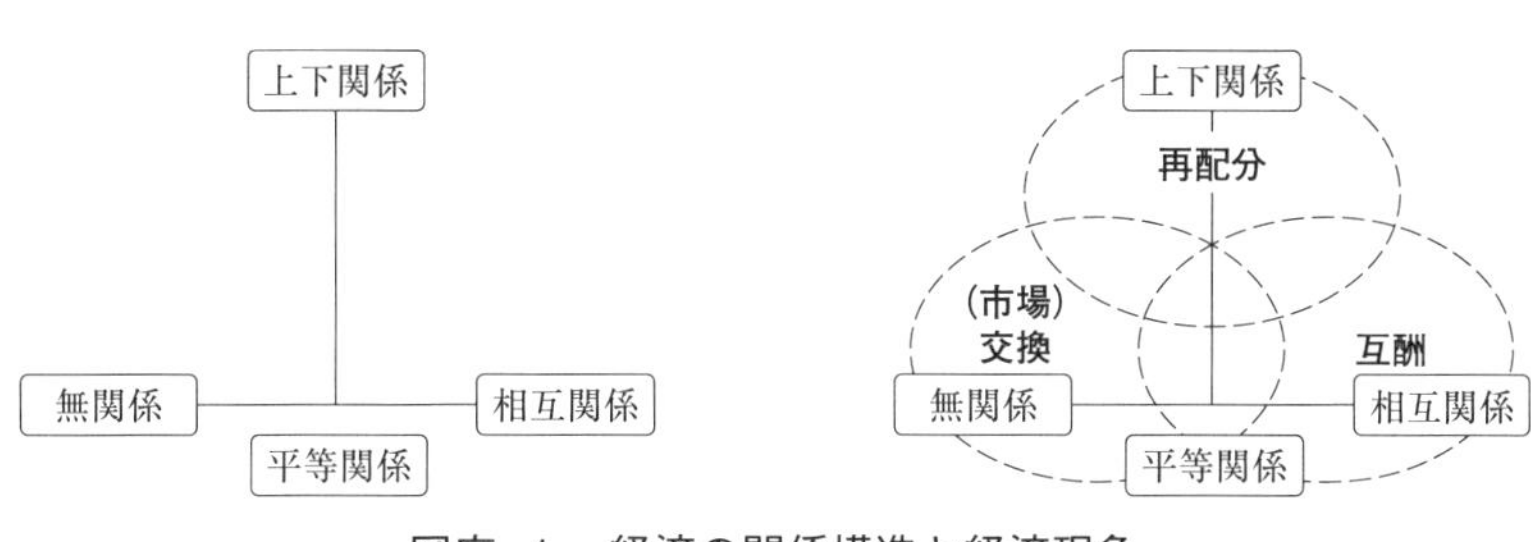

図序-1　経済の関係構造と経済現象

出所：筆者作成。

を合わせ持つ。

次に図序-1の右側を参照していただきたい。これら関係性を含有する人間の経済の基本構造において、具体的な経済現象となるのが、「再配分」、「（市場）交換」、「互酬」の三つである。一つ目の「再配分」は、市場経済体制をとっていない国にもその機能があり、原初的な狩猟採集社会においても集団生活を維持するために再配分が実行される。二つ目の「（市場）交換」については、市場経済体制で主流をなす経済行為であるが、仮に共産的な経済体制をとっていても、市場的な交換は完全に排除できない。また原初的な社会においても、物々交換など、何らかの形で市場的な交換が行われてきた。よって市場交換もまた、市場経済体制下でない社会にも存在する普遍的な経済現象である。そして、三つ目の「互酬」が、原初的な社会における儀礼の一環として発生しながら、現代社会においても交易や贈答品のやりとりなどに根強くその姿を留める経済現象である。

そして、この三つ目の互酬こそ、歓待やもてなしといったホスピタリティ行為の源となっている論理であり、それらの商業化・産業化がホスピタリティ産業を生んだと考えることができるのである。

(3)　互酬の論理をビジネスに活かす

ところで、図序-1のうち、市場型の経済においては交換の後にその関係性がいったんフラットになる（無関係になる）のに対し、互酬のなかでおこなわれる贈与型の経済においては、交易や贈与をおこなう度にコミュニティが強化されるという特徴を持つ。

なぜコミュニティが強固になるのか。互酬では、互いに交易や贈与を繰り返すが、相手への返礼に際し、贈与物の価値を意図的に等価にしないことにより、基本的には対価を払うことを原則とする市場交換と異なり、関係がフラット化せず、限りなく交易や贈与が繰り返されるために同じコミュニティに属しているという自覚が促され、強い相互関係が形成されていくのである。

つまり、互酬の関係性とは、「メンバーシップ」を確認し合う関係であると同時に、この関係性の下では、ときには相手が自力では決して得られないような、高い価値を与え合うことがままある関係である。このような贈与が実践されるのは、古くは部族間の力の誇示のためや、前近代の中国での朝貢と下賜のように皇帝の権威付けのためであったが、現代のビジネスコミュニティに置き換えれば、それは企業と顧客とが同じコミュニティに属しているという意識付けのためにこそ活かせる論理となる。

たとえば、いわゆるファン・マーケティングも、このようなコミュニティ感覚を応用したものであろう。企業や商品、あるいは「推し」の対象に対し、ファンたちは、通常の商取引の関係では考えられないような高い対価を払う。そこで、時として崇高なるものを感じさせるような行為は、市場原理だけでは説明ができない。また、ファン同士も強い相互関係意識で結ばれていることも注目できる。表序-1に具体例をあげるような各種ファン・コミュニティにみられる顧客行動は、明らかに互酬に属する経済の下にある。

このように、ホスピタリティはコミュニティ維持のために機能するし、現代の企業はホスピタリティに潜む互酬の論理を理解し、ビジネスに活用していかなければならない。

表序-1　ファン・コミュニティと活用戦略区分

活用戦略	事例名	実施主体企業	概　要
ファン活性化	ピアプロ	クリプトン・フューチャー・メディア	ヤマハの音声合成技術 VOCALOID エンジンを使った歌声ライブラリソフト「初音ミク」のファン交流を促進するサイトを企業側が用意し、キャラクターを使った二次創作を容認している
ファン育成	ネスカフェアンバサダー	ネスレ日本	ネスカフェ製コーヒーメーカー「バリスタ」をオフィス向けに無料貸出するプログラム。貸出時にはオフィスでバリスタ普及を推進する代表者となる「アンバサダー」を選定する
ファン表彰	MVPアワードプログラム	日本マイクロソフト	マイクロソフトの技術コミュニティ形成に貢献した社外のサポーターを MVP として表彰する制度。執筆や講演を通じて啓蒙にあたる技術者や、サポートに貢献する一般ユーザーを同社が表彰する

出所：筆者作成。

3　ホスピタリティに関する先行文献の記述傾向

前節で筆者は、互酬の性質とホスピタリティとを関連付けたが、本節では、先行する文献がホスピタリティという用語をどう扱ってきたかについて説明していこう。その上で、次節における本書としてのホスピタリティの捉え方を披露する事前準備ステップとしたい。

(1)　ホスピタリティとサービスは違うのか

従来、ホスピタリティについて書き表した書物の中には、サービスとホスピタリティをことさらに対比し、サービスは有償でホスピタリティは無償であるとか、サービスには主従関係があるが、ホスピタリティの方は対等な関係であるとか[7]、さまざまな形でホスピタリティの特殊性を論じるものがあった。具体的には、服部勝人［二〇〇八］[8]や、山本哲士［二〇〇八］[9]などはこうしたホスピタリティ特殊論の立場に立つ。

しかし、サービス経済化が極度に進展した現在、サービスにもさまざまな形態・様式があり、このような区分は無意味になりつつあるように筆者には思える。そもそも古くからの歓待の精神性を現代に継承するサービス業者（すなわち産業区分上のホスピタリティ事業者）もいるため、両者を対比する考え方をする必要性はないのではないか。もちろん、前節で述べた各種ファン・コミュニティに見られる顧客行動のように、いわゆるホスピタリティ事業者以外の企業にも、互酬の論理が介在することは珍しくない。その意味では、古来の歓待が備えていた精神性を継承したホテルや旅館と同様に、あらゆるサービス産業の中にホスピタリティ的要素はある。さらに言えば、製造業の接客サービス部門の中にもホスピタリティ的要素はないよりあったほうが望ましいはずである。

ところで、前田勇［二〇〇七］は、ホスピタリティとサービス、そして観光の三者を論じた書籍において、ホスピタリティの基本的性格を、次の五つの観点から説明しているが[10]、これについても反論しておきたい。

■本書で反論する「ホスピタリティの基本的性格」の観点

①特定行為を意味していないこと
②自発性に基づくものであること
③無償性のものであること
④担い手は庶民であること
⑤ホスピタリティを支える規範

このうち③の「無償性」については、先の服部や山本と同様、サービスとは異なるホスピタリティに独自のものとする考え方である。前田は古代から現代までつづく人間の精神および行動規範としてのホスピタリティが非経済的報酬を目指すのに対し、サービスはすべてが経済報酬の対象であると区分している。しかし、前述したように筆者はこのような区分は意味がないと考える。なぜなら、前田自身が述べているように、現代ではホスピタリティはビジネス用語として定着しており、ホテルやレストランなどの接客を伴うサービス業をホスピタリティ産業（あるいはホスピタリティ・ビジネス）と呼ぶことが常態化している。たとえそのホスピタリティ産業のおこなう事業の中に、無償性の要素と有償性の要素とが混じり合っているとしても、それを区分することは難しいし、なによりビジネス実践の場に示唆を与えないであろう。無償性を強調しすぎることは、日本において「サービス」という用語が、タダとかおまけの意味で使われることと同様に、顧客に誤解を生む可能性がある。むしろ、筆者が例示したファン・コミュニティの活用のように、互酬の論理の中に包含していった方が、実務的なメリットを得やすいはずである。実際、ファン・コミュニティの行動原理は、顧客側からの非経済的報酬（仲間内での名声や「推し」への貢献）が原動力である。こう考えると、前田が別にあげた基本的性格の一つである④の「担い手は庶民であること」がより生きてくる。前田は「ホスピタリティは報酬と無縁な概念である[11]」というが、ファンが無償でおこなう貢献を、有償ビジネスと切り離してしまうべきではないだろう。

次に②の「自発性」についても見ておこう。前田は自発性を、ホスピタリティがボランタリーな活動であるという観点から説明している。自由意思で行われる随意性のある行為が、ホスピタリティであるというのである。しかし、この特徴づけもまた無償性同様、ホスピタリティ産業の現実と相性が悪い。なにより、自由意思や自発性が、前田が別にあげた基本的性格の一つである⑤の「ホスピタリティを支える規範」と無関係に湧き上がってくるものとはいえないだろう。前節で説明した互酬性が、宗教的な規範や、返報原理などの行動規範から成立するものであるように、人々をボランティアに駆り立てる自発性もまた、規範が支えているはずである。前記の点を鑑みるに、前田の言う②、③、④そして⑤は、すべてホスピタリティが持つ互酬性として一括して理解してしまうほうが都合がよい。

残る①の「特定行為を意味していない」点は、逆に言えば、顧客を喜ばせる（歓待する）目的でおこなうすべての行為がホスピタリティの範疇に含まれるということであり、この点を本書でも追究していくこととなる。

(2) ホスピタリティは全体、サービスは部分

ホスピタリティを冠した書物の狙いとするところは何であろうか。前項でみたホスピタリティとサービスの違いを論じる以外に、ホスピタリティという書名に著者は何を込めようとしているのだろうか。

たとえば、青木義英・神田孝治・吉田道代編著［二〇一三］[12]のように、ホスピタリティに関する概念や原理を扱った書物は、本章の冒頭で紹介した「歓待」が現代の観光に姿を変えて現出していることを理解するのに役立つ。それでは、概念や原理ではなく、主に実務に関心のある、経営書やビジネス書ではどうであろうか。

結論を先どりするならば、ホスピタリティを書名に冠するマネジメント領域の書籍の多くは、いわゆるサービス・マネジメント論と異なる理論を展開しているわけではない。このことは海外の刊行物に視点を広げても事情は変わらない。たとえば、マーケティング論で世界的に著名な学者であるフィリップ・コトラー（Kotler, P.）によるホスピタリティ・マーケティングの書籍[13]は、ホテルやレストランなどのホスピタリティ産業向けに、一般のマーケティング論の中から適用可能なものをピックアップしているに過ぎない。このことは、とくにアメリカにおいてホスピタリティという用語が産業区分として定着し、現代日本のように概念や原理が語られることが少ないことをよく示している。[14]

一方で、ホスピタリティ産業で培われた経営の論理が、他産業にも有効であることを標榜する動きもある。たとえば、世界的に有名なホテルスクールを擁するコーネル大学では、大学院レベルの専攻名にホスピタリティの名を冠している。[15]コーネルのホスピタリティ専攻で学ぶ内容は、あらゆるビジネスにとって必要な論理であることを強調し、他産業の実務経験者にも広く門戸を開いているのである。ホスピタリティ産業向けの経営論が他産業にも貢献する可能性の主張は、同大学の考え方をよく示した出版物[16]にも現れている。このうち、特徴的な記述を一つだけ紹介するならば、カスタマーという用語を使わずに、ゲスト（guest）という用語を意識的に使っているという点があげられよう。ホスピタリティという言葉は、ラテン語の hospitalitem に由来し、客人（hospes）と敵（hostis）に対する温かみと配

慮を持った歓迎すなわち歓待を意味している[17]。客人だけでなく敵とあるのは、本章の前半でも紹介したような異人や他部族といった他所者（よそもの）が含まれるからである。続いて述べているように、それら歓待は、明確にコミュニティを維持するために用いられており、ファン・コミュニティの例を持ち出すまでもなく、あらゆるサービス業にとって応用できる可能性を持つ。

だからこそ本書は、本章の冒頭で述べたように、世界はホスピタリティでできており、あらゆる産業にホスピタリティが必要であると強調したのである。そのため本書においても、コーネルのホテルスクール同様に、あらゆるサービス業、製造業のサービス部門、公共サービスなどにホスピタリティ（歓待）の仕事はあるし、ホスピタリティは全体であり、サービスは部分であるという捉え方[18]を採用する。ただし、これはホスピタリティが上位でサービスが下位にあるということではない[19]。そうではなく、ゲストを歓待するという、ホスピタリティの仕事の過程において、さまざまなサービスが動員される必要があるということである。

4　本書におけるホスピタリティの捉え方

なぜ本書は、接客という従業員サイドが対顧客の最前線で繰り出すストラテジー（Ⅲ部）と、経営トップやマネジャーといった管理サイドからのマネジメント（Ⅱ部）との双方を扱うのだろうか。さらにはそれに先立つ形で、総合的なホスピタリティ企業の経営戦略論（Ⅰ部）も含めて、これらを同じ本の中で扱っていくのだろうか。この点について本節では説明しておきたい。

そのためには前提条件として、ホスピタリティ産業のみならず、サービス提供というものが本質的に、接客というサービスのフロントラインだけでなく、それをサポートするバックオフィスにも支えられるという、図序-2のよう

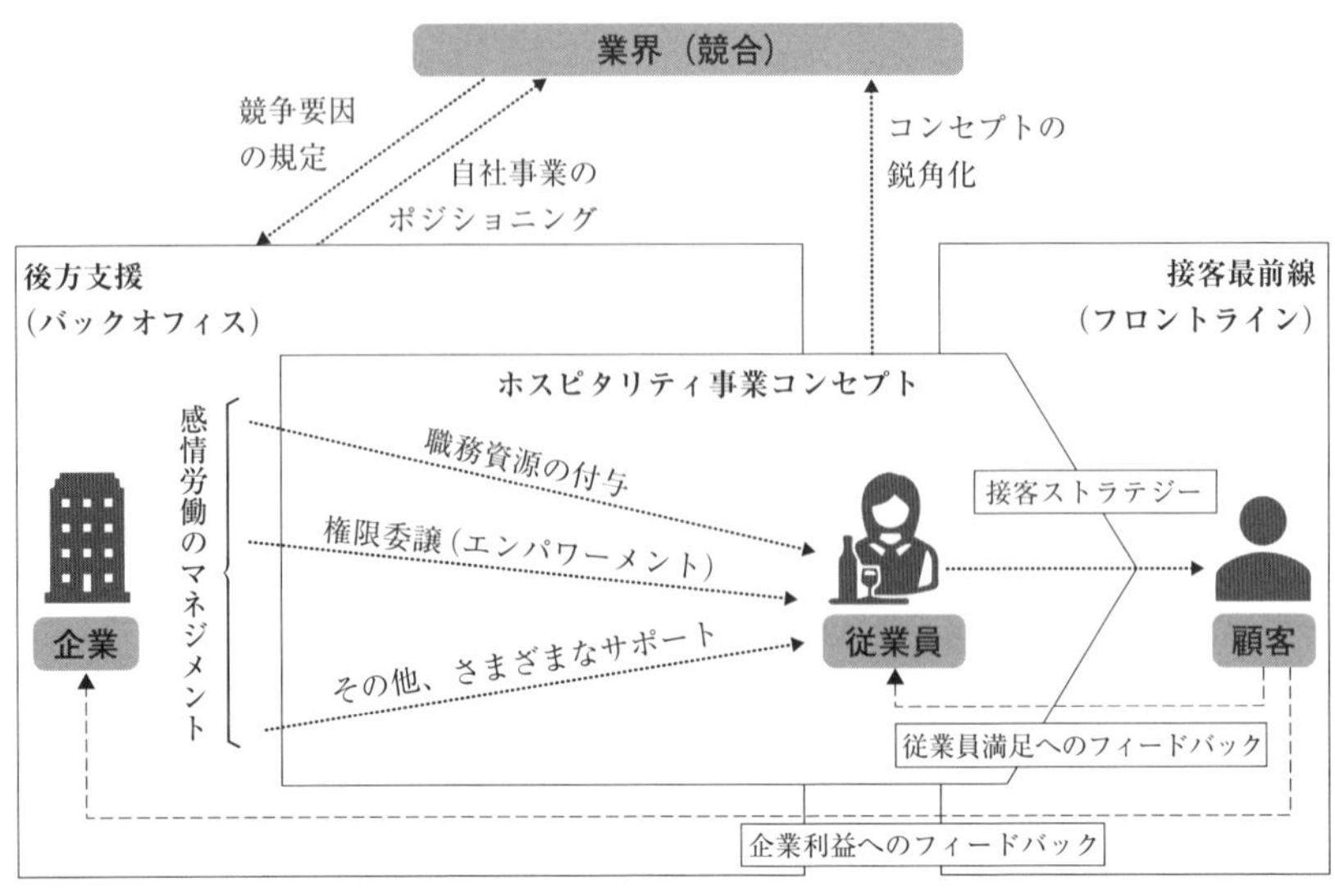

図序-2　ホスピタリティ事業の構図

出所：筆者作成。

な構図を思い浮かべる必要がある。そのうえで、以下の三つの理由を考慮してみていただきたい。

⑴　感情労働のコントロール

第一の理由は、感情労働を効果的に「発揮させる」という発想は主体が企業側にあるが、同時に感情労働をはじめとする接客ストラテジーは、接客従事者が自らの裁量によって主体的に繰り出す武器、すなわち接客上の効果的ツールでもあるという点である。

たとえば、企業側から現場の従業員に対して「いつも笑顔で接客を」という方針が伝達されていれば、笑顔によって顧客を満足させることが職務要求であると考えられる。ホテルやレストランなどに代表されるホスピタリティ産業の多くは、このような感情統制の方針を持っていることが多い。しかし、医師や弁護士あるいは教師のように、職務要求で感情が統制されることのほとんどない職種であっても、笑顔に代表される感情を自らのポリシーで発動すれば、それぞれの顧客（患者、クライアント、生徒）に対する診断や法的助言、学習指導効果などを高めることは可能である。その意味で、感情労働に関する知識は、企業側だけが理解していればよいというものではなく、接客にあたる従業員自らが理解してそれを意識的にコントロールし、効果的に感情を「発揮する」ことで、職務遂行を円滑にできる。そして、そのような武器となるものは感情だけに限らない。接客のためのあらゆる技術がそこに含まれるし、多彩なサービスがそこに投入されることになる。

前節で、「ホスピタリティは全体であり、サービスは部分である」と述べたが、図序-2の用法に従えば、〈ホスピタリティ事業コンセプト〉を実現するために、多彩なサービスが従業員によって〈接客ストラテジー〉とともに、顧客に対して投入されるということである。なお、この接客ストラテジーは第Ⅲ部で扱う。

(2)　顧客の喜びと接客の喜び

第二の理由は、こうした主体的に感情を発揮するような接客スタイルは、医師や弁護士、教師といった職種に限らず、あらゆる業種・業態で可能という点である。

先の図序-2の企業側から従業員への矢印を見てほしい。ホスピタリティ事業のフロントラインに対して、職務資源の付与や、適切な権限委譲（エンパワーメント）がなされることによって、企業側の機能を部分的に移管したことになる。そして、そのうえで従業員が主体的に感情を含む接客上の技術を効果的に発揮すれば、顧客満足を高めることが従業員レベルの創意工夫によって可能になってくるわけである。

これにより顧客が満足すれば、リピーターを生むことにつながるため、企業にとっての利益にもなる。それだけでなく現場の従業員も、自らが対面した顧客が満足した事実に触れられれば、従業員満足を感じやすい。これらを示したのが、図序-2の下方にある二つの〈フィードバック〉のループ線である。そして、こうした顧客満足の従業員満足への還流現象は、適切な職務資源の付与と権限委譲があることによって促進されることがよく知られている。全体がチェーンのような構図になっているということである。

もちろん本書がとくに注目する感情労働というトピックには第Ⅱ部で詳述されるように、従業員個人の私的感情を会社という公的存在が搾取する側面がないわけではない。しかし、だからこそ感情労働のノウハウは組織マネジメントの領域だけにではなく、従業員の私的コントロールの領域に置くことに意味がある。実務的にも顧客を喜ばせるという行為に職業人としてのやりがいを感じさせることは重要であるが、このような顧客満足イコール従業員満足という構図がある場合には感情労働を私的領域の管轄に置き、従業員によって統制されることで接客の喜びがより高まるからである。

(3) 接客過程のコンセプトで競争する

第三の理由としては、上述の二点を考慮した企業ごとのマネジメントスタイルの違いが、ホスピタリティ業界の中での競争を規定することである。

第Ⅰ部で扱うホスピタリティ業界の経営戦略論では、メイントピックとして競争戦略論を扱うが、完成した製品の質や価格という結果のみで評価されることの多い製造業と異なり、ホスピタリティ業界では、最前線の顧客への接客や、その接客を支える組織マネジメントの全体がサービス商品の差となって現れる。よく言われるように、サービス商品は「結果と過程」からなっており、とりわけ接客中の効果的な感情発揮は、過程に対する顧客評価に大きく影響する。実際、ファストフード店ではフードそのものを早く提供することが中核的な商品であっても、顧客満足を形成する上では、商品提供までの過程で現れる、いわゆるスマイルの役割が無視できない。過程部分も商品の一部であるし、それどころか過程に宿るサービスこそがホスピタリティ業界のコアである。

このように、ホスピタリティ業界では、結果としての商品だけでなく、組織マネジメントによって大いに作用される過程もまた自社の競争ポジションを決めることになる。場合によっては、競争との兼ね合いから、感情労働についてのマネジメントスタイルを変える必要も生じるに違いない。そこで問われるのが、先の図序-2において、中心にあるホスピタリティ事業コンセプトから上方の業界（競合）に向かう矢印である「コンセプトの鋭角化」である。

実際、ホスピタリティ産業の競争は厳しく、そこではサービス競争が繰り広げられるが、そのサービスは感情労働のマネジメントによって支えられた事業コンセプトを中心にして動いている。このコンセプトが鋭角化されなければ、業界のなかで自社の事業コンセプトが埋没し、存在感を示せない。より直接的に言えば、競争力がなく売れないサービスとなる。その意味では、競争を意識せずには、事業コンセプトを定めることも組織マネジメントの方針を決めることも現実的にはできない。これが第Ⅰ部で戦略論を扱う理由である。

右記のような執筆上の意図により、本書は戦略、接客、組織という三つのトピックを一連なりのものとして扱う。

5　本書の構成

本書は、業界レベルのロジックを第Ⅰ部、組織レベルのロジックを第Ⅱ部、現場レベルのロジックを第Ⅲ部に配置した。トップマネジメントからマネジャー層、そして従業員へと、その視点がマクロからメゾ、そしてミクロへと徐々に現場レベルに降りていく構成を採っている。

本章（序章）につづく第Ⅰ部（1～4章）から、第Ⅱ部（5～8章）、そして第Ⅲ部（9～12章）までの三部によって本書は成り、最後に終章によって総括される。全体はこの計一四章構成である。図序-3で示すように、各部は、業界レベル（第Ⅰ部）、組織レベル（第Ⅱ部）、現場レベル（第Ⅲ部）のロジックに分かれ、全体としてホスピタリティ事業に必要な戦略論理を網羅できるように構成されている。

ホスピタリティ・ロジック

業界レベルのロジック

第Ⅰ部　ホスピタリティ産業の戦略
- 第1章　ホスピタリティ事業コンセプト
- 第2章　業界の競争要因を分析する
- 第3章　ポジショニングの基本戦略
- 第4章　適正な値付けのためのコンセプト鋭角化

組織レベルのロジック

第Ⅱ部　感情労働のマネジメント
- 第5章　労働者の動機づけとやりがい
- 第6章　接客部門で働く人の自己効力感を高める
- 第7章　感情労働者の演技
- 第8章　感情労働マネジメントをどう考えるか

現場レベルのロジック

第Ⅲ部　接客ストラテジー
- 第9章　接客・顧客対応の経営学
- 第10章　顧客のフェイスを尊重するポライトネス理論
- 第11章　ポライトネス・ストラテジー
- 第12章　ポライトネス理論を接客に応用する

図序-3　本書の構成

出所：筆者作成。

左記では各部ごとに章の概要を示しておこう。

(1) ホスピタリティ産業の戦略

第Ⅰ部では、産業分類としてのホスピタリティ産業における戦略論を扱う。経営戦略の基本から解説するが、中心となるのは競争戦略論である。各章の概要について、以下で順に説明する。

1章では、事業領域（ドメイン）やビジネスモデル論などを扱う。ホスピタリティ産業にとって、自社のサービス・コンセプトがいかに重要かについて説明し、コンセプトメーキングの考え方について説明する。

つづく2章では、外部環境を捉えながら自社の戦略を構想する際に必要となる業界分析の基本的フレームワークとして有名な「五つの競争要因」について説明する。ここではあらゆる業界に普遍的に適用できる考え方だけでなく、競争戦略論では十分に議論されていない、不利な立場からの対抗戦略についてもホスピタリティ産業の事例で紹介する。

次の3章では最初に、差別化や集中、そしてコストリーダーシップからなる「三つの基本戦略」を国内ハンバーガー業界の事例で説明する。そして、学説的に競争戦略論の対抗勢力と位置づけられている資源ベース戦略の影響を受けて登場した、競争優位の戦略の代表的分析ツールであるバリューチェーンについて解説する。

本書では、ここまでの三つの章で経営戦略に関する主要理論をほぼ紹介し終えることになる。

第Ⅰ部の最終章である4章では、近年のホスピタリティ産業にとって課題とされる適正な値付けを、サービス・コンセプトの鋭角化によって実現する方法について筆者独自の考え方を紹介している。

このように、本書の第Ⅰ部は、経営戦略論のテキストとしても必須の内容をほぼ網羅しながら、ホスピタリティ産業の事例に即してそれらを考察している点に特色がある。理論を学びながら、ホスピタリティ業界をとりまく業界事情についても理解できるように構成している。

(2) 感情労働のマネジメント

第Ⅱ部では、感情労働者の組織マネジメントを扱う。ホスピタリティ産業における接客のフロントラインに立つ従業員は、意志に反して笑顔を表出したり、自身の感情をコントロールしたりと、仕事中に演技をしなければならない場合が多い。その意味では、ホスピタリティ産業に従事する者のほとんどは感情労働者であり、ホスピタリティ企業は感情労働マネジメントへの理解を深めておかなければならない。そこで、第Ⅱ部の各章（5～8章）では、ホスピタリティ産業および接客従事者を抱える企業が、感情労働をふまえた〈組織マネジメント論〉について考えるためのヒントを提供することを目指した。各章の概要について順に説明していこう。

最初の5章では、労働経済や経営管理に関する古典的な理論を参照しながら、人間社会の近代的課題とされてきた「労働者の心を守る」ことの意味を探る。そして労働者の成長欲求に着目し、感情労働者をどう動機づけるか（モチベーションを高めるか）について考察する。

つづく6章では、接客部門で働く人々の自己効力感（有能感）を高めるために、どのような制度や施策があるのかについて紹介する。ここでキーワードとなるのは、権限委譲（エンパワーメント）である。権限委譲を成功させるには、ホスピタリティ従事者の働く喜びをいかに創出するかがカギになる。

そして7章では、感情労働にとって不可欠な、感情表出の方法論としての演技法に注目する。人間誰しも感情の表出を強要されたくないものである。ここでは、自己の感情を守るために労使が闘った笑顔戦争のエピソードや、「演技を見破る顧客」対「演技を楽しむ従業員」の攻防についても紹介していく。

最後の8章では、感情労働マネジメントの総論として、具体的な組織マネジメント上の制度設計について述べる。感情労働者は、燃え尽き症候群（バーンアウト）に陥りやすい。人こそが経営資源のほぼすべてであるホスピタリティ企業としては、従業員をバーンアウトさせることは是非とも避けなければならない。そこで本章では、バーンアウトを加速するプラス因子や、その抑止につながるマイナス因子としての職務資源の説明を中核とし、ジョブ・クラフティング理論やワーク・エンゲイジメント（WE）についても言及する。これらにより、感情労働者を抱える企業が、近未来の組織のあり方を考えるための素材を一通り提供する。つまり、この章は感情労働マネジメントをとりまく要素の全体構図を示す部分である。

(3) 接客ストラテジー

第Ⅲ部では、すべての産業・企業にとって欠くことのできない接客の問題を扱う。

接客について世の中に流通している参考書やテキストの多くは、単なる成功体験を記したような、作者らの主観に満ちたものであったり、個々のエピソードとしては参考になるが、自らの仕事に取り入れるには文脈が異なるために応用しにくかったりなど、客観的視点に乏しく、理論化されていないものが多い。本書が第Ⅲ部の執筆にあたって心がけたのは、接客サービスに取り組む実務者にとって、人文・社会科学を横断して参照すべき現場レベルのロジック集をつくることである。それでは各章の概要について順に説明していこう。

第Ⅲ部の幕開けとなる9章では、接客・顧客対応における接遇には、「態度的」と「技能的」という二区分があることを説明し、ついで「サービスが良い」とは一体どのようなことを示すのかについて説明し、「サービスが良いと思わせる」ための秘訣についても説明する。この章ではクレームや苦情対応など、具体的な接客場面を想定しながら、接客時に顧客心理がどのように移ろい、それに対応する接客担当者側は、いかなる行動原則に基づくべきかを解説している。さらに、顧客に「愛敬をふりまかない闘争的な接客」が、むしろ格調の高いサービスとして受け止められるという逆転現象についての考察も加えている。

つづく10章では、顧客の体面（面子）を失わせない、いわば顧客の顔（フェイス）をつぶさない接客のあり方について論じている。フェイスは社会学の概念である。そして、ここで参照するロジックが、言語学における語用論の研究分野であるポライトネス理論である。ちなみに、ポライトネスというワードのもともとの意味は、礼儀や丁寧さといったものである。語用論ではこのポライトネス理論を用いた言語ストラテジーに関する一定の研究蓄積があり、接客実務にも取り入れやすいものであるため、本章でホスピタリティ産業に応用し得る理論部分について、そのエッセンスを紹介する。

その次の11章でもポライトネス理論を扱い、ここでは、対話相手と親しくなるためのポジティブポライトネス・ストラテジー（親近方略）と、誰しもが備えている「そっとしておいて欲しい」とか「自分のプライベート領域に踏みこまないで欲しい」といった気持ちに対応するためのネガティブポライトネス・ストラテジー（不可侵方略）に言及する。いずれの方略も、ホスピタリティの現場に考え方を取り入れることで、顧客との関係性の築き方や距離の適切な取り方に悩む接客従事者にとっての支えや指針となるものである。この章では、飲食業態のなかでも水商売、具体的には「スナック」の事例や、病院における患者との対話の事例などを引用しながら、ポライトネス・ストラテジーのあり方について考察していく。

最後の12章では、ここまでの二つの章で説明したポライトネス理論を実際の接客サービスに取り入れるための具体的施策について扱っている。たとえば、接客実務の現場において、顧客のフェイスを損ねずにポライトネスを利用しながら接客の質を高める方法について考察している。また、商談をまとめる必要に迫られている営業マンや、ホスピタリティ業界において接待を伴うサービスに従事している読者を念頭に、接客術として取り入れやすい論理も紹介する。ここでとくに注目したのが、「褒め」や「自己卑下」といった具体的対話戦略である。

本書で紹介したポライトネス理論のエッセンスを使えば、成功している接客担当者が、いかなる言語ストラテジーを駆使しているかを見抜ける能力が培われる。第Ⅲ部で扱うポライトネス理論は、ホスピタリティ分野の類書において言及されることはほぼない。それゆえ、ホスピタリティに関する論理の集成を目指す本書における、もっともユニークな記述部分となっている。

右記の第Ⅰ部から第Ⅲ部までの議論を踏まえ、終章では優れた接客サービスとは何か、そして優れたホスピタリティとは何かについて、本書で紹介したロジックを取り入れながら総合的に論じる。行論では、日本的おもてなしの本質が、近年新設されたばかりのサービスエクセレンス国際規格（ISO 23592およびISO/TS 24082）の要点とともに紐解かれ、日本が誇るおもてなしの未来を展望するという本書の締め括りとなる最終的な議論を展開する。

本書執筆にあたっては、サービス経営学はもちろん、人文科学から社会科学にわたる論理を幅広く参照し、ホスピタリティ業界に応用可能な理論や枠組み、考え方などを取捨選択し、それらを事例に照らしあわせることで、実務に応用できるロジック集としてまとめた。これは類書にはない本書独自の試みである。

素晴らしきホスピタリティの世界へ、ようこそ！

注

（1）四国八十八ヶ所霊場は、讃岐（現在の香川県）出身とされる弘法大師（空海）により開創された。空海が生まれたのは宝亀五（七七四）年であり、開創は空海が四二歳のときだといわれている。

（2）H・C・パイヤー／岩井隆夫訳［一九九七］『異人歓待の歴史――中世ヨーロッパにおける客人厚遇、居酒屋そして宿屋』ハーベスト社（Peyer, H. C. 1987, *Von der Gastfreundschaft zum Gasthaus: Studien zur Gastlichkeit im Mittelalter*, Hannover: Hahnsche Buchhandlung）。

（3）M・モース／森山工訳［二〇一四］『贈与論 他二篇』岩波文庫（Mauss, M. 1978, *Essai sur le don: Forme et raison de l'échange dans les sociétés archaïques*, Paris: P.U.F.）。

（4）朝鮮との外交交渉に実績のあった井上馨が、外務卿となった後の一八八三（明治一六）年に建設した西洋建築の迎賓館。諸外国の国賓・外交官との社交場であり、不平等条約改正交渉の場とする狙いがあった。

（5）McMillan D. W. and Chavis, D. M.［1986］Sense of community: A definition and theory, *Journal of Community Psychology*, 14(1), pp. 6-23.

（6）K・ポランニー／玉野井芳郎・栗本慎一郎訳［一九八〇］『人間の経済Ⅰ――市場社会の虚構性』岩波現代選書（Polanyi, K. 1977, *The Livelihood of Man*, New York: Academic Press）。

（7）図序-1にも表れているように、市場（交換）や互酬が、常に完全な平等関係にあるわけではなく、程度の違いはあれ、上下関係の要素を併せ持つことが想定されている。実際、ホスピタリティの源流である歓待には、上下関係とまでは言えないにせよ、異人や他の部族との関係において平等な関係ということはない。むしろ、相手よりも上位に立とうとすることもある。このことは現代におけるサービスやホスピタリティも同様であろう。

（8）服部勝人［二〇〇八］『ホスピタリティ・マネジメント入門』（第二版、丸善）三三～四三頁。

（9）山本哲士［二〇〇八］『ホスピタリティ原論――哲学と経済の新設計』（新版、文化科学高等研究院）一〇～四二頁。

(10) 前田勇［二〇〇七］『現代観光とホスピタリティ――サービス理論からのアプローチ』学文社、七〜一六頁。

(11) 前田［二〇〇七］一三頁。

(12) 青木義英・神田孝治・吉田道代編著［二〇一三］『ホスピタリティ入門』新曜社。

(13) 現在までに八版を重ねている（第二版と第三版には邦訳がある）。最新版は二〇二一年に発刊された。Kotler, P., Bowen, J. T. C. and Baloglu, S. [2021] *Marketing for Hospitality and Tourism*, 8th Edition, Harlow: Pearson Education Limited.

(14) 近藤も欧米のサービス・マネジメントの分野でホスピタリティそのものが研究対象になることはほとんどないことを指摘している。近藤隆雄［二〇〇七］『サービス・マネジメント入門――ものづくりから価値づくりの視点へ』（第三版、生産性出版）一八二頁。

(15) この大学院プログラムで取得できる学位名称は、MMH（Master of Management in Hospitality）。

(16) Sturman, M. C., Corgel, J. B. and Verma, R. (eds.) [2011] *The Cornell School of Hotel Administration on Hospitality: Cutting Edge Thinking and Practice*, Hoboken: Wiley.

(17) *Ibid.*, p. 6.

(18) *Ibid.*, p. 9.

(19) 徳江順一郎も、このようなホスピタリティが上位でサービスが下位とする議論の不毛さを指摘している。徳江順一郎［二〇一二］『ホスピタリティ・マネジメント』（第三版、同文舘出版）五三〜五四頁。

第Ⅰ部　ホスピタリティ産業の戦略

第1章　ホスピタリティ事業コンセプト

1　事業領域を定める

ホスピタリティ産業に限らず、事業構想の出発点はコンセプトメーキングにあるといえるだろう。たとえば、誰かが起業家予備軍として、いつかホテルビジネスに参入したいと心の中に決めていたとする。しかし、この段階ではまだ事業構想が何も決まっていないに等しい。ホテルビジネスにはごく簡単な業態区分であってもシティホテルやリゾートホテル、ビジネスホテルといったように、異なるビジネスモデルを持つ事業に分かれ、これに国によって固有の文化的土壌によって成立した宿泊形態を加味しただけでもかなりのバリエーションに細分化されていく。ここでは、ホテルの場合を想定し、事業領域（ドメイン）をどう定めるかについて解説しよう。

(1)　ホテルの業態区分

ビジネスホテルという業態区分は日本独自のもので、シティホテルから料飲機能や宴会機能を省略し、商用目的の顧客に特化したローコスト版ホテル（ＬＣＨ）モデルが日本流のビジネスホテルである。特に低価格帯のビジネスホテルは、英語圏では「バジェット」タイプのホテルと呼んだほうが理解されやすい。しかし、高価格帯のビジネスホ

表1-1　日本のホテル分類の例

	グレード設定	客室価格帯	客室面積
客室	最高級(ラグジュアリー)	40,000円以上	40m^{2}以上
	高級(シティ)	20,000円以上40,000円未満	20m^{2}以上30m^{2}未満
	ビジネス(エコノミー)	10,000円以上20,000円未満	20m^{2}未満
	バジェット(低価格)	10,000円未満	15m^{2}未満
	機能性設定	館内店舗数	
料飲	大規模多機能	5店舗以上	
	中規模多機能	3～4店舗	
	単機能	無店舗～2店舗	
	機能性設定	館内店舗数	
宴会	大規模多機能	400m^{2}以上の大宴会場	
	中規模多機能	150m^2～400m^{2}未満の中宴会場	
	単機能	無宴会場～150m^{2}未満の中宴会場	

出所：廣間準一［2015］92頁。

テルともなると、いわゆるシティホテルとの差がほとんど見られなくなるなど海外顧客にとって日本のホテル形態はわかりにくい[1]。その意味でも明確にコンセプトを主張したほうが、インバウンド顧客が日本の宿泊先を選択する際の助けになるだろう。日本におけるホテル区分については明確なものがないが、表1-1のような分類が便宜上の参考になる。

また、日本の伝統的宿泊形態を加味すれば、旅館、民宿、宿坊などが業態としてプラスされる。海外においても、イギリスにおけるB&B(ベッド&ブレックファースト)、アメリカにおけるモーテル、中国の客桟(きゃくさん)[2]など、当地の伝統や文化が育んだ独自業態が存在する。これらの中から、業態を定めることが、コンセプトメーキングに先立つ作業となる。

(2)　事業領域(ドメイン)の設定法

そして、ホテル業態をこれらのうちのどれにするかを決めたとしても、まだコンセプトを決めたことにはならない。コンセプトの基礎は、誰に(WHO)、何を(WHAT)、どのように(HOW)、提案するのかを決めることだと言われるが、この三つは、実は図1-1のようなデレク・エーベル(Abell, D. F.)による事業領域設定の枠組み[3]にも現れている。

エーベルの整理による顧客機能とは、顧客のニーズであり、すなわち誰に何を提案するかというＷＨＡＴにあたる。また、顧客層とは顧客ターゲットとなる集団のことであり、具体的に人口動態的に見た場合のＺ世代を顧客ターゲットとするとか、団塊の世代をターゲットとするなどといったＷＨＯにあたる。そして、独自能力・技術とは、どのような方法で選択した顧客層に販売するか、あるいはいかなる技術を使って顧客機能を満足させようとするかというＨＯＷにあたる。

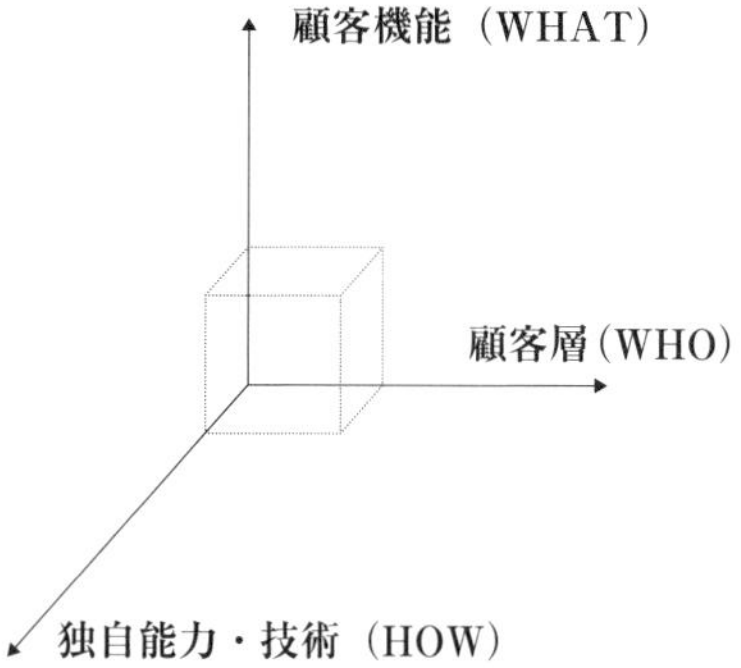

図１－１　事業領域（ドメイン）設定の枠組み

出所：Abell, D. F.［1980］（訳書）37 頁。

たとえば、観光地である小樽の中心部に典型的なビジネスホテルを新たにオープンするとしよう。どのような業態にも典型的業態（その業態における最も一般的に普及した形態）があり、もし仮に誰かが事業構想するホテルビジネスが、この最もよく見られるタイプのビジネスホテルで良いなら、そのコンセプトにおけるＷＨＡＴは決まったことになる。そして、典型的ビジネスホテルをごくオーソドックスに展開するのであれば、客室販売方法もそのオペレーションも業界の常識的な内容となる。つまり、ＨＯＷも自ずと定まってくる。もちろん、典型的ビジネスホテルの顧客層は広いため、ＷＨＯはかなり広範囲に狙うということになる。これら三つの要素を設定することで、図１-１に点線印で示した三次元の空間が定まり、これが事業領域となる。

2　ドメイン定義のパターン

前項で設定した典型的ビジネスホテルという事業領域を選択しただけで、果たして本当に儲かるのだろうか。小樽は通過型観光地であり、観光客の多くは札幌市内に泊まることが多いため、市内での宿泊客数のパイは限られている。これは小樽という地域特有の事業環境である。同様の事業環境に置かれる地方都市は日本全国に数多く存在するだろう。こうした事業環境にある場合、限られたパイをホテル事業者間でとりあうのだから、当然ながら競争が激しくなる。そして、同じコンセプト同士で競争すれば、価格競争が引き起こされてしまうだろう。

もちろん、事業者によっては、価格競争が起ころうが、自社に勝算があって参入する場合もあるはずである。その場合は典型的ビジネスモデルの王道を行くことになる。あるいは競争を避けるため、コンセプトを尖らせたり、ひねりを入れることで、ＷＨＯを絞ったり、ＨＯＷに独自性を持たせ、自社が生き残れる活路を見出す事業者もあるに違いない。ここでいう王道や、自社が独自に切り拓く活路こそが、ドメインの決定にほかならない。

つまり、コンセプトメーキングとは、自社の事業構想の具体化であると同時に、競争要因によってはそのコンセプトを絞り込んだり、尖らせたりするなどして調整されるものでもあるのである。前述のエーベルは、事業ドメイン定義パターンの基本形には、「集中（focus）戦略」と「差別化（differentiated）戦略」、そしてまったく集中も差別化しない（つまり、当該事業における典型的モデルでの事業ドメイン定義となる）という三つのパターンがあることを示している。左記では、集中と差別化について事例を挙げながら解説しよう。

なお、後述する競争戦略論にも、集中と差別化という用語が使われるため、ここでは「ドメイン集中」と「ドメイン差別化」というように表記しておく。

（1）ドメイン集中――星野リゾートのＯＭＯ

まず、ドメイン集中とは、顧客機能、顧客層、独自能力・技術のうちどれか、あるいは複数を絞り込むものである。その結果として、ターゲット市場そのものは典型的ビジネスホテルのそれよりも狭くなる。

たとえば、小樽には星野リゾートが運営するＯＭＯ５小樽 by 星野リゾートというホテルがある。同社が展開するＯＭＯブランドホテルの多くでは、「ＧＯ-ＫＩＮＪＯ（ゴーキンジョ）」と同社が呼ぶサービスが利用可能になっており、小樽の店舗でも提供されている。これはホテルのパブリックスペースを「ＯＭＯベース」とし、そこに近隣の飲食店、名所などを書き込んだ「ご近所マップ」が設置され、さらに「ご近所ガイドＯＭＯレンジャー」と呼ばれるガイド付きアクティビティも宿が用意するものである。彼らＯＭＯレンジャーのガイドにより小樽市内の伝統的建築物を巡ったり、季節によっては小樽運河クルージングなどを組み合わせたりすることもできる。これはいわゆるオプショナルツアーの宿泊施設による提供形態であるが、典型的ビジネスホテルではオプショナルツアーが主体的に用意されることはほとんどない。そのため、商用しか念頭にないビジネス客のほとんどにはまったく利用されないサービスだが、初めての小樽出張に合わせて観光もしたいというビジネス客やインバウンド旅行者には受けがよい。いわば顧客層を絞り込み、そこに他社には真似しにくい独自能力を組み合わせたビジネスホテルのコンセプトである。

（2）ドメイン差別化――ドーミーインホテル

次に、ドメイン差別化とは、前項のドメイン集中のようにいずれかの要素を特化して市場を小さく捉えることはしないが、典型的モデルにはない固有の個性を尖らせることで、顧客からの支持を得ようとするものである。

たとえば、小樽には共立メンテナンスが運営するドーミーインＰＲＥＭＩＵＮ小樽というホテルがある。ドーミーインは全国にチェーン展開しているが、その多くの店舗において大浴場が設置され、その一部には天然温泉が引かれている。小樽のドーミーインも天然温泉風呂を売りにしており、ビジネス顧客の中でも湯船に浸った入浴は欠かせないと考える宿泊客のニーズに合わせている。この顧客機能に対応する選択をおこなうことで、他の典型的ビジネスホテルとは異なるドメイン定義をしているのである。

ちなみに、前述のＯＭＯの事例は、顧客層の特化すなわち集中をおこなうとともに、ＯＭＯレンジャーになる人材を育成し、それをサービスとして他社に先駆けて提供するという差別化も含まれており、いわば「差別化・集中」のコンセプトであったことを特記しておきたい。この事例のように、ドメイン集中の要素が加わると対象市場は狭くなるが、ドメイン差別化だけを展開する場合は、典型的モデルと同じく広い対象市場を相手にする点が異なる。

実際、全国のドーミーインの場合も、大浴場や天然温泉が提供される点で差別化されているものの、その差別化があることでドーミーインを避ける顧客はほとんどいないだろう。よって、ドメイン集中しているわけではない。

右記がドメイン集中とドメイン差別化の説明である。

なお、前述したように、競争戦略論における基本戦略の中にも、コンセプトを絞り込む「集中戦略」、そして、コンセプトの特異性を高める「差別化戦略」という区分がある。そして、典型的ビジネスモデルの王道を行き勝ち進む企業は、価格競争にも強いという意味ではコストリーダーシップにつながる。この「コストリーダーシップ戦略」も競争戦略論にある選択肢である。なお、コストリーダーシップ戦略はその名にリーダーとある通り、業界のリーダー企業の一人勝ちとなることが多いが、前述の集中戦略を特定市場における価格優位という「コスト集中」の形で実現する戦略が派生される。

ただし、競争戦略論ではエーベルの発想にはみられない業界の競争要因を分析した上での基本戦略の選別というステップを踏む点に特徴がある。これら三つの基本戦略については、次の第２章で業界の競争要因について説明した後の第３章で扱うことにする。

3　コンセプトメーキングの考え方

事業領域を定めたあとは、いよいよコンセプトメーキングの作業となる。具体的には、当該業態における典型的モデルそのままにコンセプトを描くか、そこに何らかの工夫（集中や差別化）を加えて独自に描くかである。そして、このコンセプトメーキングは、発見あるいは創出のいずれかから始まる。もう少し詳しく書くと、ビジネスチャンスを発見しようとする姿勢か、ビジネスアイデアを発想しようとする姿勢かのいずれかに、新サービス開発者の仕事スタイルは分かれる傾向がある。ここでは前者を発見型、後者を創出型と呼び分けておく。まずは、発見型、創出型それぞれの事例をもとに紐解いていこう。その上で、経営戦略論の中で応用できるフレームワークも併せて紹介していくことにする。

(1)　発見型――サウスウエスト航空の事例

誰かが商売を始めるとき、そのコンセプトはどのように思いつくのだろうか。幼い頃からの夢であった職業に就くために、既存の事業体で職業体験を積み、独立して店を持つ場合もあるだろうし、大人になってから直面した困りごとが社会全体で解決されていない状況を目の当たりにし、そのニーズに応えるべく事業に乗り出すかもしれない。しかし、前者の場合には同業者が多ければ限られたパイの取り合いになる。業界によっては過当競争を避けるため、独立に際しての不文律が存在し、それを守ることで既存業者との共存が許される場合が珍しくない(4)。これは業界慣行が存在する例であるが、そのような制約がなくても、自分の生存領域を意識的に確保することは、後述するポジショニング戦略の原型となる。つまり、既存業界の中に、自らの生存領域となるような空きスペース（ニッチ）を発見し、

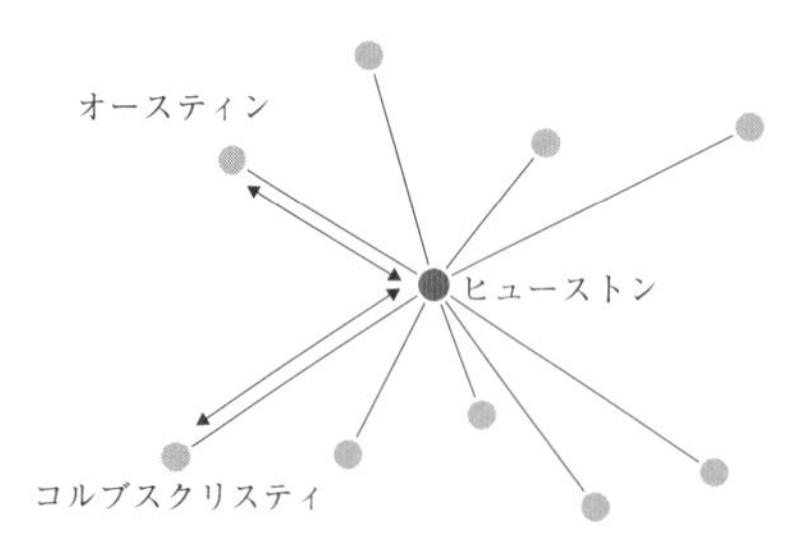

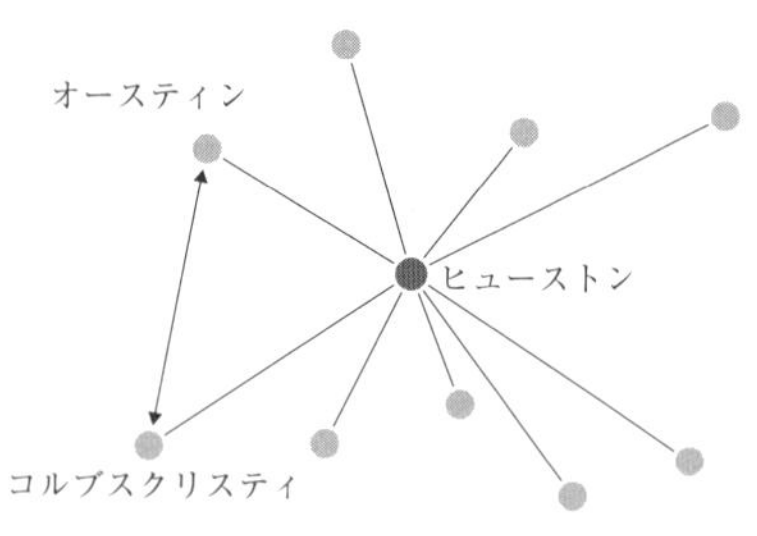

図1－2　就航システム比較

出所：清水洋［2006］119頁。

自社の事業空間を確保する必要がある。

また、後者のように、誰もまだ手を付けていないビジネスは生存領域の確保の必要がない代わりに、誰もその事業に参入しなかったことに、それなりの理由がある。たとえば、開業にあたって多額の資金や、高度な技術が必要であるなどの理由である。また、ニーズはあっても顧客側の方に金銭的余裕がなく、収益性が見込めないこともある。これらは後述する参入障壁に関係する問題である。その場合、なんらかの手段により参入障壁を突破し、収益性を高めるための方策を創出しなければならない。

発見型では、新しいコンセプトを従来の市場のどこかに求めたり、顧客との対話の中から見つけ出そうとしたりする。これは典型的ビジネスモデルとの対比で発見されることが多い。たとえば航空事業におけるローコスト・キャリア（ＬＣＣ）は、明確にフルサービス・キャリア（ＦＳＣ）のコンセプト・プロファイルに重ならないように、サービス要素を取捨選択することで新たな事業モデルとして成立した発見型コンセプトの代表例である。

なかでも、プロファイル棲み分けの代表とされるのが、就航システムの違いである。既存の大手航空会社が、中小規模の空港に向けて、大規模空港であるハブ空港を中心にしつつ、まるで自転車のスポークのような経路図を描く、図1-2左側のような「ハブ・アンド・スポーク（Hub & Spoke）」システムなのに対し、ＬＣＣでは中小規模の空港間を直行便で運航する図1-2右側のような「ポイント・ツー・ポイント（Point to Point）」システムが採用される。

LCCのビジネスモデルの確立者は、アメリカ合衆国テキサス州で一九七一年に運行開始したサウスウェスト航空（SWA）[5]であるが、SWAのように目的地間を直行便で運航するポイント・ツー・ポイントで、そしてその直行便を「高頻度就航」かつ「低価格」で運行するスタイルは、一九九五年就航の英国イージージェット（EZY）などにおいても全面的に取り入れられている[6]。いまやこのLCCプロファイルにもとづくビジネスモデルが世界中に普及しているのは周知の通りである。

発見型とはいえ、そのビジネスを軌道に乗せることは決して楽なものではない。SWAもアメリカ・テキサスにて一九六七年に発足しながらも、既得権益を持つ既存の航空会社との法廷係争[7]を経て、約四年後の一九七一年になってようやく運航を開始できたという経緯がある。航空業界における規制は世界中に見られるため、LCCモデルが英国で取り入れられるまでに二〇年以上の時間を要したし、日本においてもLCCの本格的な参入は、LCC元年と呼ばれる二〇一二年を待たねばならなかった。

つまり、新たに発見されたコンセプトが一般に広く定着すれば、時間はかかっても、やがてその新しいコンセプトもまた典型的モデルの一つとして確立し、それが他の市場に導入されるというサイクルを辿る。具体的にはSWAはLCCコンセプトの最初の発見者であったし、EZYはそのLCCコンセプトを、いまだLCCが参入していなかった英国に最初に取り入れることに商機を見出した市場の発見者であったとみることができる。

もちろんEZYのような後続企業がLCCコンセプトにタダ乗りしているわけではなく、米国で成功したLCCが果たして英国にもなじむかについて、フィージビリティスタディをおこなう必要がある。国によってはLCCを開始するにあたり、航空行政の規制緩和を働きかけ、業界団体の圧力に対抗する手段を講じなければならない場合もあろう。参照モデルがある発見型は、その参照元となった既存の業界との軋轢を生みやすいものでもある。

もう一方の創出型とは、まったく新しいコンセプトにもとづくビジネスモデルの創出のことである。前記のLCCのように参照モデルが存在し、その典型的プロファイルを逐一調整していくことで構築できる発見型と異なり、創出型ではプロファイルの軸そのものをイチから作り出すという、生みの苦しみを乗り越えることが求められる。

そして、創出型にとっての困難は生みの段階だけではない。開発されたサービスを市場に届ける段階でも、顧客が参照すべきビジネスが巷に存在しないので、コンセプトを顧客に伝えることにひと苦労するという茨の道が待っている。たとえば、フルサービスに対する格安航空会社のサービス・コンセプトは比較対象としてのFSCがあるので、LCCというコンセプト自体が新しかった一九八〇年代でも、一般消費者にとってはわかりやすいコンセプトであった。ところが、まったく新しいサービス・コンセプトには、その参照モデルとなるべき比較対象がないのである。

しかし、参照モデルがないからこそ、いかなる事業を世の中に提案するかを宣言するコンセプトが重要になってくる。事業を立ち上げる際にベンチャーキャピタルから投資を得たり、銀行から融資を引き出したりするには、コンセプトを詳細な事業計画にすることも必要だが、もととなるコンセプトに説得力がなければ資金は集まらない。

コンセプトを説得的に他社に理解させるためには、メタファーやストーリーを活用することが効果的である。具体例としては、株式会社エアークローゼットにおけるメタファーとストーリーの活用があげられる。

（2）創出型――エアークローゼット

エアークローゼットのサービスは、プロのスタイリストが選んだ洋服が、加入プランに応じて、月に三着から五着届けられ、レンタルできるというものである。返却にあたってクリーニングの必要はない。そして仮にレンタルしている服を気に入った場合、買い取りすることもできる。

同社が興味深いのは、自社をアパレル業者のなかに位置づけない点にある。二〇一四年に同社が設立されると、翌年にはストライプインターナショナルが「メチャカリ」のサービス名で参入しているが、こちらにはスタイリストのサービスは付いておらず、レンタルする衣装を自分で選ぶ方式である。エアークローゼットは、洋服を選ぶという通常のアパレル販売店やレンタル店とは異なり、あくまでも衣装を選んでくれるサービスがメインなのである。

エアークローゼットは、顧客がまるでパーソナルスタイリング機能の付属した仮想クローゼットを手に入れたかのような体験を味わうことを狙っている。クローゼットというメタファーそのものがサービス名であり、現在はそのメタファーを会社名にしている。そして、この言語的メタファーとともに、「プロが選ぶ、コーデが届く。」という言語的なストーリーにより、顧客のワクワク感をより高めることにも成功している。

このように、創出型はまったく新しいコンセプトであるがために、世の中にそのサービスの良さを伝えることが難しい。だからこそ、巧みなメタファーを用意し、すでに生活の中に存在する何か（たとえば本物のクローゼット）を参照させながら、コンセプトの普及に務めるわけである。そして、魅力的なストーリーを用意し、そのサービスを利用する顧客自身の姿（たとえばプロのスタイリストが選んだ服を着ている自分）を思い描きやすくすれば、コンセプトを採用しようとする意識を高められるということである。

4　ビジネスモデル論でいう「模倣」とは

前述した発見型と創出型に分ける考え方は、ビジネスモデル論にも同様の二分法が見られる。コンセプトメーキングにおける発見あるいは創出のヒントになるので、左記で紹介しておこう。

ビジネスチャンスすなわち、どのような機会を捉えて事業化すれば儲かるかについては、天才のひらめきはもちろん重要だが、どのようにアイデアを出すべきかという問題は、実はそれなりに学術的な蓄積がある。たとえば、井上達彦［二〇一九］は、ビジネスチャンスに相対する際の学術的な二つの立場を「発見学派」と「創造学派」に分け、そこではビジネスチャンスの認識スタイルが、左記のように異なると述べている。[8]

①発見学派――ビジネスチャンスは分析して見つけるもの（客観的／科学的）
②創造学派――ビジネスチャンスは自ら主体的に創出するもの（主観的／芸術的）

当然ながら、天才のひらめきは②に属する。個人の主観やひらめきを大事にするという意味では芸術的なアプローチでもある。この②は成功した経営者の談話によくありがちな「経営はアートだ」という言説とも合い通じるものがある。ちなみに「創造」という言葉は、前項の「創出」と意味はほぼ変わらない。ニュアンス的に、「創」って「造」る、という言葉は、コンセプトを創ってから実際にモノを造ることになる製造業にこそふさわしいが、サービス業の場合には、コンセプトを「創」ってから実サービスとして世に「出」す、というくらいの語感でちょうどよい。

ところで①は、分析すればビジネスチャンスは自ずと見えてくるという考え方である。とはいえ、分析シンドロームとも揶揄されるように、分析した後には当然ながら何らかの「発想」がない限り、何も生まれない。ただ分析しただけでは発見にはつながらないのが①の厳しいところである。

井上は前出の著書において、分析から発想につなげるためには、良い模倣をせよと述べている。[9] 成功した事業を手本にし、いったん抽象度を高めたビジネスモデルに昇華させた上で模倣するのが良い模倣だというのである。

前節で紹介した事例を思い起こすと、米国のＳＷＡを、英国に合うようにうまく模倣したのがＥＺＹであった。模倣は立派にビジネスになるが成功させるにはそれなりの分析的思考を必要とする。実際、ＥＺＹもただ模倣したのではなく、ＳＷＡのビジネスモデルが、英国の競合状態や市場環境に照らし合わせて成功するかどうかを検討している。

そして、模倣を成功させるには競合他社が再模倣にたどりつくまでの時間的猶予の把握も必要になる。

5　戦略論で求めるフロンティア

事業の分析とは具体的に、何をどうすればよいものなのか。経営戦略論は分析ツールの宝庫であるが、まずは古典的なものから検討しよう。

(1)　成長ベクトルに見る発見と創出

新しいサービス・コンセプトが発見あるいは創出されるときというのは、企業活動における、どのタイミングであるべきなのか。それを説明するには経営戦略論の古典的な図式であるイゴール・アンゾフ（Ansoff, H. I.）による製品—市場マトリックス[10]を用いるとわかりやすいと思われる。

図1-3は、製造業の「製品」を想定して図解されていたアンゾフの成長ベクトルを、筆者がサービス商品に対応させる形で修正し、本節が着目している発見と創出に関わる文言を追加してみたものである。

有名なマトリックス図であるが、要点だけを解説すると、すでになんらかのビジネスをおこなっている企業は、左上の市場浸透セルにおいて、自社が開発を終えて商品化した「既存」の商品を営業努力によって獲得した「既存」の顧客に対して販売している。営業マンの日々の仕事が、いわゆる飛び込み営業ではなく、ルート営業のような決まった営業先への訪問ルーティンになっている場合、その営業スタイルは市場浸透をひたすらはかっている状態である。

しかし、その市場浸透セルにおける既存商品・既存顧客のビジネスは、ライバル参入による過当競争や、自社だけで当該市場の顧客に売り尽くしたといった飽和状態により、いずれ限界がくる。営業先の立場になって考えてみよう。いつもの営業マンは代わり映えのしない商品提示と、いつも通りの価格を提示してくるだけである。しかし、新たに

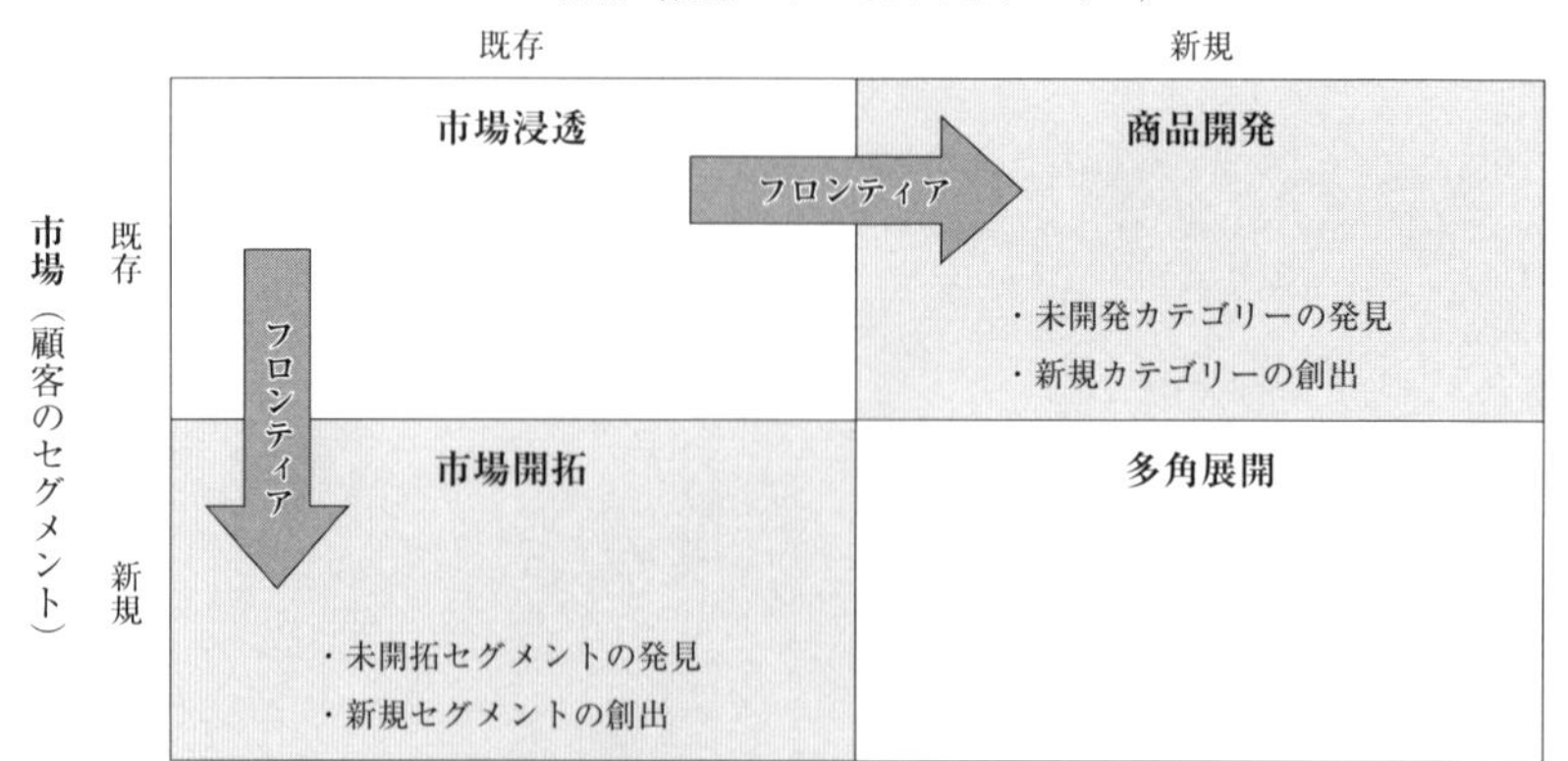

図1－3　成長ベクトルと〈発見／創出〉

出所：Ansoff, H. I.［1965］（訳書）137頁をもとに筆者作成。

飛び込んできた別の業者が、魅力的なプランや大幅にコストの安い商材を提案してきたらどうなるか。ここから競争が始まるし、参入業者は一社とは限らない。何社もが殺到すれば、過当競争も起こるだろう。

そこで、企業がさらなる成長を実現するためには、いつまでも〈市場浸透〉にとどまるのではなく、二つの「フロンティア」（開拓・開発余地のある進出先）のうち、いずれかを目指して動くしかない。

一つ目が図の右上にある商品開発セルであり、既存の顧客に対して、新規の商品を売ることで限界を突破する。二つ目が左下にある市場開拓セルであり、既存の商品を、新規の顧客に売ることで限界を突破する。そして、新規の顧客に対して新規の商品を売るという、市場開発と商品開発を同時におこなうことは多角展開セルに相当する。通常、このセルの戦略展開は「事業多角化」と呼ばれ、新規に事業部を立ち上げて組織を別立てにして展開することが多い。この多角展開セルについての説明は割愛するが、そこでおこなわれる企業行動は、これから説明する二つのセルの要素を兼ね合わせたものになると理解しておけば十分である。

それでは、以下で商品開発セルと市場開拓セルの具体的な事例を紹介する。

(2)　カテゴリー――欧州カーシェアサービス

まず、図1-3の右上の商品開発セルについて説明する。ここでは欧州における環境問題への関心の高さから生まれた、自動車産業とその新たな事業カテゴリーとしてのカーシェアを事例に説明しよう。

ドイツの自動車会社は早くから、メーカー自らが「カーシェア」サービスに参入し、国内各社の競争が展開されていたことが特徴的だった。ダイムラーによるカーツーゴー（Car2Go）が二〇〇九年にサービスを開始し、その後の一〇年で世界最大規模のカーシェアサービスに成長したほか、BMWのドライブナウ（DriveNow）とフォルクスワーゲン（VW）のクイッカー（Quicar）がそれぞれ二〇一一年にカーシェアサービスを開始している[11]。

これらのサービスはレンタカーのように借りる場所と返す場所が同じ「ステーションベース型」ではなく、市街地やオフィス街にある路上駐車スペースにて、自由に借り先も返却先も選べるという、いわゆる乗り捨てができる「フリーフロート型」（ワンウェイ型ともいわれる）を採用し、自動車を必要とする顧客にとって利便性の高いサービスを提供していた[12]。つまり、これまでの自動車製造・販売で相手にしている顧客と同じセグメントを相手に、新規カテゴリーに商品を投入するという、図1-3の右上セルの事例である。

ところが、このドイツ自動車メーカーの例のように、製造業である自動車生産事業とサービス業であるカーシェアというように組上に載せた事業形態が違い過ぎると、そもそも自動車購入層とシェアリングカーの利用者とは顧客セグメントが異なるのではないかという疑問も出てこよう。しかし、ドイツ自動車会社によるシェアリングサービスへの参入は、環境問題のみならず、欧州危機により自動車購入の実需が減ってしまったことが原因となっている。つまり、乗りたくても購入できなくなってしまった、自動車を日常的に必要とするセグメントに対して、自動車購入とは別の選択肢をメーカー側から提示したのが、このカーシェア事業なのである。

ちなみに、日本の自動車業界ではトヨタが二〇一二年にラクモ（現「トヨタシェア」）を開始したが、他社の追随は遅く、ホンダが二〇一七年に「エブリゴー」でレンタカーとシェアカーに同時参入し、日産が二〇一八年に電気車両のみで「e-シェアモビ」を開始した。現在の日本のカーシェアトップはパーキングサービスを主事業とするタイムズカーであり、他社を圧倒する拠点数を誇る。

このように、ドイツと日本の自動車メーカーの動きに差が生じたのは、環境問題への迅速な対応が欧州において優先事項とされていることもあるが、カーシェア発祥の地であるスイスで公共交通とカーシェアとの連携が進み、スイス内ではスマートフォンで手軽に最短経路を検索し、オンデマンド予約できるインフラが整備されていること[13]も大きな理由としてあげられる。スイスのモデルは究極的には自動車を保有しないで済む社会の実現を意味し、隣国ゆえに、その未来が目前に迫って見えるという危機感が、ドイツの自動車メーカーに影響を与えたのである。

なお、欧州発のカーシェア事業モデルのうち、スイスによるカーシェア事業は二つのカーシェアリング企業が始め、後に協同組合に統合され、スイスの公共インフラとなった。よって、スイスの事例は、新規カテゴリーの「創出」だったといえるだろう。一方、ドイツの事例は、スイスモデルを参照しながら、自動車メーカーのコントロール下で事業化された。その意味では、ドイツの例は、自動車メーカーによる未開発カテゴリーの「発見」だったといえるのではないだろうか。

(3) セグメント――ツアーツーリズム

次に、図1-3の左下の市場開拓セルについて説明する。市場開拓の手法には、単純に未開拓セグメントに進出する手段がまずある。この点については、かつてフィリップ・コトラー[14]が「STP」というマーケティング手法を提示しており、このうちのSにあたるセグメント分析はマーケティング論的にも最初に行うべき作業とされている。ちなみにSTPでは、マーケット全体を一定の切り口でセグメントに切り（Segmentation）、その細分化された市場の中から標的市場を選び（Targeting）、みずからの位置取りを決める（Positioning）というマーケティング手順を踏む。

一般的に市場細分化のための軸は二つある。それが、①人口動態的特性軸（demographic traits）と、②社会心理的特性軸（psychographic traits）である。①で最もわかりやすいのが、いわゆる老若男女の別、学歴別、職業別といった、把握が容易で、かつ統計的にも急激に変動しない軸であろう。ただし、一般的に使用される細分化軸であるため、①の軸でセグメント分けされた市場が放置されたまま、どの企業もターゲットにしていないということは考えにくい。新たに発足したばかりの商品カテゴリーでない限り、この①の分類から空白地帯を見つけられる可能性は少ない。よって、新たに未開拓セグメントを発見することは企業にとって容易な作業ではない。

しかし、切り口が突然出現し、未開拓の市場が現れる場合もある。具体的に、最近の「発見」ケースとしては、一九四七年から一九四九年の間に生まれた「団塊の世代」が、二〇〇七年から一斉に退職し始めるということで、旅行需要の新たなマーケットとして浮上した例がある。ここで団塊の世代マーケットとは、年齢層だけでなく、比較的高い学歴レベル、旺盛な消費性向を持つ市場であり、上記の①と②との融合軸である。

たとえば、株式会社ＪＴＢグランドツアー&サービスは、団塊の世代を含むシニア向けの海外旅行パッケージを扱うために、ＪＴＢグループ内に二〇〇五年に誕生した会社である。シニアは時間的にも資金的にも余裕があり、とくに団塊の世代は、受験期にしても就職活動期にしても競争が激しかったために教養レベルも高いとされ、それゆえに顧客として求める水準は高い。そうした世代特有のニーズを捉えた同社は、ツアー催行前に「出発前アンケート」を実施し、旅先での過ごし方をアレンジできるようにした。もちろん、その分だけ高い料金を設定できる。団塊の世代マーケットとは、旅行業界が久しぶりに発見した金脈ともいえる未開拓セグメントだったのである。

なお、ＪＴＢ本体では、やはりシニア向けを対象にオーダーメイドの度合いを高めた旅行を可能にするＪＴＢロイヤルロード銀座という店舗も展開している。こちらは完全に少数の富裕層にセグメントを絞った店舗業態である。

これらの市場細分化軸のうち、②社会心理的特性軸は、いわゆる「ライフスタイル軸」である。老若男女の別や、学歴、職業がバラバラであっても、同じライフスタイルを持つことはもちろんあり得る。たとえば、アウトドアあるいはインドアの志向性、近年では推し活と呼ばれるようなイベント参加、聖地巡礼などの行動特性は、誰でも持ち得る。実際、推し活をする人々の人口動態的特性には偏りがない(15)。こうしたライフスタイルの共通する属性の塊を開拓することが、新たなマーケット獲得につながるわけである。

ライフスタイル軸は人口動態のように統計が整備されているわけではなく、時流に乗った社会現象をつぶさに捉えることが求められる。そのため、マーケターの関わり方は二つに分かれる。まず、社会現象として現れ始めた頃に、いわば知る人ぞ知る段階で、マーケターが市場として着目することである。この場合は、図1-3の左下セルの「未開拓セグメントの発見」になる。次に、その現象自体の仕掛人となってマーケターが流行そのものを盛り上げ、そこで創出された市場における最初の収穫者となろうとする場合がある。この場合は、同図の左下セルの「新規セグメントの創出」となる。後者の実践事例としては、北海道の十勝地区で十勝サウナ協議会を立ち上げ、サウナ・ツーリズムを活性化させようと奮闘した宿泊産業者たちの取り組みを例示しておく。十勝サウナ協議会は全国的に巻き起こっているサウナブーム以前から活動を開始しており、ブームの立役者の一つと見ることができるからである。

これらライフスタイル軸が社会現象となる例としては、タレントのライブツアー会場をファンが「追っかけ」てまわり、ときには世界を旅する「ツアーツーリズム」があげられる。こうした現象に対応した商品を、航空会社や旅行会社が商品化することは、未開拓セグメントの発見にあたる。

最近の話題としては、米国のシンガーソングライターであるテイラー・スウィフト（Swift, T. A.）関連のツアーツーリズムの例がある。彼女の二〇二四年の欧州ツアーを含む「The Eras Tour」は世界的に注目を集めており、とくに米国人による欧州便の需要が激増した。実際、同年の五月に行われたストックホルムの公演では、各航空会社が期間中のデンマーク、フィンランド、ノルウェーからのフライトを増便した。

この現象を好機とみたホテル大手の米マリオット・インターナショナルは、同ツアーのスポンサーとなり、同社のロイヤリティ・プログラムである「マリオット・ヴォンヴォイ」の会員向けに、スウィフトのコンサート鑑賞ペアチケットや、グループホテルへの宿泊やスパ体験、提携レストランでの食事、そしてコンサート会場への送迎をパッケージにした会員特典を用意した。こうした取り組みは、明らかに従来の顧客層とは異なる会員獲得を狙う市場開拓戦略の一貫としておこなわれているものである[16]。

注

（1）廣間準一は、日本国内のホテル分類が欧米ほど明確でなく、そのことがホテル開発に支障を来すという問題意識から日系ホテルの分類基準を、ラグジュアリーホテル、シティホテル、ビジネスホテル、バジェットホテルの四つに整理している。廣間準一［二〇一五］「ホテル分類を考慮した重点開発項目の抽出研究」（『日本国際観光学会論文集』第二二号）。

（2）現代の中国では、ホテルは「飯店」、「酒店」などと呼称されている。一方、「客桟」は、中国における伝統的な宿泊施設で、その起源は紀元前にまで遡ることができる。近代の客桟の中には華僑や華工などの移民システムに関わる手配業者もあった。

（3）D・F・エーベル／石井淳蔵訳［一九八四］『事業の定義――戦略計画策定の出発点』千倉書房（Abell, D. F. 1980, *Defining the Business: The Starting Point of Market Planning*, Upper Saddle River: Prentice Hall）。

（4）たとえば、兵庫県の洋菓子店やパン店には、修行先から独立する際に、修行店の独自メニューや名物商品は独立後に扱わないというならわしがある。詳細は次の文献を参照のこと。森元伸枝［二〇〇九］『洋菓子の経営学――「神戸スウィーツ」に学ぶ地場産業育成の戦略』プレジデント社。

（5）サウスウェスト航空の事例については、次を参照のこと。ケビン・フライバーグ&ジャッキー・フライバーグ／小幡照雄訳［一九九七］『破天荒！――サウスウェスト航空―驚愕の経営』日経BP社（Freiberg, K. and Freiberg,J. 1996, *NUTS!: Southwest Airlines' Crazy Recipe for Business and Personal Success*, Portland: Bard Press）。

（6）ヨーロッパ市場におけるサウスウェスト航空型ビジネスモデルの担い手としては、英国のイージージェットのほか、ドイツのライアンエアーがある。勝田良知［二〇二〇］「Ryanair と easyJet の対比を中心とした欧州ＬＣＣの現状考察」（『関西外国語大学研究論集』第一一一号）。

（7）サウスウエスト航空の参入をめぐる既存大手航空会社との法廷闘争の詳細については、次を参照。清水洋［二〇〇六］「サウスウエスト航空――ポイント・システムの経営戦略」（『一橋ビジネスレビュー』第五三巻四号）。

（8）井上達彦［二〇一九］『ゼロからつくるビジネスモデル』東洋経済新報社。

（9）井上達彦［二〇一九］一二〇～一四三頁。

（10）H・I・アンゾフ／廣田寿亮訳［一九六九］『企業戦略論』産業能率短期大学出版部（Ansoff, H.I. 1965. *Corporate Strategy:* An Analytic Approach to Business Policy for Growth and Expansion, New York: McGrow-Hill）。

（11）カーツーゴーとドライブナウは二〇一九年に合併し、現在はシェアナウ（ShareNow）となった。なお、二〇二一年にシェアナウは、オランダに本社を置くステランティスの傘下企業となっている。

（12）ドイツでのカーシェアサービスの展開については、次を参考にした。内田晃［二〇一四］「ドイツにおけるカーシェアリングサービスの比較考察」（『北九州市立大学都市政策研究所紀要』第八号）。

（13）スイスの国内カーシェアの運営事業は協同組合であるMobilityに一本化されている。

（14）Kotler, P. [1989] From Mass Marketing to Mass Customization, *Planning Review*, 17(5).

（15）大方優子と乾弘幸の調査研究によれば、二〇代から四〇代の男女五九七人にアンケート調査した結果、推し消費とその観光行動は、年齢、性別にほとんど関係せず現れる。大方優子・乾弘幸［二〇二二］「ファンツーリズムの行動実態に関する基礎的研究――推し消費と観光行動に関する一考察」（『産業経営研究所報（九州産業大学）』第五四号）。

（16）「テイラー・スウィフト公演鑑賞旅行、マリオットのポイントで可能に」『ブルームバーグ』二〇二四年二月二八日、ニュース記事 https://www.bloomberg.co.jp/news/articles/2024-02-28/S9JQIWT0AFB400（二〇二四年五月三一日　最終確認）。

第2章　業界の競争要因を分析する

1　競争戦略論のホスピタリティ産業への応用

前章でみたアンゾフによるフロンティアの見つけ方は、すでに事業展開を開始している企業にとっては使いやすいものである。その業界に基盤を置いている企業にとって、フロンティア市場の進出経路と、商品フロンティアの進出経路、そして多角化経路という三つの方向性を指し示すものだからである。前章で登場した星野リゾートは、軽井沢で旅館を経営する企業であったが、現在では宿泊サービスを広く手掛けるリゾート企業に成長した。同社のように、進出する業態を発見・創出する際に、アンゾフ流の考え方は依然として有効である。

それでは、これから新規事業を起こす起業準備中の企業や、事業展開先を現業とは別に求めようとする企業の立場を想定した場合、どのような業界あるいは事業に進出すべきなのか。前章で登場したドーミーインホテルを展開する共立メンテナンスは、もともとは学校給食の受託事業からスタートした会社であり、一九八〇年代に学生寮や社員寮を展開して成長した後、一九九〇年代にホテル事業に参入した異業種参入組である。期間を区切って入居し、入居施設を管理するという点では、寮ビジネスとホテルビジネスには外観上の共通点はあるが、入寮者と宿泊客では市場がまったく異なるし、施設運営ノウハウや日常オペレーションといった技術的な面ではまったく別であり、業界も明確に異なる。こうした異業種からの参入、あるいはスタートアップによる参入を考える際に、アンゾフ流の考え方だけでは示唆を得られない。この疑問に答えるのがマイケル・ポーター（Poter, M. E.）による競争戦略論[1]である。彼は事業進出に際しての決断を支援するためのツールをいくつか考案しているが、本章では自らの事業の立ち位置を把握するための「五つの競争要因」を紹介していく。

なお、議論の先取りになるが、次章で紹介する「三つの基本戦略」と合わせ、ポーターが提唱する競争戦略論の考え方はポジショニング・ビューと呼ばれる。業界内の競争要因を「五つの競争要因」によって分析し、利益配分の力学を見定めた上で、自社の生存のために戦略的な位置取りを「三つの基本戦略」によって決めるのが、ポーター競争戦略論の要点である。

競争戦略論が創始された当時、その具体的適用業界は製造業であった。ポーター自身による事例紹介も多くが製造業で占められている。それらの多くは製造業特有の用語（製品ライフサイクル、製造工程、量産効果、R＆Dなど）によって理論的な深堀りがなされていくが、それら製造用語でさえ、ホスピタリティ産業を含むサービス業にも多くの示唆を与えるものである。とはいえ、ホスピタリティ産業の文脈で説明し直した方がわかりやすいのは言うまでもない。本章および次章では、外食産業などホスピタリティ産業の事例を用いながらポーターの競争戦略論を解説していく。

2　五つの競争要因

自社では新しい業界だと思っていても、あっという間に競合が増えてしまう業界では苦しい戦いを強いられるかもしれない。また、競合は少なくても、そもそも代替品が多く、別のサービスで間に合ってしまう業界に進出しても、経営が立ちいかないかもしれない。そして、事業に必要な原料や必須サービスは安く手に入るだろうか。顧客に足元を見られて、安く買い叩かれないだろうか……。

こうした悩みに応えるのがポーターの五つの競争要因（5 Force）である。彼が考案した競争要因分析の枠組みは、利益を得やすい業界を規定する五つの要素（競合、代替品、新規参入、売り手、買い手）を明示し、〈競合〉を中心とした十字型の上下左右に残りの要素を配置しただけの単純なものであるが、発表以来、長年用いられてきたパワフルなツールである。もちろん、サービス業にも応用可能なので以下で紹介していこう。

五つの競争要因は、三つの基本戦略とともに、一九八〇年に出版された『競争の戦略』で発表されたツールである。彼のロジックとしては、五つの競争要因で参入すべきうまみのある業界を選び、そこで三つの基本戦略によって、自社の生存領域となるポジションを決めることを想定していた。

これらは発表当時のエスタブリッシュで安定した業界を分析するには非常に有用性の高いフレームワークであった。しかし、その逆に業界が成立していなかったり、業界の垣根が低かったりといった状態では分析しにくく、示唆を得にくいものでもあった。競争戦略論は静的な業界分析法に過ぎず、産業構造が激変する状況では役に立たないという批判[2]があったのもそのためである。

そして、インターネットの登場により、業界の垣根が破壊された一九九〇年代後半の状況を目の当たりにしたポーターは、インターネット社会を反映した五つの競争要因分析の方法を二〇〇一年の論文[3]で発表した。インターネットの登場はサービス経済を加速したため、ポーターが二〇〇一年に示したネット社会への言及は、そのまま現代のサービス産業に置き換えて考察することもできる。しかし、この二〇〇一年版モデルは、あまりに詳細な説明書きで埋め尽くされており、インターネット社会が当たり前の時代になった現代から見るとやや冗長的と思える記述も多い。

そこで、筆者はホスピタリティ産業を中心としたサービス業向けに記述を絞った〈五つの競争要因（サービス版）〉として、図2-1のように整理した、以降、競争要因のそれぞれをサービス業の事例で解説するので、適時参照して

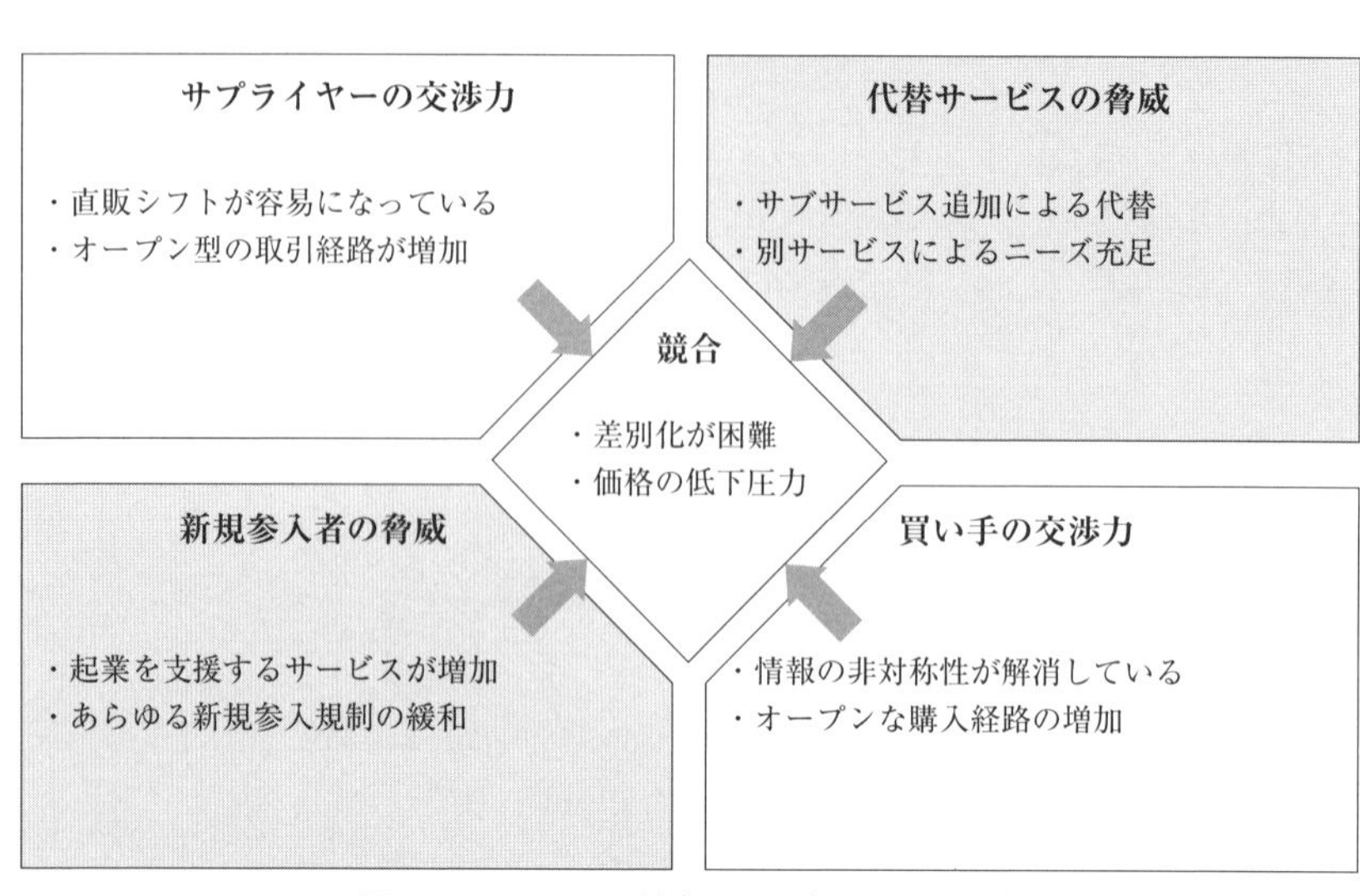

図２−１　５つの競争要因（サービス版）

出所：Porter, M. E.［2001］p.67 をもとに筆者作成。

いただきたい。

3　ホスピタリティ産業の事例と競争要因

ここでは図2-1を参照しながら、五つの競争要因の各要素について、ホスピタリティ産業の事例を用いて解説していく。

(1)　新規参入者の脅威

新規参入者が多い業界は、アンゾフ流にいえば、開発や開拓の余地がある（フロンティアがまだ残っている）と事業者から思われている業界である。現在のハンバーガー業界は成熟産業にも関わらず、鳥貴族の参入や、ロイヤルホールディングスの再参入といった形で、新規参入が続いている。これはコロナ禍により、テイクアウトが可能な業態に関心が集まった結果だが、ハンバーガー業界そのものに対する魅力が見直されている面もあるだろう。

実際、かつてデフレの申し子(4)とも呼ばれたマクドナルドは今や年々ハンバーガー価格を値上げしており、利益率を高めている。他業種から見て、ハンバーガー業界が魅力的な市場に映るのもうなずけよう。新規参入者が、マクドナルドの店舗数に追いつくことは困難であり、コストリーダーシップを奪うことは難しいが、鳥貴族やロイヤルホールディングスの場合、別業態である焼き鳥店やファミリーレストランと調達業務を共有できる（本節（4）「サプライヤーの交渉力」も参照）。つまり「規模の経済」[5]ではかなわなくても、「範囲の経済」[6]で対抗できる可能性はある。まだ両社の進出は試験的段階であり、本格的に展開されているわけではないが、新規参入を迎え撃つ側としては、範囲の経済を武器にできる事業者の参入には警戒が必要である。

ただし、新規参入が本当に脅威になるのは、他者が保有するケイパビリティが、自社にとって脅威になる場合である。たとえば、現在話題のフードテック[7]の研究には、大豆ミートなどの代用肉、こんにゃく粉で作った卵などの研究が含まれている。牛肉を食するということはそれだけで環境負荷をかける。ガソリン車と同様に、いずれ日本でも牛肉を食べるという習慣が廃れていく可能性がある。こうなったときにフードテックに強みを持つ企業がハンバーガー業界に参入したり、フードテックと提携する新たな企業が参入したりすれば、マクドナルドやモスバーガーなど、現状の上位企業にとっては脅威になる。実際、モスバーガーはソイパティと同社が呼ぶ大豆由来のミートを作るなど、フードテックには一定の関心があるようだが、これまで培ってきた味のイメージは根強いため、全面的にシフトすることは難しいだろう。マクドナルドのように「ビーフ一〇〇％」イメージが強い場合もなおさら転換は困難だろう。その間に、フードテックに適したブランドイメージを形成する企業が、新たに新規参入しないとも限らない。

図2-1に視点を戻そう。ここで、「起業を支援するサービスが増加」とあるのは、ポーターが二〇〇一年版の五つの競争要因モデルを発表した頃に比べ、スタートアップの支援環境が格段に整備された現状を反映したものである。しかも近年は、従来のベンチャーキャピタル（VC）による投資だけでなく、急速な成長を後押しするアクセラレーター[8]が登場し、コーポレートVCとして資金的に支援できる大企業とのマッチングを仲介する民間サービスや公的な政策メニューも増えている。

このことが何を意味するかというと、オープンイノベーションによって、安定していたかに見えた業界に、思わぬ伏兵が現れ、新規参入が促されることを示す。かつては、いったん形成された寡占業界というのは、新規参入が少ない穏やかな業界であった。とりわけ製造業のような設備産業の場合、コスト競争力の源泉が量産効果やプロモーション費用の豊富さにあったからである。たとえば、ビール業界のように、長らく大手四社が市場を分け合ってきたのは、新規参入しても設備投資に見合うシェアを簡単には得られないからである。ビール業界は圧倒的な出稿量のテレビCMも特徴だが、それも新規参入者には高いハードルとなる。

しかし、サービス業のコスト競争力は、製造業のような工場設備による量産効果から得られるわけではない。かつて著名なマーケティング学者であるセオドア・レビット[9]（Levitt, T.）に、サービスを工業化した企業と評されたマクドナルドのような企業であっても、工業化メリットは量産効果だけを意味していたのではなく、工業化されたオペレーション優位性のことも指していた。

たしかに、ファミリーレストラン業界のようにセントラルキッチンを持つ企業は、ドミナント出店により生産優位性を高めることができるが、それもコスト競争力の決定的要因ではないだろう。

こうした特徴を持つサービス業では、新規参入業者が圧倒的に不利であるとはいえない。製造業以上に戦い方のバリエーションが豊富だからである。また、図2-1にある「あらゆる新規参入規制の緩和」も競争を促す。歴史的にも航空の自由化[10]、通信の自由化[11]などで、新規参入が促されてきたことは周知の通りである。

（2） 代替サービスの脅威

図2-1の「別サービスによるニーズ充足」については、前述の欧州シェアリングカーの事例がわかりやすいだろう。自動車を取得するニーズをカーシェアによって充足させる例だが、問題は単純なニーズ充足だけではなく、ここ

でも環境問題などの外部要因によって、代替サービスの利用が促される場合もあるということである。

前の項では新規参入が規制緩和で促されることを示したが、欧州委員会による排気ガス規制などは、超国家的な規制であり、こうした新たなグローバル・ガバナンスによる規制により、代替サービスに大きな事業機会が生まれることがある。もちろん、そこまで大きな環境変化を捉えなくても、顧客を別のサービスに誘導することはそれほど難しくはない。近年はレンタルＣＤ、レンタルＤＶＤショップがどんどん縮小傾向だが、これらに置き換わったのは、音楽配信や映像配信のサブスクリプションサービスである。

また、「サブサービス追加による代替」は、せっかく形成された業界を無効化するという意味では、既存勢力にとっては脅威であり、新興勢力にとっては有効な武器である。最近の事例では、ライザップグループが展開する「chocoZAP（チョコザップ）」が、コアサービスであるフィットネスジムのサブスク利用機能に、サブサービスとして、セルフ脱毛やセルフホワイトニングといったセルフエステ型の美容カテゴリーを逐次追加していっており、しかも追加料金がかからないため、それらをコアサービスとする業界の脅威になっている。本書執筆時点でも追加されるサブサービスがどんどん増えており、カラオケ、ランドリーなど、従来のジムには決して見られないようなサブサービスが続々と加えられ、業態の枠を超えた脅威となっている。

もともとポーターが五つの競争要因モデルを発表した一九八〇年当時、この競争要因に想定されていたのは代替品であり、警備サービス業界（ガードマン）の代替品として、電子警報システムなどの設備を提供する事業者があるといった単純な構図であった。つまり、サブサービスによる代替が想定されていなかったのである。それは二〇〇一年版五つの競争要因モデルでも変わらない。

代替品の脅威に対する、既存業界による対抗戦略として、ポーターは二つの対抗策を上げている。第一が、業界をあげての共同行動である。例えば業界の全事業者が大量の広告を打つなど、パワーで押し切る方法である。第二が、前述の例でいえば、熟練ガードマンと電子警報システムを組み合わせてパッケージとして売るような、相手の優位性を吸収してしまう方法である。

しかし、このような方法では、サービス化が進んだ現代ではまったく対抗できないであろう。とくにサブサービスによる代替の本当の意味での脅威とは、その事業者が持っているコアサービスでの顧客関係性が、サブサービスでも引き続き活かせるということにある。古い言葉でいえば「囲い込み」であり、現代の言葉でいえば「プラットフォーム取り込み」である。

チョコザップの事例をもう一度みてみよう。彼らが増やしつづけるサブサービスに対応する既存業者は、いずれも単発的な取引が多く、顧客管理の接点を設けていない事業者も多い。だからこそ、顧客にとっては、利用業者をスイッチすることにほとんど抵抗がない業種であるともいえる。対するチョコザップはサブスクリプションモデルであるため、顧客行動ログをアプリ経由でつぶさに捉えることができるわけである。サービスを向上させたり、変革させるに際しては、どちらが有利であるかはいうまでもないだろう。

（3） 買い手の交渉力

五つの競争要因のうち、サプライヤーの交渉力と買い手の交渉力は、製造業でいえば、原材料供給事業者と販売業者という、サプライチェーンとデマンドチェーンをつなぐ垂直な関係である。サービス業の場合はもう少し複雑な場合もあるが、いずれにしろ需要と供給のバランスをはかるという意味では同じ垂直構造の中にあるので、ここではホテルと旅行エージェントからなる国内宿泊事業の事例を、両要素の解説に用いつつ説明しよう。

旅行ビジネスにおいては、旅行事業者（旅行代理店、旅行エージェントなどと呼ばれる）を買い手とし、ホテル・旅館業界は、サプライヤーとみなすことが通例である。

旅行は俗に「アゴ・アシ・マクラ」と呼ばれるように、ホテル・旅館（マクラ）以外にも、航空会社や鉄道・バス会社（アシ）も航空券等を団体価格で供給するサプライヤーとなる。ホテルや旅館で食事を提供しないツアー形態ならば、レストランや料亭での食事がセットになる場合がある。こうしたツアー商品では、これら飲食事業者もサプライヤーに含まれることになる。旅行事業者は、これら各サプライヤーから旅行商品造成に必要な素材を提供してもらい、一つの旅行パッケージに商品化するわけである。

このように、旅行事業には多くの事業者が関わっているが、ここでは解説を簡潔にするために、ホテルとエージェントの関係にフォーカスして、説明をつづけよう。なお、ホテルとエージェントの関係において買い手に位置づけられる旅行エージェントは、もう一方で最終消費者という顧客を買い手として抱えている。つまり、仲介ビジネスの構造を持つ。これは、ホテルなどのサプライヤーの立場から見た場合、間接販売をしていることを意味する。オンライン・トラベル・エージェント（OTA）を使った場合も間接販売にあたる。

一方で、サプライヤーであるホテル・旅館業界には、自社サイトの予約ページや、自社会員サービス（たとえばマリオット・ヴォンヴォイ）経由で宿泊・飲食サービスを直接販売することもできる。

言うまでもなく直販のほうが顧客一人あたりの利益率は高い。エージェントを通しての間接販売の場合、一割から二割の手数料を取られることが普通である。だからこそ、ホテル・旅館は直販に誘導することを悲願としてきた。インターネットの登場により、図2-1に記したように、あらゆる業界において「直販シフトが容易になっている」状況にある。ネットの時代が到来したことは宿泊事業者にとって追い風になると思われていたのである。しかし、結局のところ宿泊事業者はなかなか簡単には直販にシフトできなかった。その理由は、旅行会社に大きなバイイング・パワーがあったためである。

観光庁が毎月公表している「主要旅行業者の旅行取り扱い状況速報」によれば、二〇二三年の取り扱い高でトップはＪＴＢであり、二位にＫＮＴ-ＣＴホールディングス（近畿日本ツーリスト、クラブツーリズム）、そして三位に日本旅行がつづく。二位と三位の取扱額を足しても、一位のＪＴＢの約半分にしか過ぎない。いかにＪＴＢが業界において強力なパワーもっているか推察できよう。

そのパワーを反映して、多くのホテルの手配手数料は、ＪＴＢ経由で送客された場合に約二割なのに対し、その他のエージェントでは一割という明確な差異がつけられることも珍しくなかった。

このように、ホテルとエージェントの攻防においては、伝統的にはエージェントがパワーを有していた。

(4) サプライヤーの交渉力

前述したように、ホテル・旅館業界の側は、旅行事業者（旅行エージェント）にとって宿泊機能を提供するサプライヤーである。製造業における大企業と下請け企業の関係のように、従来はサプライヤーの交渉力は低かった。

宿泊規模の大きなホテル・旅館を経営する事業者は客室稼働率を上げるため、修学旅行等の団体客、海外インバウンド客といった大ロットの送客を受け入れる必要性があり、（団体客を集めてくれる）販売力のある旅行代理店に頼らざるを得なかったのである。しかも、大手の旅行事業者は、前もって自社販売分の部屋を確保しておくことも多い。つまり、いったんエージェントにおさえられてしまった部屋数は、ホテル・旅館側が勝手に直販することはできないというクローズドな取引も日本の旅行業界では慣例的に行われてきた。

一方、図2-1に「オープン型の取引経路が増加」とも記されているように、大手の旅行代理店に依存しない販売経路も増えてきている。代表格がＯＴＡ経由の伸長である。ＯＴＡの販売力は高く、しかも勢力が拮抗しているため、ＪＴＢ一強の時代は去りつつある。

また、検索エンジンサイトが、メタサーチと呼ばれる方法により、地図上に宿泊料金と場所を一覧表示するようになった。顧客にとっては一番安値で表示されている予約サイトで予約することが普通になっており、顧客の囲い込みが年々難しくなってきていることもオープン取引が増加するきっかけになっている。顧客の立場から見れば、図２-１にある「オープンな購入経路の増加」を意味している。

宿泊者である顧客にとって、かつてインターネットがない時代、これらの情報源に、顧客が独力でアクセスすることは簡単でなかった。価格情報を知るためには、旅行代理店に頼らざるを得なかったのである。しかし、インターネットがその状況を変え、メタサーチの登場によって、最安値を知ることも簡単になった。いまや図２-１に記したように「情報の非対称性が解消している」状態へのシフトが加速しているということである。

インターネットは代理店などの中間業者を排し、中抜きをおし進めるとかつてはいわれてきたが、実態はメタサーチ機能を持つような別の中間業者が誕生したに過ぎない。このことは結果として従来型の旅行エージェントの交渉力を押し下げ、サプライヤー側であるホテルの交渉力を高めている。

(5) 競合

最後に説明する競争要因の要素は競合である。これは既存企業間の競合を意味しており、競合「数」が増える場合というのは、本節（１）で見た参入障壁が低い場合に起こる。そして、競合「数」が減らないといった場合も考える必要がある。ここで第一に考慮されるのは撤退障壁の高さである。経営陣の思い入れが高い場合、不採算であっても、退却をするための経営判断が遅れることがある。

最近の例でいえば、セブン＆アイホールディングス（セブン＆アイ）によるＧＭＳ事業からの撤退問題があてはまるだろう。セブン＆アイは、好調なセブンイレブン事業に対して、不採算のイトーヨーカドー事業という構図が常態化していた。たびたび機関投資家からイトーヨーカドー事業の分離を提案されてきたが、同事業がセブン＆アイの祖業である、という意識が強かったためか、抜本的なリストラ策は講じられてこなかった。しかし、二〇二四年に入ると、同社は二月末時点で二二六店舗あったイトーヨーカドーのうち、北海道と東北、信越にあるすべての店舗を閉店すると発表した。これら地域からの事実上の撤退である。

なぜ、これほどの大量閉店を引き起こすまで有効な手立てがとられなかったのか。GMSではなく食品スーパーに特化することも一時期は考えられていたが、やはり祖業の洋品店を継承する部門を守りたかったのであろう。同社の事業領域には衣料部会（アパレル部門）が三つあり、これは生鮮部門と同じ数であり、その重視ぶりが推察される。しかし、衣料の売上構成比は年々減少していたのである[12]。同社では、アパレル部門がある種の聖域化されていた可能性もある。GMSを含むスーパー業界は、歴史的にもその安さで熾烈な戦いを繰り広げてきた。しかし、それではゼロサムゲームとなってしまい、実際にスーパー業界では淘汰が進み、イトーヨーカドーはイオングループの一強状態に対抗し得る最後の砦になっていたが、近年は優勝劣敗が明らかになりつつある。

それではどうすべきか。低価格をやめることは当然ながらゼロサムから抜け出す近道であるが、この業界の五〇年以上の歴史をみれば、安さからの脱却はありえないであろう。ちなみにポーターは、業界の収益性が損なわれない状態も想定している。彼によれば、各社が市場のセグメンテーションをおこない、それぞれが異なる顧客に低価格を提供する状態であれば収益性が確保でき、プラスサムに転じる事もありえるという。すなわち、価格帯、扱う商品の対象品目での棲み分けである。さらにポーターによれば、異なる機能、異なるブランドアイデンティティを組み合わせることで、異なる顧客セグメントのニーズに対応することがゼロサムをプラスサムに転じさせ、業界の平均収益性を高めるとも指摘する[13]。

このポーターの競争視点の主張を、サービス経営学的に言い換えれば、異なるサブサービスを組み合わせ、新たな顧客セグメントのニーズに対応することで、プラスサムを実現できるということになるであろう。

たしかに、現在のGMSは各社が同じようなファミリー層を対象に、良いものをなるべく安く、という最大公約数的なビジネスをしている。図2-1にあるように、サービス業は「差別化が困難」な業種であるが、差別化がなければポーターが言うゼロサム状態に陥り、日本のGMSは淘汰されるしかない。

差別化できなかったGMSに対して、食品スーパー業界では、顧客の収入やライフスタイルによる、棲み分けがなされている。たとえば、成城石井や紀ノ国屋は、富裕層向けに特化している。これはセグメント特化により、図2-1の「価格の低下圧力」を避けるポジション取りに成功している例だろう。

こうした価格的なポジション取りの成功例もあれば、ポーターが右記で述べていたような「異なる機能」その他の要素を組み合わせることによるポジション取りの成功例もある。その具体例が、北海道地区のイトーヨーカドーが撤退したあとに入居することが決まった、ロピアによる「食のテーマパーク(14)」である。

ロピアは格安を売りにするという点では、成城石井や紀ノ国屋の対極に位置し、同じ神奈川県を本拠地とし、格安を標榜する食品スーパーであるオーケーとも近い位置にいる。しかし、それだけではなくロピアは買い物そのものを楽しくするという機能を格安スーパーにプラスしているのである。たとえば、食品売場を「肉のロピア」、「八百物屋あづま」、「日本橋魚萬」その他の惣菜店といったように、個人商店の集まりのような形で配置している。ロピアではこれら各仮想店舗の担当者に、責任と裁量が分散されている。しかも、彼らの年収は二〇代でも一〇〇〇万円に達することもあるという(15)。これは、店長あるいは食品部門SVが統括と称して全体をコントロールする他のスーパーとは対照的な体制である。

品数豊富でところ狭しと食品がならぶ様は、たしかに見た目に楽しい。また、店内の内装を専門に担当する部署が社内にあり、さらに各仮想店舗ごとにデザインが異なるため、食品売り場全体の統一性よりも、店舗ごとの個性が強調されているように見える。呼び込みの声も威勢がよく、さながら市場のようであり、明らかに単なる格安スーパーではなく、サブサービスとしての楽しみが追加された食のテーマパークであるように見える。実際、ロピアの売上はイトーヨーカドーのマイナス成長を尻目に、ここ数年は前年比で三割以上の成長をつづけている。格安をメインのニーズとしながら、楽しみを副次的なニーズとする顧客に、ロピアは受け入れられているのであろう。

4　業界構造上の不利な立場からの対抗戦略

五つの競争要因を分析した結果、自社が参入を考慮しているか起業を目指す業界において、自らが不利な立場に置かれることが確実な場合には一体どうすべきなのか。ポーターの競争戦略論では、負け戦には参入しないということが大前提とされているが、ポーター自身、業界構造に対抗する方策をまったく示さなかったわけではない。ここでは、ホスピタリティ産業に適用可能な業界構造への対抗策を二つ紹介する。

(1)　マーケティング・ネットワークを使う

前節で見た日本の旅行業界におけるホテルとエージェントの場合、ホテルがサプライヤーとして扱われ、長年の間、買い手であるエージェントの支配下に置かれ、不利な取引を余儀なくされていた。こうした業界の競争要因を知った後では、ホテル事業はあえて進出すべき魅力的な業界とは到底思えないであろう。

ポーターの文献から得られる対抗策のヒントとしては、マーケティング上の革新[16]がある。ただし、ポーター自身は具体策を明示していないので、ここでは、筆者が独自にマーケティング・ネットワークの観点から説明しておく。

マーケティング・ネットワークとは、企業間の水平的な提携や、企業グループへの参画を含む、何らかの企業間関係の構築による戦略対応を意味している。これは業界の川下企業による販売連携を考えるとわかりやすいだろう。

具体的に事例をあげよう。実は、日本の旅行事業のような硬直化した業界環境は世界的には当たり前というわけではない。海外のホテルビジネスの場合、インターネット登場以前から、ホテルレップ（hotel representative）と呼ばれるホテルの予約窓口を大手ホテルチェーンが展開したり、ホテル協会によってホテルレップが運営されたりする形で存在しており、客室販売をエージェントが独立するような状態にはなかった。

欧州には、スペインのバルセロナに本社を置く世界最大の独立系ホテルレップ企業であるグルーポ・オトゥサ（英文企業グループ名はHotusa Group）がある。同社はホテルレップ業務だけでなく、近年は自ら「ユーロスターズ」などといったホテルブランドを複数持つほか、ホテルフランチャイズも手掛けている。欧州のホテルは、エージェントに客室を卸すだけでなく、こうしたホテルレップのネットワークに加盟するなどして、客室販売の分散ポートフォリオを組んでいたため、日本のようなエージェント依存体質には陥らなかった。

また、米国のベストウェスタンホテルズ＆リゾーツは、独立系ホテルを加盟させるコンソーシアム方式をとっており、ベストウェスタンブランドの看板のもと、ホテル・コンソーシアム本部からマーケティングや財務、教育的サービスを受けながら、その運営には独自性が残される[17]。同社のネットワークは、他のホテルチェーン加盟料金よりも五〜八％ほど割安である。ホテルの独自性を残したまま、販売経路を拡大したいホテルオーナーにとってコンソーシアムへの加盟は選択肢となりやすかった。

これらはいずれもインターネット時代以前のマーケティング・ネットワークを使ったエージェントへの対抗策であるが、現代においてはＯＴＡに対抗したホテル直販も構想しなければならないだろう。

こうしたＯＴＡへの対抗策に国内でもっとも成功しているのはアパホテルであろう。アパホテルは自社サイト経由のダイレクト販売（いわゆる「アパ直」）の比率が高く、二〇二五年までに直営店のダイレクト販売の比率を五〇％までに高めることを公言[18]している。なお、アパ直の予約システムには、同社と提携することで、同社とは資本関係のない独立系あるいは小規模チェーン系のホテルが参加できるというオープン仕様となっている。現在、アパ直に参画する外部のホテルは四三六ホテルに及ぶ（二〇二四年三月現在）[19]。これに自社ホテルを合わせた八二一室がアパ直によって提供されており、同社が提供するアプリは、単体で十分にOTAアプリに対抗できるものとなっている。

また、海外におけるマーケティング・ネットワークの大きな動きとしては、本書第1章5（3）でも紹介した米マリオット・インターナショナルの会員向けロイヤリティ・プログラムであるマリオット・ヴォンヴォイがあげられる。そもそもマリオット・ヴォンヴォイは二〇一九年に、旧マリオット系の「マリオット・リワード」、旧リッツ系の「ザ・リッツ・カールトン・リワード」、そして旧スターウッド系の「スターウッドプリファードゲスト（SPG）」を統合して誕生した会員組織である。会員数は世界中に二億人以上[20]というように、グループ内に巨大な顧客プールを持っている。そのため、ヴォンヴォイの会員は、世界中にあるマリオット系列のホテルに宿泊し、ポイントを貯めることができる。また、マリオット系の比較的廉価なホテルブランド（たとえば、フェアフィールド・バイ・マリオットなど）にたくさん泊まって集めたポイントを、グループ内のラグジュアリーホテル（たとえば、ザ・リッツ・カールトン、JWマリオットなど）の宿泊に使うことができるため、同グループ内でポイントを貯めようとするインセンティブが高まる。

マリオット・ヴォンヴォイは日本市場において、JAL・ANAといったエアライン系とのポイント交換プログラムや、国内EC最大手の楽天とのポイント交換プログラムも構築している。しかも、日本市場ではマリオット系列のホテルそのものが今後数年で一気に増える目処がたっている。二〇二四年四月に、国内でホテルクラウンパレス、パールシティホテルチェーンなどを運営するホテルマネージメントインターナショナル（HMI）グループと、戦略的パートナシップ協定を結んだためである。これにより、HMIホテルグループの全国四四店舗のホテルのうち、四店舗がマリオットホテルに、三店舗がコートヤード・バイ・マリオットにそれぞれリブランドされ、二〇二六年までに開業することが決まっている。海外旅行や海外出張をしない国内旅行中心層にとっても、マリオット・ヴォンヴォイは魅力的なロイヤリティ・プログラムになりつつあるのである。

このようにホテルビジネスは、ホテル・チェーン同士が戦っているというよりも、どのネットワークがパワーを持つかという闘いに移行しているのである。

（2）ビジネスモデル・トレンドを導入する

もう一つの業界構造への対抗策は、トレンド変化という業界の外部から迫る圧力を活かす方策である。これもポーターの文献[21]にヒントとしては示されていたものだが、残念ながら彼は具体例をあげていない。そこで、ここでも筆者が独自にビジネスモデル・トレンドの観点から説明しておく。

一般に、ある業界における既存勢力は、古くからある典型的ビジネスモデルを温存しようとすることが多い。このことは競争が固定化した業種ほど顕著であり、その一方で競争が激しい業種では積極的に新しいコンセプトの導入が図られ、そのコンセプトを実現するためのビジネスモデル開発も活発である。よって、新たな技術的流行やトレンドが顕在化していながら、新しいコンセプトの導入が進まないような業界は、オールド勢力が強固であるがゆえ、レガシーなビジネスモデルが温存されている場合が少なくない。

このことは、コロナ禍のように、極端な生活スタイルの変化があった際には、より明るみになりやすい。前述したチョコザップの事例は、フィットネス業界において対面が避けられる中で、サブスクリプションという新しいビジネスモデル・トレンドを大々的に導入することで成功した事例である。

そもそも、多くのフィットネスジムが採用する定額月会費制というビジネスモデルは、サブスクの一形態である。しかし、現代のサブスクは本書第3章2で述べたように、次々とサブサービスが付加されることに特徴があり、その楽しみへの期待が、顧客をしてサブスク・モデルを継続させる大きなインセンティブになっている。

一方で、従来のフィットネスジムはどうか。設備産業として新規ジムを開設した後は、ひたすら初期投資コストの回収を目指し、機器のメンテナンスや定期的な交換はもちろん行うものの、新たな楽しみを提供することはエアロビクスの新プログラムの導入がたまにあるといった程度で、ほとんど行われてこなかったのではないだろうか。

これに対して、チョコザップは動画配信サイトさながらに、毎月のように新しいサブサービスが追加されている。もちろん、チョコザップは無人店舗であるため、新たに加わったサブサービスの多くは設備の増加に過ぎないことが多い。しかし、人的サービス部分の不足はコロナ禍においてマイナスには作用しなかった。

また、全国どこでもチョコザップの店舗を利用できるという、従来の業界常識を破壊した点も見逃せない。顧客の中には出張族や、長期にわたって帰省するような学生もいる。彼らは出先・旅先・帰省先でチョコザップのサービスを利用できるため、これまでフィットネスジムの顧客とならなかったような客層にもターゲットを広げたわけである。そして、店舗ごとにサブサービスのバラエティが異なるため、むしろ外出することが最寄り店舗にはないサブサービスを楽しむ機会にもなっている。顧客は、出先でドリンクバーだけを使ったり、帰宅時にマッサージチェアだけ使うといった形でもチョコザップを利用できるのである。

ビジネスモデル・トレンドは今後も変化するだろう。その際、機を見るに敏にそのビジネスモデルを導入すれば、業界構造のパワーバランスを変えることもできるはずである。前節（1）で述べたように、スタートアップ環境も進化してきている。スタートアップと言うと、どうしてもAIなどを導入したハイテク・スタートアップが脚光を浴びがちだが、ホスピタリティ業界の分野でも、宿泊産業における客室の自動値付けシステム、すなわち「ダイナミック・プライシング」がAIを活用しながら実用化されている。前節で紹介したアパ直でもAIによるダイナミック・プライシングは導入されているし、アパ直アプリでは、AIチャットボットが顧客からの問い合わせに応じるために稼働している。また、前述のフードテックのように、ホスピタリティ産業にこそ導入がふさわしい先端技術も多く、業界構造を変化させる可能性は無限にある。

注

（1）マイケル・E・ポーター／土岐坤・中辻萬治・服部照夫訳［一九八二］『競争の戦略』ダイヤモンド社（Porter, M. E. 1980, *Competitive Strategy: Techniques for Analyzing Industrial and Competitors*, New York: The Free Press）。

（2）ポーターによる、外部要因を重視するポジショニング・アプローチの競争戦略論に対する批判は、主に企業の内部資源（ケイパビリティ）に着目する資源ベース論（Resource Based View of the Firm＝RBV）の研究者らによって展開されたが、ＲＢＶ自体が抱える競争戦略論との補完関係や、両理論がともに静的（static）であることを問題視した一部のＲＢＶ研究者らにより、企業の動的（dynamic）な能力を重視するダイナミック・ケイパビリティ派が登場する。その嚆矢となった論文が、デビッド・J・ティースらによる次の論文である。Teece, D. J. and Pisano, G. [1994] The Dynamic Capabilities of Firms: An Introduction, *Industrial and Corporate Change*, 3(3).

（3）Porter, M. E. [2001] Strategy and the Internet, *Harvard Business Review*, 79(3).

（4）二〇〇〇年から二〇〇二年に、マクドナルドは平日六五円のハンバーガーを売り出し、二〇〇一年に吉野家は牛丼を二八〇円に値下げした。ファストフード業界が業種の垣根を超えて値下げ競争に走った時代であった。

（5）生産量が増すほど、製品一単位あたりの生産コストが低下すること。

（6）複数事業にわたって部品や食材を共通化したり、販売チャネルを共有したりすることでコストが低下すること。

（7）田中宏隆・岡田亜希子・瀬川明秀［二〇二〇］『フードテック革命――世界７００兆円の新産業「食」の進化と再定義』日経ＢＰ社。

（8）スタートアップ企業が初期（シードステージ、アーリーステージ）の成長を実感できるよう、経験豊富なメンターが早期に収益化できるビジネス形態へとスタートアップ企業を誘導するプログラム。協業先や販売先などを紹介する場合も多い。ＶＣ的な出資機能を併せ持つこともある。二〇一〇年から国内で活動を始めたデジタルガレージ系のOpen Network Labなどが代表例。

（9）Levitt, T.［1972］Production-Line Approach to Service, *Harvard Business Review*, 50(5).

（10）日本では一九九五年の「幅運賃制度」開始により、航空会社が自由に運賃を設定できるようになった。それを契機に大手に比べて安い運賃を掲げて新規参入したのが、ＡＩＲＤＯ（北海道国際航空）とスカイマークである。

（11）一九八五年に日本電信電話公社がＮＴＴとして民営化され、第一種電気通信事業者の新規参入として第二電電（現ＫＤＤＩ）や日本テレコム（現ソフトバンク）を生んだことを指す。

（12）「株式会社セブン&アイＨＬＤＧＳ．コーポレートアウトライン 2021」https://www.7andi.com/ir/file/library/co/pdf/2022_05.pdf（二〇二四年六月一日最終確認）二〇一一年から二〇一八年まで衣料は、住居関連や食品に比べ、落ち込みが激しいことがわかる。なお、二〇一九年からは衣料・住居関連・食品ではなく、ライフスタイル・専門店・食品の各項目区分に変更されたため、衣料単独での売上は公表されていない。

（13）Ｍ・Ｅ・ポーター／竹内弘高訳［一九九九］『競争戦略論Ⅰ』ダイヤモンド社、三三〜五二頁（Porter, M. E. 1998, *On Competition*, Brighton: Harvard Business School Press）。

（14）ロピアの運営会社であるＯＩＣのサイトより。https://oicgroup.co.jp/about（二〇二四年六月一日最終確認）。

（15）『日本経済新聞』電子版記事所収、「スーパー「ロピア」、売り場で年収一〇〇〇万円　二〇代から」二〇二四年五月一九日付。

（16）ポーター［一九九九］二四二〜二四三頁。

（17）Ｆ・Ｍ・ゴー&Ｒ・パイン／安室憲一監訳［二〇〇二］『ホテル産業のグローバル戦略』白桃書房（Go, F. M. and Pine, R. 1995, *Globalization Strategy in the Hotel Industry*, London: Routledge）五〇〜五一頁。

（18）アパグループが二〇二〇年四月一日に発表した中期経営計画「ＳＵＭＭＩＴ５-Ⅲ（第三次頂上戦略）」より。

（19）アパグループＷＥＢサイトによる発表数値。https://www.apahotel.com/sankaku-hotel（二〇二四年八月一日最終確認）。

（20）『観光経済新聞』電子版記事所収、「世界最大ホテルチェーンの戦略　マリオット・インターナショナル　アジア太平洋プレジデント　ラジーブ・メノン氏に聞く」二〇二四年四月三〇日付。

（21）ポーター［一九八二］二五三〜二五四頁。

第3章　ポジショニングの基本戦略

1　ポジショニングによる事業機会の「発見」

第1章で紹介したアンゾフのマトリックスにおける、二つのベクトルに分かれるフロンティア探しのうち、商品開発による「未開発カテゴリーの発見」と、市場開拓による「未開拓セグメントの発見」を目指す場合は、その探し方を果たしてどうすべきかということが問われる。このうち前者は商品カテゴリー探しであるから、マーケティングの4P（product, place, price, promotion）のうちプロダクトに関わる。一方、後者はセグメント探しであるから、対応するチャネルを同時に考えるという意味で4Pのうちプレイスに関わる。マーケティング論的には、自社商品の生存領域となる独自のポジションを決めることが、第1章5（3）でも登場したSTPの定石となる。

そして、競争戦略論者であるマイケル・ポーターも、自社のポジションを定めるための戦略策定ツールを用意している。ここでは、ポーターによる三つの基本戦略を、ホスピタリティ産業にあてはめることで、これまでの定石とは違った見方ができることについて解説していこう。なお、本節ではハンバーガー業界を例にあげながら、三つの基本戦略にもとづくポジション取りについて確認していく。

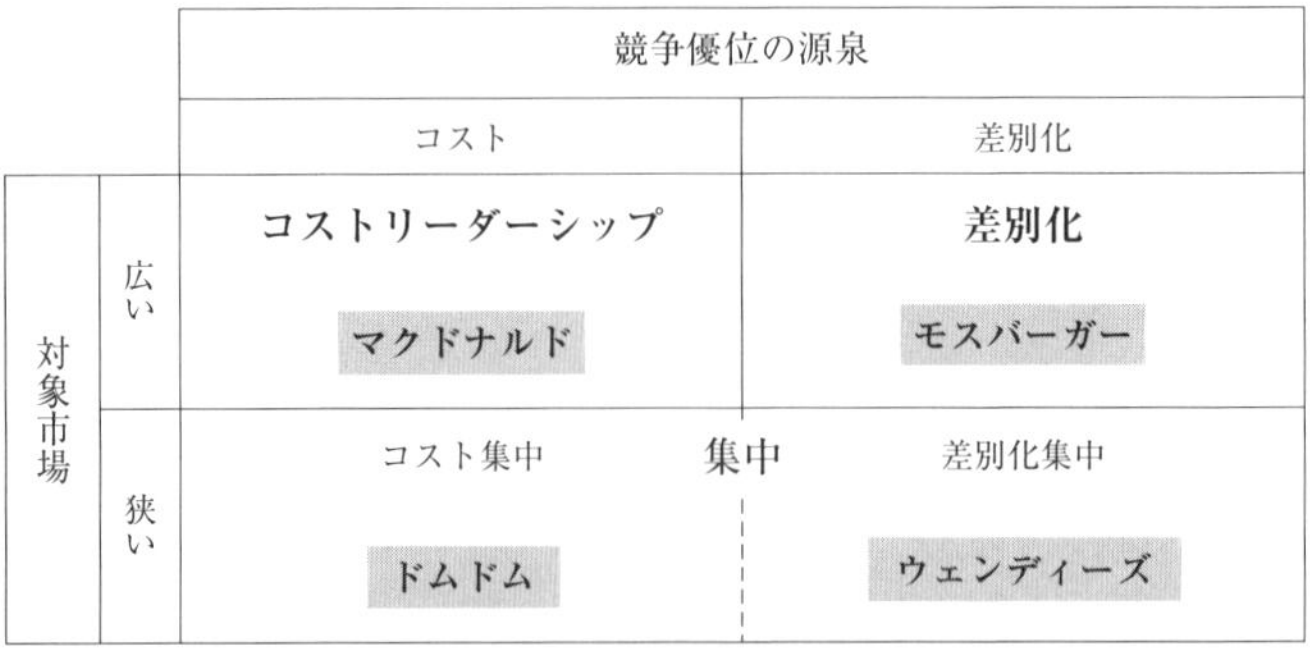

		競争優位の源泉	
		コスト	差別化
対象市場	広い	**コストリーダーシップ** **マクドナルド**	**差別化** **モスバーガー**
	狭い	コスト集中 **ドムドム**	**集中** 差別化集中 **ウェンディーズ**

図３－１　国内ハンバーガー業界の初期ポジション

出所：Porter, M. E. [1980],（訳書）61 頁をもとに筆者作成。

(1) ハンバーガー業界の初期ポジション

図3-1はポーターによる基本戦略（generic strategy）の図式に、ファストフードの代表格であるハンバーガーチェーンの企業名を書き込んだものである。なお、ここでは一九八〇年までに進出し終えた黎明期のハンバーガーチェーンで整理した。

日本のハンバーガーチェーンの三強は、表3-1にあるように、マクドナルド、モスバーガー、ケンタッキーフライドチキン（ＫＦＣ）である。マクドナルドの店舗数は二〇二四年四月までに二九七五店舗(1)であり、モスバーガーとＫＦＣもそれぞれ一〇〇〇店舗を超える。二〇二三年度の売上高と営業利益はマクドナルドが七七七億円のうち四〇八億円であるのに対し、モスバーガーは九二〇億円のうち三七億円、ＫＦＣは一一〇六億円のうち五八億円である(2)。四位のロッテリアの店舗数が三〇〇店程度であることから見ても、上位三社で業界をリードしていることがわかる。なお、これら三社はいずれもフランチャイズ・チェーンの運営母体であり、直営店舗は全店舗のうちの一部である。

さて、話を基本戦略に戻そう。上位企業は当然ながら図3-1の縦軸の対象市場を広く持つ。その中でコスト競争できるのは、どのような業界においてもシェアトップ企業であることが普通である。なぜならば、最も大量生産による量産効果や大量購入による価格交渉力上昇の恩恵を受ける企業だからである。そのことは食材を大量購入する傾向のある外食産業でもあてはまる。また、一

表3-1　国内ハンバーガー業界店舗数ランキング

順位	チェーン名	店舗数	設立／進出
1位	マクドナルド	2,975	1971年〜
2位	モスバーガー	1,314	1972年〜
3位	ケンタッキーフライドチキン	1,194	1970年〜
4位	ロッテリア	301	1972年〜
	（ゼッテリア内数）	（9）	（2023〜）
5位	バーガーキング	226	1993〜2001年、2007年〜
6位	フレッシュネスバーガー	155	1992年〜
7位	ウェンディーズファーストキッチン	109	1980〜2009年、2011年〜
	（ファーストキッチン内数）	（43）	（1977年〜）
8位	クアアイナ	35	1997年〜
9位	ドムドムハンバーガー	27	1970年〜
10位	A&W	23	1963年（米国施政下）〜
11位	ラッキーピエロ	17	1987年〜
12位	VILLAGE VANGUARD DINER	10	2003年〜

注：1）10店舗以上を展開する企業一覧（各社ウェブサイトよりカウント）。
2）店舗数は2024年5月末時点のもの（ただし、マクドナルドとモスは同年4月末、KFCは同年3月末時点）。
出所：筆者作成。

位企業は最もマーケティング費用をかけられる企業となり、ブランドや知名度を確立する上で有利である。このことはファストフード業界も同様であり、一位企業と二位、三位企業の広告・プロモーション頻度を比べれば明らかであろう。

それでは、基本戦略ごとに見た事業展開の定石的な展開はどのようなものか。前述の国内ハンバーガー業界の黎明期を題材として、左記で分析的に捉えてみよう。

（2）コストリーダーシップ――黎明期のマクドナルド

その市場シェアから明らかなように、コストリーダーシップをとれる企業は必然的にマクドナルドとなる。ゆえにマクドナルドのハンバーガーが業界のスタンダードな商品と捉えられる。

店舗数でトップ企業と張り合おうとする企業は、図3-1の縦軸の対象市場はトップ企業と同様に広くなる。しかし、品揃えや立地などでトップ企業と同じ戦い方をすれば、当然利益を圧迫する（量産効果は薄くなるし、価格交渉力も相対的には弱い）ため、競争優位の源泉をコストではなく差別化に求めることになる。ハンバーガー業界の場合、もっとも分かりやすい差別化は、4Pのうちのプロダクトの差別化、すなわち一風変わったハンバーガーを出すということになる。日本市場の場合、そこに位置づける企業は次で説明するモスバーガーである。

（3）差別化——創業以来のモスバーガー

二番手企業のモスバーガーは、プロダクト面の差別化戦略を創業以来、一貫して採用している。たとえば、日本初のテリヤキバーガーの開発、バンズ部分を米にしたライスバーガー、バンズを使わずにレタスでハンバーグを包んだモス畑など、メニューに特色を持つ商品政策を創業以来採用するのがモスバーガーである。使用する野菜は産地にこだわり、店舗内には使用野菜の産地を表示する。その意味では原材料も差別化されている。同社は、立地戦略もマクドナルドとは対照的で、いわゆる二等地立地で店舗規模は比較的小さい。価格面では創業当初からマクドナルドよりも高い値付けであったが、近年はマクドナルドがプレミア価格戦略を同時並行で展開しており、必ずしもモスのほうが高いとはいえなくなっている。このように、モスは、4Pのうちのプロダクトだけでなく、プレイスの面でもマクドナルドと異なるポジションをとる。

また、4Pを拡張した8P[3]で見ても特色があり、とりわけ物的環境の面では、小規模の店舗サイズを活かして内装に木目を多く使っており、額縁アートを飾る店舗も多い。二〇〇〇年代からはオランダのデザイナーでミッフィーの生みの親であるディック・ブルーナモデル店舗を作るなどで差別化した。その一方、もともとはバラツキのあった各店舗の設計だが、近年は大量出店を容易にする「ユニット店舗」等の標準的な店舗像も作っている。

（4）　コスト集中――最盛期のドムドムバーガー

残るは集中戦略である。集中は二つに分かれるため、まずはコスト集中から見ていこう。

一九七〇年設立のドムドムは、国内最初のハンバーガーチェーンである。店舗数は、最盛期である一九九〇年代には四〇〇店舗以上存在したが、現在は二七店舗でハンガーバー業界では一一位にいる。

歴史的にはダイエーグループの事業として始まり、ダイエー店舗内にミニフードコート的に出店展開なされることが多かった。最盛期の店舗数から推察されるように、大手バーガー店の一角を占めていたが、業界には珍しく、フランチャイズ方式をとらない直営チェーン（レギュラーチェーン方式）による店舗展開だった。[4]

商品展開の基本的スタンスは、オーソドックスなハンバーガーの追及で、味付けも至ってシンプルなものである。コロッケバーガーなど他店にはない珍しいメニューもあったが、差別化というより安い価格帯のバーガーメニューという位置づけだった。そもそも同社は、マクドナルドが進出する前に事業を開始しているため、開業にあたりマクドナルドと差別化して開始された事業ではなかったわけである。プライスの面では創業以来一貫して低価格であり、プレイスについては、スーパー（ＧＭＳ）であるダイエーの一角にフードコート的に立地することが多いため、他企業と物件を競り合うことがなく、プレイスの面でのポジショニングは完全に棲み分けできていた。安定的な集客が保証されており、その意味では買い物客の気軽な外食というセグメントを創業時から開拓していたとも言える。

しかも、ダイエー店舗内の集中出店は、単独店舗の出店に比べれば、開業コストも運営コストも少なくて済む。つまり、低コストで低価格の商品が作れ、市場は狭いながらもトップ企業と戦う必要のないコスト集中の位置取りを獲得した例が最盛期のドムドムであった。

（5） 差別化集中――初期のウェンディーズ

最後に、集中戦略のもう一方、差別化と集中をミックスしておこなう差別化集中についてもみておこう。

ここでは、一九八〇年に日本進出したウェンディーズをあてはめている。現在は世界三位のバーガーチェーンであるウェンディーズは、日本への進出にあたり、ドムドムを運営するダイエーがフランチャイズ契約を結び、ダイエーグループのドムドム株式会社が、ウェンディーズ米国本社のフランチャイジーとなる形態をとっていた。そのため、店舗はすべて直営チェーンという運営方法だった。ドムドム株式会社はウェンディーズ展開時に社名を株式会社ウェンコ・ジャパンと改称したが、その社内にドムドム事業部とウェンディーズ事業部を抱えていたのである。自社ブランドのハンバーガーを直営する企業であると同時に、フランチャイジーとして舶来のウェンディーズを出店展開する企業だったこと、フランチャイザー側から課せられた出店目標を実現するために、ドムドムからの店舗転換があったことなど、出店方針が定まっていない面もあったが、オーソドックスなハンバーガーであるドムドムに対し、やや差別化されたハンバーガーを扱うウェンディーズという形でのゆるやかな棲み分けがなされていた。

なお、ウェンディーズ事業では東京都心部とその近郊都市（横浜、所沢など）に出店展開するドミナント出店戦略をとった。つまり、ウェンディーズは出店地域の集中をおこなっていた。ただし、この出店方針は、ドムドムとの同時展開によって生じた制約とみることもでき、ドムドムとの関係性からみても、ウェンディーズは差別化とともに集中の方針を同時にとる企業であるといえた。とはいえ、出店地域が限定的であったことは、プロモーション展開上、マス広告をしても意味がないため、TVコマーシャルを打つ必要がなかった。そのため、地方での知名度が低く、都心に出向いた際にだけ味わえるという、ちょっとした特別感のあるハンバーガーチェーンというポジションにあった。

以上のことから、ときにポジショニングが揺らぐ印象があるものの、進出当初のウェンディーズは二〇〇九年に撤退[5]するまで、差別化集中のポジションをとっていたとみなせよう。

その一方、二〇一一年に日本市場に再進出して以降、ドミノ・ピザ・ジャパンの子会社となり、その後にサントリー傘下のファーストキッチンと合併するなど紆余曲折はあったが、再進出以降は一貫して高級感を打ち出しており、価格競争を回避しようとしている。とくに現在は、ファーストキッチンで主力だった商品との棲み分けのためか、ウェンディーズ部門はプレミア価格帯を主力とする印象が強い。

2　ポジション取りの有効性・無効性

前述した基本戦略にもとづくポジショニングは、ハンバーガー業界のように、業界が確立している場合には有効な戦略フレームワークとなり得る。その一方で、業界がまだ確立していない時期には、あまり意味をなさない。このことを引き続きハンバーガー業界の例で確認していこう。

(1)　業界成立前の分析は困難

そもそも日本でハンバーガー業界という産業が確立していなかった一九七〇年代初頭においては、一九七〇年にドムドムの設立とＫＦＣ[6]の日本進出、一九七一年にマクドナルドの日本進出と、ダスキンによるミスタードーナッツ事業開始、一九七二年にモスバーガー設立とロッテグループによるロッテリア事業開始、といったように、ハンバーガーとその他の新興業態が、新たに誕生したファストフード業界でしのぎを削っていた。そのなかでも４Ｐの多くが競合するマクドナルドとロッテリアの間の競争は熾烈であった。ここに一九七三年に牛丼店チェーンの展開を開始した吉野家も競争者として加えることができるだろう。まさに多数乱戦状態だったのである[7]。

このように、メインの商品が異なる状態で、あくまでもファストフード業界という枠組みの中での競争が繰り広げられている状態では、プロダクトの面で差別化をしても自社のポジションを確保したことにならない。業界の黎明期では駅前立地など事業に有利なプレイスを獲得しようとする戦いはあるが、まだ店舗開拓の余地もかなりあるため、少々の出遅れが競合に比べて決定的に不利になるわけではなかった。そもそもハンバーガーそのものが珍しいため、まだプライスの面での過当競争も起こっていない。プロモーションを行う目的に関しても、排他的競争のためというよりも業界そのものの知名度向上がそれに先立つ目標となっていた。

しかしながら、徐々にファストフード業界から、ハンバーガー業界というように分化していけば、差別化や集中の議論ができるようになる。日本の場合、一九七〇年代後半になると、他業界からの参入や、外資のさらなる参入[8]があるが、そのなかで徐々にハンバーガー業界が成立したと考えられる。実際、先発組のマクドナルドが一〇〇店舗に達したのが一九七六年、モスの一〇〇店舗達成が一九七七年であるが、ここまで差が開くと後発組は規模の面から大いに遅れを取るため、対象市場を広くとるコストリーダーシップも差別化も採用しにくくなる。

よって、一九七〇年代後半以降の参入では、世界的には大規模な外資の日本進出であっても、集中の型での進出が行われた。前述のウェンディーズが差別化をセットにした差別化集中の型で進出したのは、まさにその例である。

(2) サービス業ならではの差別化集中

とはいえ、差別化をプロダクトだけで実現する「未開発カテゴリーの発見」は、時間の経過とともに、発見余地が少なくなってくる。ハンバーガーそのものでの差別化は次第に難しくなるということである。これはメーカーが開発する新製品についても同じことが言える。

しかし、サービス業の場合は、プロダクトだけにこだわらず物的環境など、8Pの一つを考慮に加えたり、「無形要素と有形要素[9]」のパッケージによって、全体サービスのコンセプトを変化させ、差別化を創出することができる。

具体的には、ハワイ発祥企業で、ハワイアンな雰囲気を店舗の内装に施したバーガーチェーン「クアアイナ」[10]が一九九七年に日本市場に参入した際がそうである。プロダクトに物的環境をかけあわせることで、開発の余地が生まれ、差別化集中ポジションを得た事例である。

ハンバーガー業界は成熟産業でありながら、二〇二一年に鳥貴族グループの「トリキバーガー」と、ロイヤルホールディングスの「ラッキーロッキーチキン」が新規参入するなど活況を呈している。

新規参入が増えた理由としては、もともとテイクアウェイ（テイクアウト）のオペレーションを確立していたことや、ドライブスルーのようにコロナ禍においてもヒトとの接触が少なくて済むハンバーガーショップならば、たとえパンデミックが継続・再発しても、成長をつづけやすいという経営判断が働いたことがあるだろう。実際、ウェンディーズを一度手放したゼンショーは、二〇二三年にロッテリアを買収し、「ゼッテリア」という新業態のハンバーガー店もロッテリアと並行展開し始めている。ゼッテリアのネーミングはゼンショーグループとなったこともかけていると思われるが、ロッテリアのヒット作である「絶品チーズバーガー」をはじめとした絶品シリーズを主力商品としたカフェテリアであることの宣言だという。

本来、絶品チーズバーガーは、ロッテリアの他商品と比べると、食材の品質にこだわったプレミア価格帯に設定されていた。しかし、ゼッテリアではあえて価格をロッテリアよりも低く設定し、その分バーガーサイズを小さめにしている。小ぶりのハンバーガーは女性にとっても食べやすい。店舗イメージとしてもロッテリアよりカフェ感が強い印象にしているため、ハンバーガーも軽食的な位置づけになのであろう。こうして考察すると、ゼッテリアは差別化集中ポジションを狙っていると考えられる。

（3） ドミナント出店になりがちなコスト集中

また、後発組の参入は、地方限定という集中の型でもおこなわれた。大手がドミナントを形成する前に市場を押さえる方法である。典型例は、北海道・道南地方にのみ出店しているラッキーピエロがあてはまる。ラッキーピエロは創業者の王一郎氏が華僑で、神戸で中華料理店を経営していたバックグラウンドを生かし、チャイニーズチキンバーガーなどプロダクトに特色のあるメニューで人気を得ており、いわゆるご当地バーガーとして見た場合も、全国で最も成功した企業となった。対象市場は狭く、函館を中心とした道南地域にドミナント出店することで、この地域内ではマクドナルドを優に凌ぐ存在感を持っている。[11] もちろん、商品が特徴的であることから差別化集中ともみなせるが、マクドナルドの出店政策を押しのけてきたという意味では、トップ企業がコストリーダーシップを取りにくくしているとも考えられ、その戦略的ポジションはコスト集中にあるといえるだろう。[12]

コスト集中としては、途中からの移行組もある。ベッカーズは、当初は外食大手ロイヤルの事業として一九八六年に一号店をスタートしたが、思うように出店が進まず、一九八八年にはキリンビールとキユーピーから出資を受けるとともにロイヤルが運営から撤退した。その後も出店は進展しなかったが、一九九〇年にジェイアール東日本レストランに買収されたことで、駅ナカ出店が加速する。最盛期には首都圏の約四〇の主要駅に出店していた。

つまり、ベッカーズの事例も初期のドムドムにおけるスーパー店舗内出店と同様、駅ナカという独自の出店ゾーンを確保することで、コスト・リーダーであるマクドナルドよりも圧倒的に小規模でありながら、同じ価格帯市場においてスタンダードなハンバーガーで勝負することを可能にしていた。このように、コスト集中を実現することは、アンゾフのマトリックスにおける「未開拓セグメントの発見」とセットで現れることが多い。

残念ながらベッカーズは惜しまれつつ二〇二三年に撤退した。コロナ禍でJR東日本の乗降客が減ったことが客離れにつながった面もあるだろう。ドライブスルーなど、代替的な販売オペレーションも持っていないことが、売上げの急速な減少に直結したと考えられる。ハンバーガー業界全体ではコロナ禍において需要を落とさなかったことと比べれば、まさに明暗を分けた形となった。

しかし、実際にはベッカーズの店舗縮小はそれ以前から始まっていた。ベッカーズのように自ら店舗を運営するより、「駅ナカ」に空間を創出することの価値に気づいたＪＲ東日本が、魅力的な外食企業をどんどん駅ナカに誘致し、通勤・通学中に食べられる唯一のハンバーガーという、ベッカーズの希少性を損ねたことも原因であろう。実際のところ、外食産業の利益率は低いため、ＪＲ東日本としてはテナントとして駅ナカに入居してもらうほうが稼げるということもあるだろう。

3　ポジショニング分析は出発点に過ぎない

前述のように、成熟してきた業界への新たな参入は、よほど希少性の高い顧客セグメントを発見できない限り、あるいは誰が見ても有望な商品カテゴリーを発見できない限り、避けた方が無難ということになる。その業界で戦うことを選択するよりも、むしろ新たな商品カテゴリーを創出するか、新規セグメントを創出することを目指したほうが成長の可能性があるからである。

そして、いったん獲得したポジションは簡単に変更しない方が良いとポーターはいう。現在のポジションは、何かを捨てたことによって得られるという、トレードオフの側面を持つ。たとえば、差別化は特定の顧客に受け入れられるポジションだが、それは万人に受け入れられるポジションをとってコスト優位に立つことをあきらめた結果として得られた地位である。同様に、コストリーダーシップは差別化をあきらめた見返りに相対的な経済性を実現し、誰にも勝てないコスト優位性を備えるに至ったわけである。さらにポーターは基本戦略の盤石性について次のように述べている。

コストリーダーシップ戦略か差別化戦略に成功すれば、五つの競争要因に対しての防衛力を獲得したことになる。集中戦略はまた、代替製品の攻勢に最も強いターゲットや、同業他社が最も手薄なターゲットを選択することもできる[13]。

つまり、これらのポジションを持続させる限り、トレードオフの存在が防御壁になっているため、安定した地位に居座れるということである。

このようなポジショニング・アプローチは、オールド・エコノミーに属する戦略地位の変動が少ない安定した業界に対しては依然としてパワフルな分析ツールである。右記のポーターの見解も、業界が揺るぎないほどに現在の参入企業の市場地位が安定していて、大幅な技術革新も起こりそうにないならばあてはまると考えてよいだろう。具体的には、規制で守られた業界や、製鉄・鉄鋼業など、巨大な資本を必要とする設備産業など、インフラ部分で参入障壁が極端に大きく、M&Aで寡占化が進む業界にもあてはまる。競争戦略論は現状を分析するスタティックなツールであるだけに、安定した業界には特に有効な現状分析ツールとなるわけである。

ところが、サービス業は、産業特性的に見て製造業と比べればかなり柔軟である。前節で紹介したチョコザップは、最後発で二四時間営業タイプの小規模フィットネス事業に参入しながら、初出店後一年半で店舗数も会員数も国内シェアトップに躍り出ている。既存のフィットネスジムが会費型なのに対し、同社は他社同様に月額制をうたいながらも、サブサービスが使い放題のサブスク・モデルである点が異なる。

つまり、同じ業界でありながら、そのビジネスモデルに大きな違いがある。フィットネス業界の場合、ビルの空き店舗に入居できる小規模ジムと、プールを備えるような専用の施設建設が前提となる大規模ジムとでは、その損益分岐点がまったく違う。新たに小規模な業態が流行すればコスト・リーダーであったはずの事業者があっという間に割高になってしまう。また、小規模業態では、カーブスのような「年配女性のためのフィットネス」にターゲットを定めたコスト集中戦略が効いたかと思えば、チョコザップのような圧倒的な安さの参入企業が現れることで、顧客がごっそりと奪われることもある。

おそらくサービス業とりわけホスピタリティ産業は、規制も弱く、流行など社会的トレンドの影響も受けやすいため、安定した業界という条件が作用しにくいのだろう。もちろん、サービス業は多種多様なので、すべてにあてはまるとは言えない。規制業種はサービス業にもあるし、参入にあたって大きな資本が必要とされる業界もある。たとえば、無線通信キャリアのように、基地局設置のために膨大な設備投資が必要となる業界は参入障壁が高く、製造業のインフラ業界に近い特性を持つ。また、金融サービス業のように最低資本金額に規制がある業界も存在する。

しかし、そうした一部の例外を除けば、ポーターのポジショニング論によるスタティックな現状分析は、ホスピタリティ産業の未来までも制約するものではないと考えられよう。

4　経営資源を意識したポジショニング戦略

ここまではポーターの競争戦略論を下敷きにしたポジショニングの議論を展開してきた。初期のポーター競争戦略論では、業界環境が分析材料のすべてであり、自社の経営資源の蓄積状態にはほとんど関心を払っていない。これは理論分析の応用先を、ポーター自身が当初から経営資源に恵まれた大企業（とくに製造業）に設定していたことに由来する。しかし、経営資源をまったく意識せずに分析できる業界は現代では少ないであろう。そこで本節では、経営資源にもとづくポジショニングの考え方について紹介することにしたい。

（1） 資源ベース・ビューの台頭とその影響

既に述べたように、初期のポーターは、ポジショニング論者であり、業界構造の分析をもとに、自社の立ち位置を定めることに特化した議論を展開してきた。ポーターの競争戦略論は、学界にも実務界にも大きな影響を及ぼし、未だに『競争の戦略』は、ＭＢＡコースの必読文献とされている。その一方、経営戦略の学説史的には、ポーターのポジショニング論をめぐって、ちょっとした学界内の論争を引き起こした。この論争は、戦略を決めるのは業界分析によって得られるポジション取りか、あるいは自社の経営資源の蓄積を基盤として戦略を立てるかという、ポジショニング・ビュー対資源ベース・ビューの論争となる。

口火を切ったのは資源ベース・ビュー論者であるリチャード・ルメルト[14]（Rumelt, R.P.）の一九九一年の論文[15]である。ルメルトは、製造業各社の業績を用い、これを統計的に分析することで、業界の縛りが戦略分析にとって本当に重要かを検証し、正反対の結論を導き出した。その六年後にはポーターらが、ルメルトの検証内容に反論する論文[16]を発表し、ある特定の業界に属することが業績に大きく作用することを実証した。

また、資源ベース・ビューにおける最も有名な論者であるジェイ・Ｂ・バーニー（Barney, J.B.）も、同じ一九九一年に影響力のある論文[17]を発表した後、そこで披露された考え方はバーニー自身によって発展され、後にＶＲＩＯフレームワーク[18]として知られるようになる。このＶＲＩＯは、以下の四つの条件を満たす資源と組織力が、継続的な競争優位に貢献できるとみなすものであった。

■ＶＲＩＯフレームワーク
・貴重な価値がある資源（Valuable）
・稀少な資源（Rarity）
・模倣不可能な資源（Inimitability）
・経営資源を活用する組織力を有する（Organization）

このＶＲＩＯの枠組みは、世界経済を席巻して絶好調だった頃の日本企業の戦略を説明するのに都合がよかった[19]。ポーターをして、戦略なき企業と揶揄された日本企業だが[20]、ＶＲＩＯにあてはまるような資源を有する日本企業は多いことが説明しやすかったからである。

ところで、経営資源のうち、とりわけ重要な資源に注目しようとする概念の一つに、ゲイリー・ハメル（Hamel, G.）とＣ・Ｋ・プラハラード（Prahalad, C. K.）が提唱[21]した「コア・コンピタンス」がある。彼らが言うコア・コンピタンスとは顧客に利益をもたらす技術やスキル、知識、経験の集合体のことである。つまり、単独の技術が強みになるということではなく、技術を含むスキル、知識や経験を組織内で共有するノウハウなど、全体を束ねる力がコア・コンピタンスである。ハメルとプラハラードもこうした能力を持つ具体的企業名として、ソニー（小型化技術）などの日本企業の例をあげている。

ここでは、当時のポジショニング・ビュー対資源ベース・ビューの論争の成否については詳述しないが、結論だけを述べれば、外部環境分析も内部資源分析も、実務的にはどちらも両方必要である。

ただ、ポーター自身も、経営資源を意識した戦略論を、一九八五年に『競争優位の戦略[22]』で発表していた。これ以降のポーターは、完全なるポジショニング絶対主義者ではなく、経営資源に基づく活動（アクティビティ）を戦略の本質と見る路線にシフトしていたのである。

つまり、『競争の戦略』がその分析タイミングにおける瞬間的な競争環境をスタティックに捉えるのに適していたのに対し、『競争優位の戦略』は、時間の概念を導入し、持続的に競争優位性を持つ企業の条件を、活動（主活動と支援活動に分かれる）の中に求め、その活動を可能とする企業の内部資源分析を行うのに適していた。これにより、ポーター理論は全体として、外部環境も内部資源もどちらも分析できるツールを取り揃えることとなったのである。

（2） バリューチェーン

『競争優位の戦略』で紹介された競争優位性分析のための代表的なツールが、有名な価値連鎖（value chain）モデルである。今ではカタカナでそのままバリューチェーンと表記しても広く通用するほど実業界に普及している。

このツールは厳密に言えばポジショニング分析のツールではない。そして、バリューチェーンはビジネスモデル論が成立する以前に編み出された〈ビジネスモデルの先駆け〉としてみることもできる。[23] なお、バリューチェーンの基本形は、製造業への適用を前提にしていたため、その主活動の部分は、「購買物流→製造→出荷物流→販売・マーケティング→サービス」という流れでチェーンが描かれていたが、もちろん、この各項目は業種ごとに自由に変えて構わない。ビジネスモデルを記述するにはいろいろな方法があるが、バリューチェーンを使う場合には、これら項目の内容を三つの基本戦略を意識しながら定めることで、競争優位なビジネスモデルを構想するのに役立つ。

具体例を見てみよう。図3-2は、フレッシュネスバーガーの事例研究（米倉・笠崎［二〇〇四］[24]）にまとめられた同社の戦略をもとに、新藤晴臣［二〇一五］[25]によってバリューチェーン分析がなされたものである。業界首位であるマクドナルドに対し、当時の新興勢力であるフレッシュネスバーガーが差別化戦略で対抗しようとしている姿が、バリューチェーンのステップごとに対比されている。

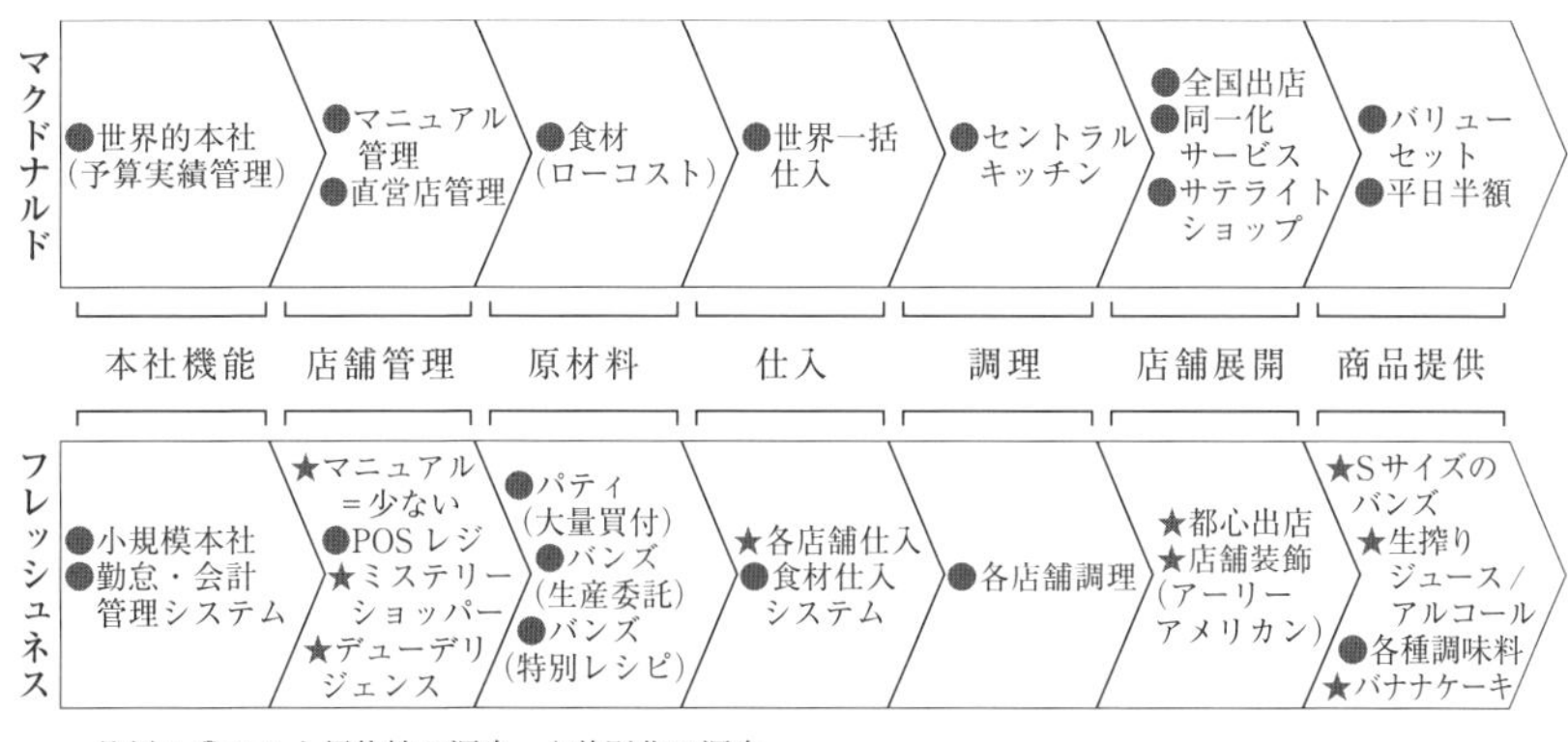

図3-2　バリューチェーン分析の例

出所：新藤晴臣［2015］121頁。

なお、もとになった事例研究が書かれた当時、フレッシュネスバーガーは勢いよく店舗展開をすすめており、二〇〇三年末時点で一七五店舗を展開していた（二〇二四年の店舗数は、先の表3-1にあるように一五五店舗）。残念ながら現在の同社には当時ほどの勢いはないが、今でも根強いファンが多いバーガーチェーンである。

このように、バリューチェーンを使えば、企業が事業の流れに沿って、顧客にとっての価値を生み出す活動をおこなう上で、どのような経営資源が組み立てられており、その結果として持続的な活動が可能かどうかを示すことができる。なにより既存のビジネスにおいて主流となっているバリューチェーンと比較することで、競争優位な価値連鎖構造を構想することもできる。

ここまでに見てきたように、バリューチェーンはビジネスモデルのプロファイリングには有効なツールであるため、とりわけスタートアップのビジネスモデルを構想する際に、業界環境ではなく、経営資源の比較分析にもとづくポジショニングを可能にする。

よって、第2章4（2）でみたビジネスモデル・トレンドの議論を組み合わせて活用すれば、持続的に効力を発揮するビジネスモデルを組み立てやすくなるはずである。

（3） トレードオフを利用したポジショニング

第1章5（3）では、マーケティング論者として著名なフィリップ・コトラーによるＳＴＰの枠組みを紹介し、その最後のＰ（positioning）について触れている。企業が相対する市場から特定のセグメント（Ｓ）を切り分け、そのなかからターゲット（Ｔ）を選び、自社にユニークな位置取りをポジショニング（Ｐ）するという、この一連の流れにおいて、ポジショニングは最も大事な作業であるように思える。しかし、多くのマーケティングの教科書では、このポジショニングについてほとんど触れないか、知覚マップのような二軸で描かれる単純で希望的観測に基づくポジショニング手法が示されるだけである。[26]

ある業界に属する企業が、ポーターの三つの基本戦略に従えば、企業は四つの大まかな位置取りを決めることはできる。つまり、一番手企業はコストリーダーシップであり、二番手企業は差別化、三番手以下の企業はコスト集中か差別化集中を選ぶことで棲み分けられる。とはいえ、具体的な差別化や集中の方法までが定まるわけではない。基本戦略においては一番手企業にとって有利な業界の典型的モデルが描かれることを想定するが、差別化や集中の具体的方策は企業が構想するしかない。

ただ、ヒントがないわけではない。ポーターによる一連の競争戦略論では、前節で説明したトレードオフの利用が重要視されており、差別化や集中によるポジショニング設定の場面で応用できる。トレードオフとは、あちらを立てればこちらが立たないということであるから、どの業界においても当たり前のように存在する。たとえば、ハンバーガー業界では、一番手企業（リーダー）たるマクドナルドが確立した標準化されたビジネスオペレーションにより、ハンバーガーやポテトがファストに提供されるよう最適化されている。マクドナルドにとって、この標準化スキルは他社が容易に真似できないオペレーション・ノウハウという経営資源である。

一般的に、このファストという提供スピードを立てると、一般の飲食業界（対極にあるのはスローフード）で重視さ

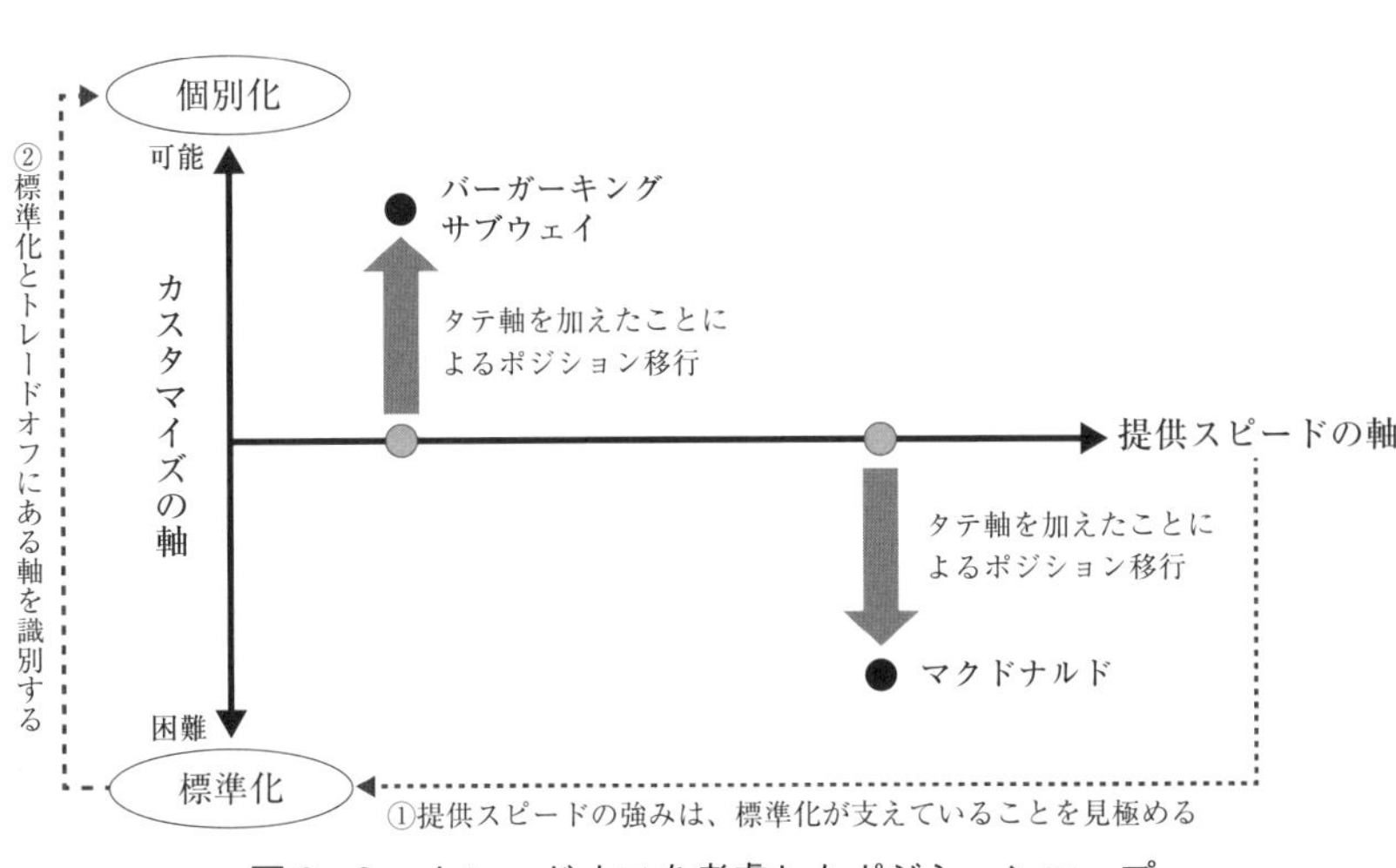

図3－3　トレードオフを考慮したポジションマップ

出所：結城祥［2021］121頁を筆者改変。

れるような顧客それぞれの要望を反映するきめ細かなカスタマイズはできない。つまり、提供スピードと標準化は結びついており、標準化に反するカスタマイズを許すと、提供スピードが落ちるというトレードオフの関係にある。

しかし、二番手企業や三番手以下の企業は、同じやり方では規模の経済性に優れた一番手企業に勝てない。そこで、このトレードオフを突くのである。具体的には、マクドナルドが絶対にやらないカスタマイズをおこなうことが、差別化や集中の具体策として浮かび上がるということである。

図3-3は、提供スピードの速さ・遅さを横軸に、カスタマイズができるか・難しいかを縦軸に置いた、前述した知覚マップにまさに該当する単純な二軸マトリックスである。しかし、このマップには単純な現象面でなく、業界の典型的モデルが持つトレードオフや、その典型的モデルにもとづく活動を継続的に支えるための経営資源がしっかり意識され、書き込まれていることがわかる。

マクドナルトとは異なり、バーガーキングやサブウェイは顧客の要望に応じ、トッピングを追加したり、特定の食材を増量・減量したりすることを売りとしている。これは標準化ノウハウという経営資源をマクドナルドほどには持っていないことを逆手にとったポジション取りである。一方、マクドナルドとしては、たとえカスタマイズが顧客に人気があるとわかっていても、このポジションに参入することは難しい。それは同社が誇る接客スピードを落とすことにつながってしまうというトレードオフに直面するからである。

このように、ＳＴＰの最後のＰを戦略的に構想する際、ぜひライバル企業のトレードオフを意識してもらいたい。そうすれば、差別化や集中のために自社が位置取りするポジションを、ライバルが侵入しづらいゾーンから選べるようになるからである。

注

（1）日本マクドナルドホールディングスＩＲ情報。https://www.mcd-holdings.co.jp/ir/sales_report/（二〇二四年五月二八日最終確認）

（2）売上高については各社二〇二三年度の決算発表資料より推計。

（3）サービス・マーケティングの分野で提唱された従来の４Ｐ（Product, Place, Price, Promotion）に、サービス過程（Process）・物的環境（Physical evidence）・ヒト（People）・生産性とサービス品質（Productivity and quality）の四つを加えたもの。

（4）しかし、一九九八年以降のダイエー店舗整理時に、ともに閉店整理されたり、運営会社が度々譲渡されるなどの紆余曲折があったため現在の店舗数は少ない。

（5）二〇〇九年の日本市場撤退時には、ウェンディーズはゼンショー傘下だった。撤退の大きな理由はマクドナルドとの価格競争の激化であった。集中・差別化のポジションは盤石ではなかったのであろう。

（6）ＫＦＣをハンバーガー業界と捉えるかどうかは難しいところだが、一九八三年に「チキンフィレサンド」を発売するまでは、ハンバーガー商品を扱っていないフライドチキンのチェーン店だった。現在はサンドの名称をバーガーに改称しているし、ＫＦＣのホームページを見れば、ハンバーガーが主力商品であることがわかる。

（7）ポーターは、「多数乱戦業界」だったアメリカのファストフード事業の覇者がマクドナルドであったと『競争の戦略』の中で述べている。M・E・ポーター／土岐坤・中辻萬治・服部照夫訳［一九八二］『競争の戦略』ダイヤモンド社（Porter, M. E. 1980, *Competitive Strategy: Techniques for Analyzing Industrial and Competitors*, New York: The Free Press）訳書、二七一頁。

（8）国内資本としては、一九七五年に森永LOVE、一九七七年にファーストキッチンがそれぞれ設立。外資としては、ウェンディーズが一九八〇年に日本市場に参入。

（9）無形要素と有形要素については、第5章1（4）で解説する「サービススケープ」も参照のこと。

（10）安岡寛道らも、クアアイナを差別化集中に区分している。ただし、ハンバーガーだけで差別化を実現できたわけではなく、物的環境を加えることでサービス・コンセプトの差別化が実現できたように筆者には思われる。安岡寛道・富樫佳織・伊藤智久・小片隆久［二〇〇四］『ビジネスフレームワークの教科書――アイデア創出・市場分析・企画提案・改善の手法55』SBクリエイティブ、三〇〇～三〇七頁。

（11）もちろん、ラッキーピエロ社自身はご当地バーガーとは認識していない。函館出身のロックグループのGLAYが地元で評判のハンバーガーショップとして、たびたびメディアで紹介するなどした結果、同店には、GLAYファンによる聖地巡礼客も多く見られる。

（12）函館市は人口約二四万人の中核市だが、二〇二四年四月現在でマクドナルドは四店舗のみであり、対するラッキーピエロは市内だけで一三店舗ある。

（13）ポーター［一九八二］六一～六二頁。

（14）ルメルトは、企業の多角化戦略と業績の関係を分析した研究で著名な研究者。ルメルトによれば、成長性の点では、多角化程度が高いほど優れており、収益性の点では、多角化が中程度（関連分野のみの多角化）の企業で高いとした。R・P・ルメルト／鳥羽欽一郎・山田正喜子・川辺信雄・熊沢孝訳［一九七七］『多角化戦略と経済成果』東洋経済新報社（Rumelt, R. P. 1974, *Strategy, Structure and Economic Performance*, Cambridge: Harvard University Press）。

（15）Rumelt, R. P.,［1991］How Much Does Industry Matter? *Strategic Management Journal*, 12(3).

（16）McGahan, A. and Porter, M. E.［1997］How Much Does Industry Matter Really? *Strategic Management Journal*, 18, pp. 15-30.

（17）Barney, J. B.［1991］Firm Resources and Sustained Competitive Advantage, *Journal of Management*, 17(1).

(18) ジェイ・B・バーニー／岡田正大訳［二〇〇三］『企業戦略論――競争優位の構築と持続（上・中・下）』ダイヤモンド社（Barney, J. B. 2002, *Gaining and Sustaining Competitive Advantage*, 2nd Editon, Upper Saddle River: Prentice Hall）。
(19) 沼上幹［二〇〇九］『経営戦略の思考法――時間展開・相互作用・ダイナミクス』日本経済新聞出版社、九〇頁。
(20) ポーターが一九九六年に発表した論文に、「日本企業のほとんどは戦略を持たない」と題したコラムが含まれている。Porter, M. E. [1996] What is Strategy? *Harvard Business Review*, 74(6).
(21) Prahalad, C. K. and Hamel, G. [1990] The Core Competence of the Corporation, *Harvard Business Review*, 68(3).
(22) M・E・ポーター／土岐坤・中辻萬治・小野寺武夫訳［一九八五］『競争優位の戦略――いかに高業績を持続させるか』ダイヤモンド社（Porter, M. E. 1985, *Competitive Advantage:Creating and Sustaining Superior Performance*, New York: The Free Press）。
(23) 磯村和人［二〇二二］「経営戦略の技法」（沼上幹編著『学史から学ぶ経営戦略』文眞堂）一一九頁の記述にもとづく。
(24) 米倉誠一郎・笠崎州雄［二〇〇四］「フレッシュネスバーガー――成熟市場における後発企業の参入戦略」（『一橋ビジネスレビュー』第五一巻四号）。
(25) 新藤晴臣［二〇一五］『アントレプレナーの戦略論――事業コンセプトの創造と展開』中央経済社。
(26) 結城祥［二〇二一］「今、なぜポジショニングを問うのか」（『一橋ビジネスレビュー』第六九巻二号）。

第4章　適正な値付けのためのコンセプト鋭角化

1　値上げによる顧客離れを恐れるホスピタリティ産業

本書の執筆時点（二〇二四年）では、新型コロナウィルス（COVID-19）の脅威も薄れ、円安を追い風にしてインバウンド客が一転して回復基調にある。そして、インバウンド客の消費額もコロナ禍以前より増えている。もともと日本観光は安売りしすぎだとの批判はかねてより存在した。旺盛な消費意欲を持つインバウンド観光客や、リバウンド消費現象によって財布の紐が緩んでいる国内消費者に対しても、ホスピタリティ産業が扱うサービス商品の単価を適正な価格帯にまで上げる必要がある。

一方で、ホスピタリティ産業においては客単価を上げれば顧客離れにつながると心配する声が根強い。実際、コロナ禍に入って間もない頃のホスピタリティ産業は、外出自粛や濃厚接触を回避するという行動上の制約が影響し、大きな打撃を受けた。このときに問題となったのは、事業者が労働力不足を解決できずに、やむなく自らそのサービスの一部を削って顧客に提供する「スキンプフレーション（Skimpflation）」の発生である。

このスキンプフレーションという言葉は、「ケチケチした」という意味のスキンプ（skimp）と、経済用語であるインフレーションをかけあわせた米国発の造語である。日本よりも早くから米国では、ホスピタリティ産業や小売業などのサービス業界を中心に、主にコロナ禍がもたらした人手不足によって今まで提供されてきたサービスの一部が削られるという現象が表出していた。その現象を表すために作られた言葉がスキンプフレーションである。米国を中心とした英語圏では、既に社会問題として認識されていたのである。いわばサービス版のステルス値上げである。

サービス商品はさまざまなサービスをひとまとめにして値付けされているので、表面的な価格が変わらずに「商品あたりサービス要素の部分的縮減」が起これば、これは消費者にとっては実質的な値上げにほかならない。また、サービス要素は削られなくとも、人手不足を言い訳にして、サービス提供までの待ち時間が増悪すれば、サービスの質が低下したものと消費者は受けとめる。インフレーションは物価上昇を意味するが、スキンプフレーションでは、名目的なサービス価格は変わらなくても、今までは享受してきたはずのサービス要素が削られ、サービス品質が低下しているために、消費者の側にとっては実質的な物価上昇に等しいという状態を示すことになる。

労働者不足によってやむなくサービスが縮減されている場合は、消費者側も仕方なく同情してくれることもあるだろう。むしろ、最も避けるべき企業行動は、物価上昇などのコストをサービス価格に転嫁せず、やみくもに値上げによる顧客離れを恐れ、顧客に値上げを認識されないよう、こっそりとサービス要素の一部を削ることである。もちろん、これは逆効果である。やむを得ず削ったサービス要素と、あえて削ったサービス要素とを消費者が正しく識別できるわけはなく、その企業の提供するサービスが文字通り「ケチケチした」印象になってしまえば、サービスを通じて消費者が得る満足度が下がり、スキンプフレーションはさらに加速してしまうからである。

低賃金により人材獲得難に陥っている宿泊産業、外食産業にとって、商品単価を適切に上昇させ、人件費を上げることは喫緊の課題である。一般的にサービス価格が上昇することは、サービス産業従事者の賃金水準を押し上げ、国内賃金の上昇を促すと考えられているからである。もともと日本が農業社会から工業社会に変容する過程で、都市労働者が生まれ、彼らが豊かになっていく過程でさまざまなサービスへのニーズが生まれることで、サービス産業が成長してきた。今後もサービスを高度化し、賃金上昇につなげ、人々の消費余力を高めながら、さらなる新しいサービスを誕生させるという、正の方向のスパイラルを回していかなければならない。

本章では、懸念される顧客離れを起こさずに、サービス事業者が適切なサービス価格を設定するために、どのような戦略をとればよいかについて、筆者の見解を交えながらサービス経営学的に解説していく。[1]

2　値上げの妥当性は商品コンセプトの鋭角化で高められる

最近、モノの価格（製品価格）の上昇だけでなく、サービス価格の上昇についても、頻繁にニュース等で報じられている。たとえば、ネットフリックス（Netflix）に代表される動画配信サービス業界のサブスクリプション料金は二〇二三年以降、続々と値上げされている。また、同じ二〇二三年には東京ディズニーリゾートの入場料が初めて一万円を超える価格設定となったことが話題となった。日本だけの現象ではなく、米国に二カ所あるディズニー運営のテーマパークも、東京と同時期に値上げされている。物価上昇の傾向は、円安による影響を受けやすいモノ製品から先に現れ出した。その波は、いよいよサービス価格の上昇にも波及してきているように見える。このような値上がりトレンドが顕在化してきた理由はさまざまだが、日本の労働市場全体を襲う「人手不足」はその代表的なものである。

人手不足は単純な労働人口減少によるものだけではなく、サービス業の人材獲得難という問題による面からも発生する。一部のホスピタリティ業界にはびこる「低賃金」、「長い労働時間」といった待遇・労働環境が是正・改善されないことには、なかなか解決しにくい課題であると言える。だからこそ、人手不足や人材獲得難を解消するために、企業はサービス価格の値上げを検討すべきなのである。

それでは、顧客離れを起こさず、サービス価格を適正に値上げするにはどうすればよいか。真っ先に思い浮かぶのは、顧客にとっても妥当だと思えるような値上げをすることだろう。まずは、サービス経営学的に示唆される〈妥当な値上げ〉の方策について考えてみよう。本書の第Ⅰ部が、コンセプトメーキングの話題から記述されているように、コンセプトが顧客に浸透することはサービスにとって非常に重要である。顧客離れを起こさない、言い換えれば顧客が納得しやすい値上げは、コンセプトのレベルから考慮すべきなのである。

結論を先取りすれば、値上げの際に重要な視点は「サービス・コンセプト鋭角化」である。鋭角化とは尖らせるということであるから、第1章で説明したドメイン定義のうちの、ドメイン差別化にあたる。もちろん第3章で解説した競争戦略上の差別化戦略とも同じである。しかし、差別化はあくまでも企業側の発想である。鋭角化が目指すのは、顧客側にも明らかなコンセプトの違いを示すことである。

多くのサービス・コンセプトは、サービス商品の魅力が（顧客にとって）どこにあるのかについて、わかりやすく説明するために文章（メタファーやストーリー）あるいは図式・イメージとして提示される。

サービス商品の多くは無形である。だからこそ、第3章2（2）で紹介したハワイ発祥のハンバーガーチェーンであるクアアイナがそうであったように、有形の要素と結びつけることで、その無形性からくる掴みどころのなさを補ってやる必要があった。この無形と有形を結びつけるのと同様に、サービス・コンセプトが鋭角化されることによって顧客の目にも典型的モデルのコスト優位性と、差別化企業のコストが別問題であることが理解できる。実際、前章で詳述したハンバーガー企業においても、差別化戦略をとる企業はコスト・リーダー企業よりも高い値付けの商品を用意してきた。しかし、差別化戦略は企業戦略としての判断であり、顧客にその戦略が伝わっているとは限らない。そうなれば、ただ単にコストパフォーマンスのよくない企業としか顧客の目には映らない。だからこそ、顧客の目にも明らかな形で鋭角化されたコンセプトを提示する必要があるのである。

3　サービス・コンセプト鋭角化の方策

それでは、サービス・コンセプトを尖らせ、企業の立場からの差別化を、顧客の目にも明らかな鋭角化として実現するために、具体的にはどうすればよいかを説明していこう。

(1)　正反対のコンセプトをあえて提示する

第3章4（2）で解説したバリューチェーン比較では、マクドナルドに対抗するフレッシュネスバーガーの戦略が、典型的モデルであるマクドナルドとは差別化されたバリューチェーン要素を整備することによって成立していた。ここで注目したいのは、こうした差別化を採用する企業があるからこそ、もともとの典型的モデルの特徴が浮き彫りになるということである。対抗モデルがなければ、大元のモデルの特徴を顧客がうまく捉えることは難しい。

そのことは多くのサービス業にあてはまる。たとえば、ユニクロのＳＰＡ[2]は従来のアパレル流通モデルのアンチテーゼであり、ユニクロが登場することで、従来のアパレルにおける典型的モデルが際立つといったようにである。

第1章2（1）で取り上げたサウスウエスト航空の場合も、彼らが打ち出したローコスト・キャリア（ＬＣＣ）のビジネスモデルの登場により、顧客はあらためて昔からあるフルサービス・キャリア（ＦＳＣ）の事業構造をうまく言い表すことができるようになったといえる。

顧客としては、比較的時間に余裕があるが運賃負担力は決して高くないときにはＬＣＣを選ぶし、その反対に大事な要件があって時間がタイトであり、資金的にも余裕があるときにはＦＳＣを選ぶだろう。こうした選択は、企業側が市場をセグメンテーションした後に、顧客層のターゲティングを行い、ポジショニングをするというＳＴＰ（第1

章5（3）参照）の結果というよりも、顧客自身がLCCとFSCのサービス・コンセプトを熟知しており、ときと場合に応じて選び分けているに過ぎないものである。このように、大量のプロモーション費用をかけてSTPの成果を上げるよりも、サービス・コンセプトが浸透することのほうが効果的であるといえる。

(2) コンセプトの浸透で顧客層を交通整理

さらに好ましいことに、サービス・コンセプトの浸透は値上げの妥当性も高めてくれる可能性もある。再びLCCとFSCを例に説明してみよう。

LCCのサービスは、FSCに比べて大幅にサービスの量（サポーティング・サービスの数）は少ないし、速達性も見劣りする。しかし、目的地に格安で到達できることに特化しているLCCのコンセプトが一般に広く了解されていれば、顧客はFSCで提供されるサービスが最低限のものであっても文句は言わない。サービスの質・量に見合った適正な価格付けであることを理解しているからである。

一方で、FSCの場合、LCCが登場する前には、エアライン・サービスにはFSCという単一モデルしか存在しなかったため、あらゆる顧客が混在して乗っていた。少しでも費用を安く抑えたい顧客も資金的に余裕のある顧客も同じドリンクサービスを等しく平等に就航中に決まった回数だけ受けていた。しかし、これだと双方に不満が残るおそれがある。費用を抑えたい顧客はドリンクサービスを削ってでも料金を下げて欲しいと思うだろうし、資金的に余裕のある顧客は、ドリンクを好きなだけ楽しみたいと思うかもしれない。もちろん、ファーストクラスとエコノミークラスが同じ便に同居している場合はサービスを切り分けられるが、小規模なフライトではそうはいかない。顧客は航空会社側にとって都合がよい、すべての搭乗者に等しいサービスというルールに縛られることになる。

しかし、LCCのビジネスモデルが登場したことによって、とくに双方のモデルが並走して飛んでいる路線では、

ＦＳＣの顧客とＬＣＣの顧客がうまく棲み分けられたことにより、ＦＳＣにはフルサービスの良さを味わいたい顧客が集中するようになった。顧客側がすすんで自分が望むモデルを選ぶため、各モデルはそれぞれのモデルを際立たせるコンセプトを前面に打ち出しやすくなったのである。こうした状況にある場合、ＦＳＣ側はサブサービスを増加させ、顧客からその分の料金を求めやすくなる。そのサイクルがうまく回れば一便あたりの機内販売の売上げも増えるはずである。実際、国内ＦＳＣであるＪＡＬとＡＮＡはスーパーシートにおけるサブサービスを増加させており、特別なメニューを希望者に提供し、機内での売上げを増加させている。

このように、サービス・コンセプトが顧客に浸透することは、価格が低い場合だけでなく、価格が高いことの裏付けとしても作用する。ＬＣＣの登場により、ＦＳＣのコンセプトはより明確になったといえる。依然として、交通インフラ事業者は、ユニバーサルに移動サービスを提供しなければならないとはいえ、従来よりも格段に顧客層が絞られてきたことは間違いない。

実際、国内のエアライン業界においても、ＬＣＣ元年と呼ばれ、新規国内格安航空会社三社が運航を開始した二〇一二年以降は、日本の大手航空会社は傘下企業としてＬＣＣを抱えるようになり、ＬＣＣが脅威になるどころか、価格に敏感な層はＬＣＣに、サービス充実に関心がある層はＦＳＣにと、コンセプトを明確にして、両キャリアを併存させている。ＬＣＣにおいては、従来から飛行機を利用していた客層だけでなく、都市間高速バスを頻繁に利用するような低運賃旅行者を取り込むことに成功し、顧客層の裾野を拡大する結果となった。サービス・コンセプトの浸透により、顧客ターゲットの交通整理につながったため、フルサービスにさらなるサービスを付け加えやすくなったことになる。このことは適切な値付けにも貢献するはずである。

4　サービス・コンセプト鋭角化の二軸

適正な値付けに貢献しうるサービス・コンセプトの鋭角化では、どのようにエッジを際立たせるべきか、ここではエッジを磨く際の方向性を二つのベクトルとして示しておきたい。それは「個別性」と「即応性」である。

（1）「個別性」でサービス・コンセプトを磨く

サービス経営学用語には「タッチポイント（顧客接点）」という言葉がある。顧客との接点を多く持つことで顧客情報を吸収し、顧客そのもののニーズを深く、長く理解していくことで、個々の顧客ごとに適切なタイミングでサービスを提供しつづけ、顧客生涯価値（Life Time Value: LTV）を高めるという考え方である。

企業は顧客との接点を活かした対話によって、顧客自身も気づいていないような隠れたニーズを掘り起こし、サービスを進化させたり、新たなサービスを提案したりすることができる。そのためにタッチポイントを設けようとすることは、サービス経営学的な顧客情報収集のあり方として望ましい。

なぜ、このタッチポイントの話題を持ち出したかというと、サービス・コンセプトの中には、顧客に一般的な商品を提案するのではなく、一人ひとりに特化したサービスを提供するような「個別性」を売りとするコンセプトの一群が存在するからである。ここでも高級ホテルの代表格であるリッツ・カールトンの事例をひもときながら例示しよう。同社では宿泊客のことをよく理解した上で、その顧客のためだけのもてなしを「感動を呼ぶサービス」として提供しようと、さまざまな提案をしてくれる。宿泊客はその提案の質をさらに高めてもらうために、ますます同社とのつきあいを長期化させようと動機づけられていく。同社の宿泊代は高く、コストパフォーマンスは決してよくないが、得難い感動のためならばと顧客は自ら進んで常連になっていくのである。ここで同社が提案するサービスが、誰もが等しく喜ぶようなサービスではなく、その顧客だけが感動するサービスであるというところがポイントである。感動のツボは人それぞれであるから、ホテル側は継続的な関係性のなかでそれを見極め、単なる過剰サービスに陥るのを防ぎながらタイミングを見計らって驚きをともなったサービスを繰り出すことを狙うのである。

このような個別性へのこだわりは、会員制サービスや、紹介を基本とする入店を原則とするホスピタリティ業態においては珍しいものではない。よく知らない顧客に、無難なサービスを提供することには手を出さず、個別にカスタマイズされたサービスを提供してもらいたい顧客だけを相手にするタイプの事業に共通して見られる傾向である。

個別性へのこだわりの象徴ともいえるホスピタリティ業態が、京都の茶屋である。京都の花街において、舞妓・芸妓から接客される茶屋は、いわゆる「一見さんお断り」が徹底されており、常連客の誰かの紹介がなければ決して味わうことはできない。

なぜそこまで徹底したクローズドな形を伝統的に維持してきたのか。ひらたくいえば、たった一回のお座敷遊びの空間・時間では、十分にその顧客を満足させられないことがわかっているからである。逆にいえば、顧客との関係性を積み重ねることで、お座敷遊びはより高質なサービスになっていく。こうした仕組みをサービス提供者側が自覚しているからこその「一見さんお断り」システムなのである。

もちろん、誰かの紹介により初めて座敷にあがった顧客もまた、よく知らない顧客には違いないが、常連客の紹介というつながりがあれば、顧客の趣味的、職業的な属性は接客の開始とともに間もなく手繰り寄せられるものである。花街では、茶屋への住み込みで日常的に女将（いわゆる「おかあさん」）に鍛えられているし、先輩の芸妓が指導員（いわゆる「お姉さん」）となって、新人舞妓の育成システムを花街総出でおこなう(3)。こうした京都花街を支えた三五〇年の歴史を持つエコシステムを通じ、舞妓の接客スキルは常に磨かれているため、常連の紹介があれば、初めて座敷にあがる顧客でも心配はいらない。座敷においては、新人舞妓をサポートする役回りを先輩芸姑が担うチーム接待により、熟練者が新人をカバーし、お座敷遊びの和やかな空気を保つからである。

高級ホテルに泊まるにせよ花街で遊ぶにせよ、タッチポイントが増えることで自分へのサービスの質が高まることを理解している顧客は、積極的に自分の情報を相手に開示しようとする。つまり、個別性によるメリットを理解している顧客は、事業者側に対して自らパーミション（許諾）を与えようと動いてくれるのである。

このように、個別性のコンセプトを磨くことで、企業は顧客との長期的な関係性を手にし、差別化につなげることが可能になる。

(2) 「即応性」でサービス・コンセプトを磨く

右記のタッチポイントから得られる顧客情報の活用法には大きく二領域ある。一つ目は、前述のリッツ・カールトン級の高級ホテルや、京都花街で見られる接客サービスのように、長期的にカスタマー・ディライト（顧客感動）を狙っていく領域である。この領域に含まれるのが、先に説明した「個別性」を高めるサービス群である。

二つ目は、サービスを提供している最中に、顧客との対話により情報を得つつ、サービスの内容をどんどん変化させ、サービスをリアルタイムで調整しながら、カスタマー・エクスペリエンス（顧客経験）の価値を高めていく領域である。この領域においては、サービス提供中あるいはその直前に得た情報により、サービス内容がサービス提供中にも進化・変化しつづけるので、「即応性」の高いサービスとなる。

この二つ目の領域の具体例としては、近年の観光業界で注目されつつあるアドベンチャー・トラベル（AT）における、ガイドとツーリストとのやりとりを想起するとわかりやすいだろう。ATは体験型観光の一種であり、その商品としてのサービス・コンセプトは、冒険的な観光を通じて、日常では得難い特別なカスタマー・エクスペリエンスの価値を提案することである。

旅行一般に共通することだが、優れたベテランのガイドは、相手（ツーリスト）の知識レベルに合わせて、訪問する先の観光名所や史跡の説明をしてくれる。同様に、ＡＴガイドは、相手の体調や基礎体力、運動経歴、自然知識などを考慮に入れながら、サイクリングやカヌー、シーカヤック、フィッシング、登山、そして野生動物観察といったアクティビティに案内していく。ＡＴはいずれの分野も日常的に危険と隣り合わせであるため、ガイドには、とっさの判断力と高い危機管理能力が資質として求められる。よって、ＡＴガイドは、ＡＴツーリストのその時々のコンディションを見極めた上で、総合的判断を連続して下していくことが必要になってくる。ときには気候条件など自然環境の変化と、ツーリストの体調変化を両にらみして、当初の観光プランを柔軟に変えていく。このような場面は日常茶飯事である。

ここまで説明してきたように、タッチポイントから得られる情報活用法における一つ目と二つ目の領域の違いは、そのサービス・コンセプトが「即応性」を重視するかどうかにある。たしかに、京都花街におけるお座敷遊びの例でも、当意即妙で場の空気を読んだふるまいをすることは、芸舞妓にとっては必須の能力であるが、茶屋のサービス・コンセプトのコアは、長期的な関係性を前提とした顧客感動の方にある。その点では、リッツ・カールトンも同様であり、宿泊客にサプライズを提供することは多いが、それは反射神経的なひらめきによって提供されるというより、長期的な関係性によって得た情報資源をベースとするからこそそのひらめきがもととなっているのである。そして、これらの業界・業態では、即応性そのものをサービス・コンセプトの核にしているわけではない。もちろん、個別性に加えて即応性も高ければ、驚きをともなった感動的サービスをより多く生むことにもつながるとはいえる。しかし、個別性の蓄積があってこそという前提条件は変わらない。

一方で、ＡＴガイドのように、一回の観光体験のなかに何度も臨機応変な反応をすることが求められ、ときには命に関わる判断もおこないながら顧客経験の豊かさを追求していくという意味では、その商品のサービス・コンセプトは、明確に「即応性」の高さを売りにしている。もちろん、この場合も個別性を併せて備えているほうが、即応性をさらに高める結果につなげられるため、二つの特性は完全に分離しているわけではない。

このように、即応性のコンセプトを磨くことで、サービス提供者は顧客の体験を豊かにしつつ、そのスキルやシステムによって差別化につなげることが可能になるのである。

5　二軸にもとづくサービス・コンセプトの類型化

それでは、サービス商品のコンセプトを適切に構想し、顧客にそのサービス・コンセプトを受け入れてもらい、適正な価格へと値上げを実行していくにはどうすればよいか。ここでは筆者が考案した「サービス・コンセプトの四類型」を図4-1で紹介し、各象限について説明する。

この類型図では、横軸に「サービスの個別性」をとっている。これは文字通り個別に特化されたサービスを提供する特性が高いか低いかを示す。個別性によって実現するサービス・コンセプトについては前節で説明したが、その特性が高い場合、「個人重視」のカスタマイズ・サービスとなり、低ければ「集団重視」、たとえばユニバーサル・サービスになる傾向がある。

なお、誤解のないように前置きしておくと、この特性が低いことが悪いわけでは決してない。個別性を求めず、集団重視とすることにより、後述するグループ・エクスペリエンスのような独特のサービスが実現されることもあるからである。

次に縦軸には「サービスの即応性」をとっている。こちらも文字通りサービスに対する即時の応答が、サービス提供に際して求められる度合いの高低について示している。この即応性についても前節で説明しているように、企業が顧客接点を豊富に備えていても、そこで得た情報を現在提供しているサービスにすぐさま活用するかどうかはさまざまなバリエーションがあり得る。長期的な関係を前提としていれば、必ずしも現在提供するサービスに無理して即時反映する必要性がない場合もある。顧客の側も長期的な関係を望んでおり、情報開示のパーミションを企業の側に与えていれば、なおさら即時反映にこだわる必要はない。

なお、一般的に即応性が高い場合は「経験価値」を売りにするサービスであることが多い。このことは体験型観光商品が、その場の臨場感や躍動感を商品のコアとしていることを思い起こせばわかりやすいだろう。また、即応性が低い場合は「機能価値」を売りにするサービスであることが多い。このことは提供する機能そのものを商品価値とするタイプのサービスを想定すればわかりやすい。たとえば、各種リフォームやリメイク、修理などのような預かり型サービスには即応性は必要ない（もちろん、リードタイムの短さは求められるが、即時応答の必要はない）。これらは機能そのものがしっかりしていることがサービス価値のほとんどすべてを占めるという傾向がある。

それでは左記では、事例を交えながら図4-1の各象限について解説しよう。

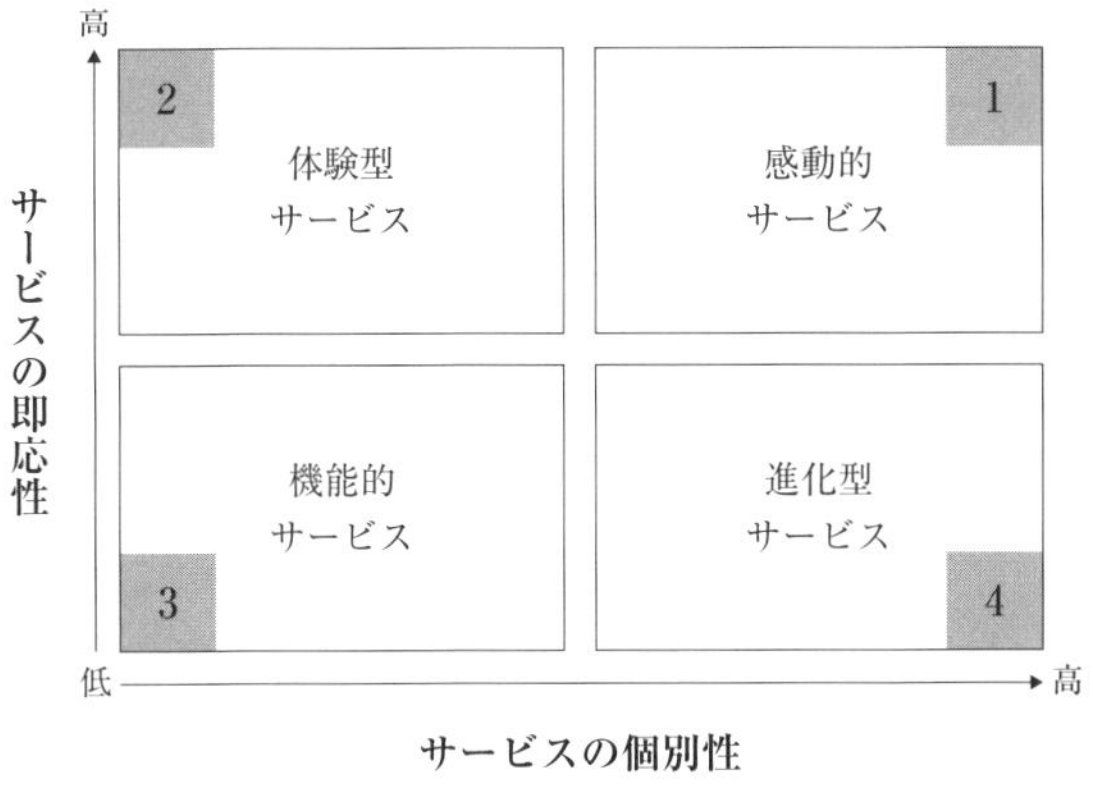

	低	高
高	2 体験型サービス	1 感動的サービス
低	3 機能的サービス	4 進化型サービス

縦軸：サービスの即応性（低→高）　横軸：サービスの個別性（低→高）

図4-1　サービス・コンセプトの4類型

出所：筆者作成。

(1) 機能的サービス

象限3の「機能的サービス」は、大量流通型のサービスに見られるサービス・コンセプトである。代表例はファストフード・チェーン店や全国展開の小売店などである。このコンセプトを体現する業態では、サービスの標準化も効果的に使われ、機能的かつ安定した品質が目指されている。また、全国どこでも同じようなサービスが提供されていれば、消費者の利便性が高まるためフランチャイズ展開もなされることが多い。同じ機能価値が多くの場所で提供されている状態は、サービス購入時の安心感にもつながりやすい。

この象限ではサービスの個別性は低く、多くの顧客を満足させるという集団重視の姿勢が貫かれていることが多い。また、サービスの即応性も低く、サービス提供時に定型的なオペレーションから逸脱することは少ないために、低コストで運用ができる一方で、カスタマイズが可能なサービスは少ない。この点については、マクドナルドとフレッシュネスバーガーのバリューチェーンを比較した第3章4（2）を参照するとわかりやすい。

(2) 体験型サービス

象限2の「体験型サービス」は、顧客と対話しながら臨機応変に定型化されたサービスを組み合わせるサービス・コンセプトである。医療の場合であれば、患者への問診により、いくつかの保険診療の選択肢や、投薬治療のパターンを組み合わせて提供するといった例が当てはまる。サービスの即応性は高いが、事前に選択肢とパターンが用意され、それを的確に当てはめていくというサービスオペレーションが採用されることが多い。それゆえに個別性は低い傾向がある。体験型観光の場合でも、自然環境変化や健康状態悪化などの緊急時には、サービス内容がめまぐるしく変わるが、判断に時間がかけられないため、事前に対応パターンを備えておくことが普通である。

なお、この象限には、グループ学習や集合研修といった例で見られるように、集団であることの利点を最大限に活用し、個人対象のサービスでは決して得られないような体験を与えるサービスとして「グループ・エクスペリエンス」と呼ばれるサービス・コンセプトを構想できる。このことは、他の象限にない象限2の大きな特徴である。例えば、リアル脱出ゲームのように、グループで参加したほうが楽しいサービスはこの象限に該当する。

(3) 進化型サービス

象限4の「進化型サービス」は、一人ひとりに特化したサービス商品を提供しようとするコンセプトである。医療分野においては、「個別化医療」あるいは「パーソナライズド・ヘルスケア」といった用語が登場しており、その名にあるように個別化特性の高いサービス・コンセプトとなっている。これらは患者一人ひとりの体質に合ったテーラーメイドの医療行為を提供するといったコンセプトになっており、先進的な医療の提供を可能にしている。

こうした先進医療は、緊急医療ではないため、即応性は必ずしも求められない。むしろ、美容医療のようにじっくりと患者の希望を聴き取るカウンセリング過程がそのサービスを進化させるためには必要になってくる。

医療業界は一般に医療インフラとして捉えられることが多く、万人に向けてユニバーサルに提供されるべきという考えも根強いが、これらはその典型的モデルと真逆を行くサービス・コンセプトとなっている。通常の医療において個別性を求めれば明らかにコスト増になってしまうが、先進的な医療ニーズに応えながら進化型の医療を提供するという意味では、個別化の度合いが高いからこそコスト度外視の高付加価値商品が成立するともいえる。

(4) 感動的サービス

象限1の「感動的サービス」はやや俗っぽい表現だが、サービス・エクセレンスへの実務的関心が高まっている中で、サービスの究極形として国際的にも注目されるサービス・コンセプトのあり方である。この象限は即応性も個別性も高く、簡単には実現できないサービス・コンセプトということになる。それゆえ、一人ひとりの顧客に極限まで個別特化したサービスを、なるべく即時に提供するというサービス・コンセプトは、希少価値が高いといえる。

具体的事例としては、RIZAP（ライザップ）のような「結果にコミットする」ことを目指すマンツーマン型トレーニング業界が典型例となる。この事例を象限1にあてはめた理由については、次節のフィットネス業界を例にした類型化の解説で明らかにしていこう。

6　エッジの効いたコンセプト

前述した四つの象限のうち、最も値上げ力が高いのは象限1である。個別性と即応性は顧客接点を豊富に保有し、これらを巧みに活用できなければ値付けを高めることはできない。とはいえ、これらの片方でも有効に活用できれば、象限2や象限4のそれぞれにおいてエッジの効いた独自のコンセプトでポジション取りをすることができ、一定の値上げ力を保つことができよう。

なお、すべての業界・企業にとって、この象限1がいつでもどんなときも望ましいというわけではない。象限3であっても、鋭角化されたコンセプトを構想することで、コモディティ化を避けながら過度な価格競争に陥ることを避け、適正な価格づけでサービスを提供していくことができる。

左記では図4-2のようにフィットネス業界を対象に各サービス・コンセプトの類型にあてはまる事例を示しつつ説明を加えていく。

(1)　ライザップとチョコザップ

ライザップグループは、「コンビニ・ジム」のコンセプトにより、第2章でも例示したchocoZAP（チョコザップ）という新業態を二〇二二年七月から全国展開している。この業態では、ライザップ事業のような個別性は一切省き、同時に店舗の無人化を極限まで進めた結果として、即応性も低いという象限3の事業を運営している。サービス開始の直後からコンビニさながらの全国展開を進めており、同社基準で標準化された大量流通型サービスでありながら、全国どこの店舗でも土足のまま、ジムだけでなくセルフエステだけでも気軽に立ち寄れるという独自形態を構築し、快進撃をつづけている。

二〇二三年九月には、フィットネス業界で最大の会員数を擁するまでに成長した[4]。その間に全国四七当道府県のすべてへの出店を終えており、わずか一年あまりでの急速な拡大ぶりである。二〇二四年七月には、ＳＯＭＰＯホールディングスとの資本業務提携を発表し[5]、両社の会員・契約者の人数を合わせた一〇〇〇万人規模のデータを連携させ、病気の予防などの新たなサービスの開発を目指すこととなった。この提携により、保険会社ＳＯＭＰＯホールディングスは健康維持によって保険金給付を抑えられるメリットを得て、ライザップグループは低価格ジムのチョコザップを「健康の社会インフラ」へと成長させるメリットを得る。

航空事業にたとえれば、ライザップ事業がＦＳＣ、チョコザップ事業はＬＣＣといった位置付けにあり、それぞれのコンセプトが鋭角化されていた点も強みとなっている。実際、コロナ禍では、ライザップ事業が不調な中、チョコザップ事業の急成長がそれをカバーしてあまりある売上げを稼いでいた。

また、象限3のセルは、即応性が低い「機能価値」を志向する軸だが、チョコザップの例では、各店舗の設備（トレーニング、セルフエステ、テ

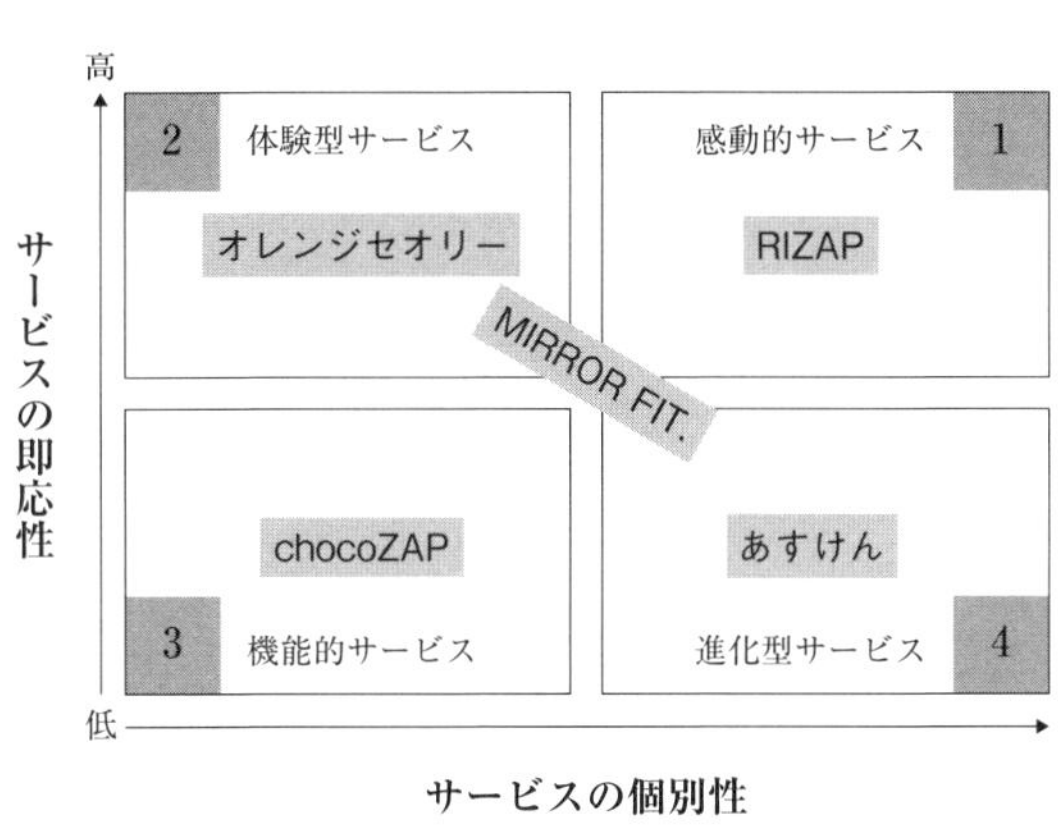

図４－２　類型別サービスの具体例

出所：筆者作成。

レワークなど）が、開店後も継続的に充実化していくよう演出されており、まさに機能価値がどんどんと高まる期待を顧客に持たせることに成功している。

フィットネス業界において、値上げ力という意味では象限1は理想的だが、それだけの購買力を持つ層は限られており、市場が広いわけではない。また、値上げ力では及ばないながらも、象限2では標準化やマニュアル化によって規模が拡大できるという点が、資金力のある企業にとっては大きな魅力となる。

(2) オレンジセオリー

象限2では、前述したように、集団を重視することで得られる経験価値、すなわちグループ・エクスペリエンスという独自価値を志向するコンセプトが想定できる。具体的に、フィットネス業界においても外資企業のオレンジセオリーが、集団レッスン中に参加者のバイタルデータをセンサーによって取得し、その活動量を壁一面に表示し、トレーニング中に参加者全員と共有することで、集団的な経験を体感させることを狙うサービスを提供している。ここでは集団レッスン中に、参加者ごとに脂肪燃焼が開始されたことをビジュアルに表示する。これを同社は「オレンジゾーンへの突入」という独特かつシンボリックな言葉で示している。脂肪燃焼開始とともにバイタル表示がオレンジ色に輝きはじめ、参加者全員分のオレンジゾーンサインが次々に点灯していく様を眺めながら、参加者はトレーニングに励むというわけである。こうした演出効果により同社は、エクササイズのような元来は苦しいレッスン活動を、参加者全員が高揚した気持ちで乗り切れるよう誘導する。それらは、個人レッスンでは得難い高揚感や達成感を味合わせるものである。オレンジセオリーはこのような独創的でエッジの効いたサービス・コンセプトを打ち出しているのである。

（3）あすけんとミラーフィット

象限4では、個別性を求めながらも、あらかじめ用意されたコンテンツを顧客ごとの成長に合わせて提供するやり方が定石的である。たとえば、ダイエットサポートサービスのあすけんは、栄養士の指導を受けながら日々の食事や運動を記録することを手軽にしたスマホアプリベースのサービスであり、痩身過程を楽しみながら、健康増進を目指すサービスである。象限4の進化型サービスに区分されているが、進化するのは自分の健康、あるいはダイエットで進化する理想のボディである。

また、AI機能を搭載した姿見鏡を前に、二四時間配信されるレッスンを受けるMIRROR FIT.（ミラーフィット）サービスも話題性が高い。このミラーフィット社のサービスは、通常モードでは遠隔でおこなうコンテンツ配信による個人レッスンであるために象限4にあてはまるが、集団レッスンモードにすれば遠隔でグループレッスンが楽しめるという象限2に該当するサービスに変化する。さらに、あらかじめ用意されたコンテンツではなく、遠隔にいるトレーナーとオンラインリアルタイムでつなげてマンツーマンのレッスンを受ければ象限1のサービスにも変化する。そのような変幻自在さを加味し、図4-2では三つの象限にまたがる位置に「ミラーフィット」をプロットした。

いずれのサービスも、業界の典型的な事業コンセプトにおいては、トレーナーや栄養士といった専門家に直接指導してもらうサービスが主流であり、コスト的には顧客の金銭的負担も時間的制約も大きいものであった。ここで例示した両社は、それらを設備や装置、そしてソフト的な解決策により、手軽なサービスに落とし込み、それでいて進化型サービスの要素を持ち合わせる形でサービス・パッケージ化しているわけである。

右記のように、設備的視点からサービス価値を追求する方向性は、対面サービスとは別の機能価値を創出しながらも、人手不足という課題に合理的に対応できる点で優れている。

本章の冒頭で述べたように、ホスピタリティ産業の人手不足問題は深刻であり、値上げ力を高めることも急務である。その意味でもフィットネス業界の最近の動きは、他のホスピタリティ産業のサービス・コンセプトの鋭角化を目指す際に、大いに参考になるのではないだろうか。

注

（1）本章に収録した内容の大部分は、次の拙稿を大幅に加筆修正したものである。内田純一［二〇二三］「サービス商品の〝値上げ力〟を考える」（『ほくよう調査レポート』第三二七号）。

（2）SPAとは製造小売業の流通モデル。"Speciality store retailer of Private label Apparel" の頭文字。ユニクロのほか、家具のニトリもSPAに該当する。もともと米国の衣料品大手であるギャップが自称した用語であり、これが世界中に普及した。

（3）西尾久美子［二〇〇七］『京都花街の経営学』東洋経済新報社。

（4）RIZAPグループ株式会社二〇二三年九月二八日付けプレスリリース「chocoZAP 会員数日本一&グランドオープン一周年記念 chocoZAP 新サービス全店導入を正式決定」より。https://www.rizapgroup.com/news/detail?topics_id=713（二〇二四年一一月七日最終確認）。

（5）『日本経済新聞』電子版記事所収、「RIZAP、ジムから健康インフラへ　SOMPOとデータ連携」二〇二四年七月一日付。

第Ⅰ部のまとめ

1　コンセプト鋭角化と差別化

ホスピタリティ業界のコンセプトは多くの場合、「業態」として示される。ホテルであれば、ラグジュアリーホテル、シティホテル、ビジネスホテル、バジェットといったグレード別の業態区分もあるし、当地の伝統文化を反映した旅館、民宿、宿坊、そして海外ではB＆B、モーテル、客桟といった業態区分もある。

いずれに該当するにせよ、これら業態に属することで、大まかな事業コンセプトが顧客に理解されることになり、顧客がサービスをチョイスする際の指針となる。しかし、同じコンセプトも競合がひしめき合っていれば、価格競争に陥るか、立地条件などで優勝劣敗が決定づけられる企業も出てくる。それを回避する方法が、第1章で紹介したドメイン集中とドメイン差別化であり、第4章で紹介したコンセプト鋭角化である。

このうちドメイン集中は、ドメイン設定の枠組みである顧客機能、顧客層、独自能力・技術のうち、一つあるいは複数を絞り込む企業戦略である。一方、ドメイン差別化は主に顧客機能の面で特色を出そうとする企業側による戦略判断にあたる。こうした企業目線ではなく、顧客からみても明らかに差別化されたコンセプトのことを本書ではコンセプト鋭角化と称したわけである。

なお、これらドメインの議論における集中と差別化は、顧客市場を見据えた市場志向のコンセプト発想法であるが、競合という業界事情を見据えた競争戦略論による集中と差別化の区分もある。これについて解説したのが第3章であった。

ただ、コンセプトメーキングの方法については、ドメインの議論にも競争戦略論にも参考となる示唆が少ない。そこで、第4章では、その具体的方法として、コンセプト鋭角化の二軸について解説した。この鋭角化の軸とは、エッジの効いたコンセプトを打ち出す際の方向性を示すものであり、さまざまな軸の設定の可能性があり得るが、本書では個別性と即応性という軸から得られる四つの象限に該当するサービス・コンセプト（感動的サービス、体験型サービス、機能的サービス、進化型サービス）を紹介した。

2　コア・コンピタンスは「人」に宿る

第I部で紹介した戦略論は、アンゾフによる事業成長を前提とした成長ベクトルを第1章で紹介したのを皮切りに、ポーターによる五つの競争要因を第2章で、同じくポーターによる三つの基本戦略、さらに経営資源を意識した戦略論であるバーニーのVRIO分析、ハメルとプラハラードのコア・コンピタンス、そしてポーターのバリューチェーンの解説を第3章で加えた。

このうち成長ベクトルは、プランニングのための技法であり、競合や経営資源の制約を意識せず、自由に計画する際には、議論を市場浸透と市場開発（そしてその両面からなる多角展開）の二つのベクトルに絞れるので都合がよい。シティホテルのチェーン展開企業が新たにビジネスホテルへ乗り出したり、ファミリーレストランを展開する外食企業が、新たにカフェ業態の全国展開を行おうとしたりする際などは、わかりやすい適用対象となる。

しかし、日本で一九七〇年代に誕生したハンバーガー業界が、やがて成熟した産業になったように、そこには競争という外的環境が制約として現れ、自由な計画を妨げるようになる。競合だけでなく、新規参入や代替サービスの脅威、買い手やサプライヤーの交渉力の変化といったものも制約条件に加わる。これを整理したのが五つの競争要因であった。

このような企業を取り巻く環境が規定する外的条件のもと、自社の生存領域を決める際に役立つのが、三つの基本戦略、すなわちコストリーダーシップ戦略、差別化戦略、集中戦略（コスト集中と差別化集中に分かれる）からなるポジショニング区分である。これは自社の位置取りを環境の中に見つけるという戦略観を持つため、ポジショニング・ビューといわれる。なお、ポーターは位置取りを見つける際に、トレードオフを利用すべきという点を強調している。トレードオフを利用することで、自社の生存領域であるポジションを死守するためである。

一方、経営資源という内的条件に従って、戦略を定めようとする考え方がＶＲＩＯ分析やバリューチェーン分析である。これらは継続的な優位性を持つ経営資源が戦略を規定するという戦略観を持つため、資源ベース・ビューといわれる。

どちらの戦略観に立脚すべきというより、実務的にはどちらの戦略観も必要である。とりわけホスピタリティ産業の場合、誰かが発見・創出したカテゴリーやセグメントがいったん注目を浴びれば、そこに一気に競合が参入してくる。こうした状況下では自社の生存領域を確保するためのポジショニングの観点がどうしても重要であるし、将来的にそのポジションを盤石なものにしようとするならば、資源ベースの観点に基づき、自社にとって本当の強みとなるような経営資源すなわちコア資源を蓄積する発想も求められる。

そしてホスピタリティ産業の経営資源の大部分は、「人」つまり従業員そのものであり、コア・コンピタンスも人に宿る。その意味では、ホスピタリティ産業に特有の感情労働という特性を加味し、従業員のマネジメントを考えることは、企業の持続的な成長を考える上で大変に重要である。

それでは、従業員を活かすマネジメント論について、第Ⅱ部で詳しくみていこう。

第Ⅱ部　感情労働のマネジメント

第5章　労働者の動機づけとやりがい

1　労働者の心を守ることは古くて新しい問題

近年、サービスの現場でカスタマーハラスメント（カスハラ）の多発が社会問題となっている。サービス部門は顧客とサービス従事者が直接相対する時間が長い業種である。時間を一定時間共有する以上、従業員と顧客それぞれの感情がふとした瞬間にぶつかることは避けられず、ときにそれがカスハラとなる。報道等で目にすることが多いのは、バス乗務員や鉄道会社職員（駅員）への顧客の暴力的言動であろう。二〇二三年には、秋田県のバス会社が新聞に「お客様は神様ではありません」の文言を含む企業広告を打ったことが話題となった。また、鉄道事業者などで構成する日本民営鉄道協会は、横行するカスハラへの対抗策として「民営鉄道業界におけるカスタマーハラスメントに対する基本方針」を策定した。このように、カスハラは社会問題であり、企業として、また業界として放置することはできない。

それでは企業はどう対処すべきなのか。第Ⅱ部では、この問題を考えるために感情労働の概念をとりあげていくが、導入部となる本章では、産業心理学や経営管理理論の古典が、感情労働者の「心」の問題をどう取り扱ってきたかを見ておこう。すなわち、人間の欲求やモチベーション（動機づけ）といった問題を捉える理論にフォーカスをあてる。

これらの理論の多くは一九六〇年前後に発表されている。社会学や心理学の研究者が経営や労働の問題に関心を持ちはじめた時期にあたり、これらの理論も社会学や心理学をバックグラウンドとする研究者によってもたらされた。

なお、当時の理論の参照にあたり、産業社会の姿が現在とはだいぶ異なり、労働の場が製造業中心であったことを念頭に置いておく必要があるだろう。

(1) 「搾取」と「疎外」

労働観は時代とともに変わる。ここではまず近代の労働をイメージしてみよう。

労働者は自らの肉体から湧き上がる腕力・脚力そのものを、工場等での生産活動に向けることで、その労働力を資本家に提供し、見返りとして賃金をもらう。労働者はなにかを生産すると同時に自らの労働力を消費している。労働者はその労働力に見合った賃金を受け取るべく、労働者のあげる超過利潤を我が物にしようとする資本家に抵抗しなければならない……。

右記でイメージされるマルクス的な労働観は、かつて小林多喜二がプロレタリア文学の代表作である『蟹工船』[1]においてで描いた姿に重なるものがある。彼はまったくのフィクションを描いたわけではなく、モデルとなる現実の出来事が一九二六年に実際に起こっていた（博愛丸事件）。同作品中、蟹漁のために北洋に出た船内に、大勢の労働者（漁夫、雑役夫）がすし詰めとなり、逃げ場がない状態で凶暴な監督者たちに強制的に労働使役される。この船内では彼ら（漁夫・雑役夫は全員が男性であった）の手・足は自分のものであるはずなのに彼らには自由に使えない。彼らは蟹工船の中では漁をおこなうための道具でしかない。資本家が超過利潤を得るために、極限まで彼らの身体が酷使される。その様はまさに搾取そのものである。こうした現状に耐えかねた蟹工船労働者たちは、ついにストライキを決行するのである。

翻って現代の労働には、この肉体労働、頭脳労働に加え、第三の労働として「感情労働」を加えることが定着している。このような労働観はアーリー・ラッセル・ホックシールド（Hochschild, A. R.）の著書『管理される心』によって問題提起[2]されたものである。労働者の姿はマルクスの時代とはだいぶ変わったが、労働者の権利を守らなければならない点は同じである。

ところで、ホックシールドは同書において、二〇世紀末の航空会社における客室乗務員たちの置かれている環境と、カール・マルクス（Marx, K.）が『資本論』[3]で取り上げた、一九世紀のイングランドの工場で児童労働者が置かれた環境には共通項があると指摘[4]している。一九世紀イングランドの工場では、蒸気エンジンに石炭と水を補給する作業をわずか七歳の少年が一日一六時間おこなっていた。少年はエンジンを稼働させつづけるため、石炭と水をやる作業を止めずに立ったまま食べ物を口に与えてもらっていたのだという。自分の食事すら自由にとれず、あくまで産業機械の操業が優先される環境下で、人間は労働のための道具になり下がってしまっていたのである。

そして、労働の質こそ異なるものの、現代の航空会社の客室乗務員たちにも、こうした構図がみられるとホックシールドは言う。彼女曰く、広告やＣＭのなかの客室乗務員は常に笑顔であり、とりわけパシフィック・サウスウエスト航空[5]の機体の鼻先には、スマイルマークが描かれており、笑顔は事前に約束されたものであるかのようであった。そこでは客室乗務員たちの感情とりわけ笑顔は、本来の彼ら彼女ら自身が抱く固有の気持ちから引き剥がされ、接客時には笑顔で接することがなかば強制されてしまっている。本来、自分の表情は、自分自身に湧き上がる感情に正直であるべきなのに勤務中は自由にならない。つまり、感情が「私的」なものから、「公的（商業的）」なものへと、からめとられてしまっているのである。こう考えると、感情の剥奪も搾取の一種なのではないかという見方ができる。

このような見方をすると、肉体労働にも感情労働にも搾取的な構造が共通して存在しているようにみえるだろう。つまり、マルクスのいう労働者の「疎外[6]」の状態は、肉体労働にも感情労働にも等しくみられるものである。

ここまで述べたマルクス的な規範概念としての搾取と疎外の捉え方は、観念的な労働者像の把握に留まる。労働者という言葉の使い方にしても、資本家との所有関係や階級関係をめぐる対立が前提視されている。しかし、現実の資本主義社会のなかでは、労使対立を極力避けながら企業を経営していかなければならない。

それでは次に、イデオロギー的対立軸を脇に置き、現実的な立場でおこなわれた実証研究においては、労働者（従業員）をどうマネジメントすべきと考えていたのかを紹介していこう。

（2）大量生産時代の労働における「疎外」

前述の「疎外」という概念に直接言及しているのが、米国の社会学者であるロバート・ブラウナー（Blauner, R.）である。彼は一九六七年の著書『労働における疎外と自由』[7]で、左記のように疎外を四つに分類している[8]。

■疎外の四類型

①無力性

技術革新の一方で、作業が単純化・標準化され、労働者の工夫余地が低下。そのため歯車意識と無力感を抱く（powerlessness）

②無意味性

高度に分業が進展した結果、仕事の責任と権限、問題解決、意思決定が一般従業員の手から監督者、管理者、経営者へ集中した結果として労働者が無意味感を抱く（meaninglessness）

③孤立性

マルクス的な疎外。自ら産出した製品の所有権を喪失し、利潤から切り離され、組織目標からの孤立感を味

わう（isolation）

④自己疎外

非マルクス的な疎外。組織の巨大化と官僚化で、人間関係が希薄となり、一体感を失うことで起こる自己の疎外感（self-estrangement）

ブラウナーはこの四つの類型をいずれも「疎外指標」とし、四産業（印刷、繊維、自動車、化学）を対象に比較分析をおこなった。その結果、印刷工場の熟練工が最も疎外感が低く、化学工場の連続処理工程に携わるオペレーターの疎外感の低さがそれに続いた。そして、繊維工場の半熟練工の疎外感は高く、自動車組み立てラインの生産工の疎外感は最も高かった。その特性を端的に示せば、疎外感の低い労働者は高い責任が与えられている（高責任システム）傾向があり、逆に疎外感の高い労働者は低い責任しか与えられていない（低責任システム）傾向があるということである。

疎外指標が高ければ、労働意欲を削ぐ結果となるので、その対策は当然ながら必要になる。歴史的にも自動車産業では、大量生産システムの代表であるフォーディズムが一九五〇年代に台頭した後、フォードへの対抗軸として、ベルトコンベアに象徴される長いラインを廃止し、かわりに熟練労働者や多能工を重用するポスト・フォーディズムの生産方式がスウェーデンのボルボ生産方式、日本のトヨタ生産方式などの形で一九七〇年前後に生まれている。とりわけボルボの例は、長い労使関係の対立解消を目指し、「労働生活の質（Quality of Working Life）」を掲げつつ生まれたものであった点は、ここまでの疎外に関する議論とも関連付けて理解しやすいであろう。

（3）　サービス従事者が感じやすい孤立感

自動車会社の例で労働者の疎外感について説明してみよう。フォーディズムの下での労働者は、職能範囲が限定され、作業が単純化されたラインで働く。そこには工夫が入り込む余地がないため、無力性を感じやすい。こうした分業が極度に進んだ環境に置かれた結果、労働者はなんら決定権を持たない仕事に対して責任感を持てなくなる。労働者は工場全体の中で自分の作業がどのような意義を持っているのか理解することができないため、無意味性を感じてしまうことになる。そして、職場内では、企業全体の目標よりも自分の作業効率しか問われず、孤立性を感じやすい。その結果、組織との一体感を失い、自己疎外を感じるということである。

ボルボやトヨタは、無力性と無意味性の問題に、熟練の重用や、小集団活動の取り入れによって、労働者が疎外感を抱きにくいよう対応していたと考えることができる。同様に、孤立性と自己疎外の問題も、組織運営の方法次第で緩和ないし解決ができるはずである。

もちろん、こうした考え方は現代のサービス従事者にもあてはまる。たとえば、接客の最前線にいる従業員が、サービスを顧客に届けるデリバリー・システムの末端を担っているだけという認識であれば、おそらく無力性を感じることになろう。また、自らの接客業務が全体の価値創造システムの中で、どのような役目を果たしているのか知ることができなければ無意味性を感じてしまう。また無意味性が生じれば、企業目標と自らの働く目的と擦り合わせることもできず、孤立性も生じることが避けられない。

ただでさえサービス従業員の仕事は変異性が高く、定型的な製造業務に比べれば、判断の余地が多く残されている。サービス業は、周囲との協力関係によって価値を生み出す仕事なのに、サービス従事者が自己疎外の感覚を抱いてしまえば、それらが滞ってしまい、サービスの質は著しく低下してしまうだろう。

疎外感の解消が、生産性向上につながることももちろん重要だが、それが労働者（従業員）の満足感を高め、働く意欲が引き出され、自律性が促される効用があることにも目を向けるべきだろう。とりわけホスピタリティ産業に代表される接客業務の従事者は、顧客からマイナスの感情をぶつけられれば疲弊するし、悲しいときにも笑顔でいなければならないことに精神的な負担がかかる。それらは肉体労働の疲弊とも、頭脳労働の負担とも異なる、感情労働に特有のものである。こうした疲弊・負担が積み重なれば、バーンアウト（燃え尽き症候群）し、やがては離職につながりやすい。企業としては放置できない問題である。マネジメント層は、これら疎外因子に留意し、従業員個人が孤立感を感じずに済むよう配慮しなければならない。

2　欲求理論からみた感情労働

前節でみた労働疎外の問題を避けるためには、彼ら彼女らの働く意欲を高める必要がある。それには、従業員のモチベーション（motivation）を高めなければならない。このモチベーションは、しばしば動機づけと訳される。最近ではそのままモチベーションとカタカナで言ったほうが、その「行動にかりたてられる」という意味では一般に通じやすいかもしれない。そして、モチベーションの源泉になるのが「欲求」である。ここでは欲求に関する主要理論を紹介し、次節で詳述するモチベーションの理論と関連付ける準備をしておきたい。

(1)　マズローの欲求段階説

欲求についての理論は、米国の心理学者アブラハム・マズロー[9]（Maslow, A. H.）による「欲求階層説（欲求五段階説）」が有名である。人間の欲求は、低次レベルから、「生理的（physiological）欲求」、「安全・安定（safety）欲求」、「愛情・帰属（belongingness & love）欲求」、「尊厳（esteem）欲求（承認欲求と訳すことも多い）」、そして最も高次レベルである「自己実現（self-actualiation）欲求」へと至り、低次のレベルが満たされると高次のレベルの欲求が出現する特性を持つという説である。

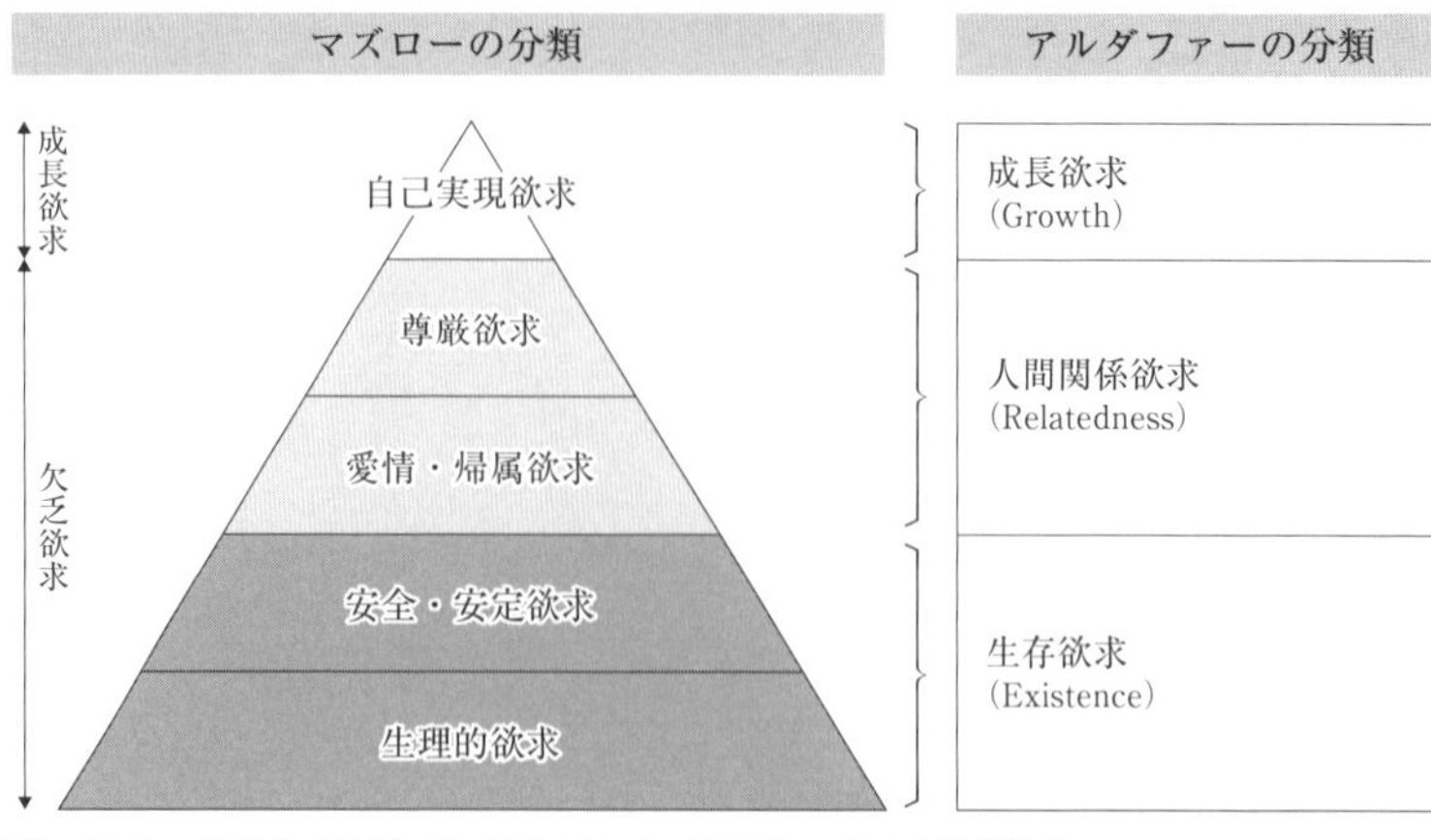

出所：Maslow［1954］（訳書）39-45頁, Alderfer［1972］p.25より筆者作成。

図5－1　欲求分類

図5-1の左側のピラミッドのように、マズローは最も高次の自己実現欲求のみを「成長欲求」とし、それ以外の四つの欲求を「欠乏欲求」として分けている。欠乏欲求はそれぞれが満たされれば単体の欲求としては消失するのに対し、成長欲求には際限がないという。

したがって、モチベーションの与え方も、これら二つの欲求では異なる。欠乏欲求はそれぞれの段階ごとに、一つの欲求に対する満足感が増大することで、その欲求に関する重要性が減少し、そして一段上の高次の欲求が出現するという流れをたどる。当然ながら、企業が欠乏欲求に対応したモチベーションを従業員に与えても、いったん獲得すればそれが既得権となってしまうため、それ以降はモチベーションとしての効力を失うという弱点がある。

一方、成長欲求においては、なにかひとつの自己実現を成し遂げて満足感を得ても、そのことが別の自己実現へと駆り立てる引き金になる。そのため、成長欲求には際限がない。だからこそ、企業が従業員の成長欲求に対応したモチベーションを効果的に与えれば、個人と企業の成長を達成できる。ただし、それには個人と組織の目標をすり合わせるという困難を乗り越えなければならない点が課題となる。

なお、マズローは晩年になって、自己実現欲求の先にある六段階目の欲求として「自己超越」の存在を示唆している[10]。ただ、労働を扱う経営学者が関心を寄せたのは、時代的にも本章で紹介した五段階の欲求分類の方である。

(2) アルダファーのERG理論

ところで、図5-1の右側にはクレイトン・アルダファー（Alderfer, C.P.）の欲求分類を併記しているので、こちらも解説しておく。彼は一九七二年に *Existence, Relatedness, and Growth*[11] を刊行し、マズローの欲求階層説に着想を得たERG理論を提唱している。ERGは分類に用いた要素の頭文字であり、本のタイトルの略語でもある。ERG理論とマズロー説との大きな違いは、階層が三つに簡略化されただけでなく、異なる欲求が同時に起こり得るとした点にある。

具体的には、マズロー説の場合、人は段階的に低次から高次へと沸き起こる欲求に従うため、たとえば尊厳欲求が満たされれば、自己実現欲求に移行するし、仮に尊厳欲求が満たされなければ、引き続き尊厳欲求を満たそうとするだけである。

一方、ERG理論の場合では、人は人間関係欲求が満たされれば、成長欲求に移行するという点まではマズロー説と同じだが、仮に人間関係欲求が満たされなければ、引き続き人間関係欲求を満たそうとするだけでなく、低次の欲求である生存欲求をさらに求めようとする「可逆性」を有する点が大きく異なる。これは複数の欲求が同時に起こり得るという考え方（同時存在性）である。

感情労働のような現代の労働課題に対処する場合、筆者はマズロー説よりも、ERG理論のほうが感情労働者の心理と欲求をうまく理解できると考えている。実際、我々はそこまで合理的存在ではないため、職場の対人ストレスに悩めば過食に逃避することもある。これは人間関係欲求が満たされない時に生存欲求で満たそうとしているわけである。このような行為は古典的な心理学で「代償行動[12]」と呼ばれるものである。

（3） 感情労働者は成長欲求を満たしにくい

近年、感情労働者の多くは、成長欲求が満たされないことに悩んでいる。本来、成長欲求を満たすためには、適切な地位を用意したり、大きな権限を与えたりすることが有効だが、業種的に導入が難しい場合もある。感情労働者のレベルによっては、低次の欲求である人間関係欲求に属する施策でメンテナンスしていくことも実務的には必要になるだろう。こうした施策は、自己疎外に陥った従業員を支援するものにもなる。

とりわけ個人主義が根付いている西欧の国々と異なり、日本人には親密な仲間意識を職場内で持てることが大きな励みになる。仮に成長欲求がいかに強くても、人間関係欲求をまったく必要としないということは考えにくいだろう。さらには、太田肇［二〇〇七］のように、日本人は「お金や自己実現よりも「承認」を求める」という意見もある[13]。太田のいう承認は、「尊厳」の別訳であるから、マズロー説で言う「尊厳欲求」にあたり、ERG理論でいえば「人間関係欲求」にあたる。

このように、感情労働の現場に欲求理論を適用しようとする場合、ERG的な考え方を採用したほうが、適切な対処がしやすいし、とりうる施策の幅も広がるはずである。

3 動機づけ要因

先ほど見たマズロー理論は一九五四年に発表されて以降、さまざまな批判[14]もあったものの、主に心理学をバックグラウンドに持った研究者たちにより、経営学的モチベーション研究が花開く契機を作ったといえる。その代表例が、本節で紹介するダグラス・マグレガー（McGregor, D.M.）の「X理論・Y理論」、クリス・アージリス（Argyris, C.）の「未成熟―成熟理論」、そしてフレデリック・ハーズバーグ（Herzberg, F.）の「動機づけ―衛生理論」である。

ここで前もって断り書きしておくと、一般用語として定着しているモチベーションには日本語訳としての動機づけがあるが、より巷間に普及しているのはカタカナ表記の方であろう。しかし、関連理論のなかには、理論名として「動機づけ」の表記で定着しているものもあるため、以後の文中でも両者が混在していることをあらかじめ了解いただきたい。

(1)　X理論・Y理論

マグレガーの理論[15]は、「元来、人間は仕事が嫌いで強制や命令によってしか仕事に取り組まず、責任を回避したがる存在」とするX理論と、「人間は状況次第で自己実現に向けて自主的に仕事に取り組み、結果の責任を負う存在」とするY理論、それぞれの人間観を土台としている。その区分の上で、企業はX理論にもとづく従来型の管理から、Y理論に基づく新しい管理へと移行すべきだと説いたのである。なお、Y理論において「自己実現」に言及しているように、マズロー的な考え方に多分に影響された理論であり、理論を発表した書名が『企業の人間的側面』であることからわかるように、企業の文脈で自己実現の問題を扱ったものとなっている。

X理論に対応する職場においては、マズローのいう「生理欲求」や「安全欲求」などの低次欲求に対応したモチベーションしか意味をなさないので、Y理論は導入できないことになる。その反対に、低次の欲求が満たされている従業員に対しては、X理論的なモチベーションは通用しない。彼らのモチベーションを高める際には、Y理論的なモチベーションを導入するしかない。

X理論とY理論の発表時、実業界では、フォーディズムに対抗するボルボとトヨタの生産方式が登場している。これらは従業員を単純労働から解放し、責任を与える方向にシフトしたものであり、X理論からY理論へと移行することでモチベーションを高めるやり方には一定の説明力がある。

しかし、働く人のモチベーションの源泉はさまざまであるため、従業員の欲求ステージがより高次の方に推移していても、X理論にもとづく施策を完全に捨て去ることは得策ではない。本章の関心事に近づけて述べると、産業が十分に発展した現代においても、自らの安全欲求が脅かされたり、帰属や愛情の欲求が満たされなかったりする可能性があるからである。感情労働にかかわるサービス従事者が直面するカスハラや、そして絶え間ないストレスからくるバーンアウトへの恐怖は、まさに安全欲求を脅かす脅威であろう。

(2) 未成熟—成熟理論

アージリスの理論[16]もまた、「自己実現」をキーワードにした議論を展開している。彼は、個人と組織の間には根本的な不適合があることを前提としている。その理由は、経済合理性を追求して、管理原則によって統制される公式組織が、自己実現を求めて行動する個人の成長を阻害してしまうことの可能性に警鐘を鳴らしているからである。先の自動車産業の例で説明すれば、専門分化された分業を採用することには、公式組織たる自動車企業の側には、未熟練労働者を早期に戦力化できるという経済合理性が存在する。一方、その自動車企業で働く労働者の立場から見れば、このような細分化された職掌の中では自らの成長機会が限定されてしまわないか心配になるだろう。

アージリスが提唱したのは、組織と個人の不適合を緩和するため、「職務拡大」によって従業員の能力発揮の機会を増やすことと、「参加的リーダーシップ」の導入によって従業員が決定過程に参加できるよう促すことである。こうした取り組みが仮に成功すれば、ブラウナーが言う無意味性と孤立性は避けられることになるだろう。実際、トヨタにおける多能工化は職務拡大であるし、小集団活動は参加的リーダーシップの一種であり、これらは組織と個人の不適合を克服するのに有効な取り組みであった。

ところで、アージリスが職務拡大と参加的リーダーシップを提唱した本の書名は『組織とパーソナリティー』であ

表5-1　動機づけ―衛生理論

動機づけ要因 （職務満足を規定する）	仕事の達成とその承認、責任の付与、仕事それ自体、昇進、興味 （これらが備わっても、職務不満には影響しない）
衛生要因 （職務不満を規定する）	会社の方針（対策）および管理、作業条件、対人関係、給与、監督技術 （これらが備わっても、職務満足には貢献しない）

出所：Herzberg［1966］（訳書）89-90頁より筆者作成。

る。彼は従業員を一群の合理的集団と見なさず、人々の個性に応じたリーダーシップのあり方を提唱した。これは、個人と組織との間にある不適合を所与のものとし、組織の要求と個人の要求を相互調整し、すり合わせていく現実主義的リーダーシップ像である。

(3) 動機づけ―衛生理論

次に、従業員により大きな責任と権限を与え、職務満足を向上させることを狙った、ハーズバーグの理論[17]を紹介する。ハーズバーグは心理学者として出発しながら後に経営学者に転じた研究者[18]である。彼は、職場における満足と不満足は、同じ要因の欠如と充足によって起こるとしていた従来の心理学的な欲求理論とは異なり、職務満足と不満足とは、表5-1のような異なる要因に規定されることを主張した。

ハーズバーグの理論の特徴は、仕事へのモチベーションと職務満足は、動機づけ要因によって生じ、衛生要因にはその力はないとした点である。

彼の理論の意義は、その著書『仕事と人間性』を訳した北野利信によって、「人々が仕事の上で満足を覚えるとすれば、それは圧倒的に仕事の内容に自分を生かすことからであり、仕事の達成に直接関係をもたない仕事の環境は、不満を呼び起こすことはあっても、満足に寄与することはまれであるという事実を、はっきりとした統計的数字によって、証明した点にある[19]」と端的にまとめられている。つまり、満足因子と不満因子がはっきりせず、企業としてさまざまな従業員対応を取らざるを得なかった時代に、「衛生要因」と区分した「動機づけ要因」をはっきり特定し、従業員の「精神的成長」がどのような原理に基づいて実現するのか、それを明快にしたのがハーズバーグの功績だということである。

また、彼の「動機づけ─衛生理論」は、前出の「職務拡大」のほか、「職務充実」をはかることの理論的根拠となっている。具体的に、従業員の動機づけを目的として職務を再設計する場合、職務の量的・水平的拡大をはかる職務拡大により、細分化された職務を一定の自己完結的な単位にまで拡大することで、従業員の成長欲求を満たす。併せて、職務の責任を権限委譲によって拡大させる職務充実も職務満足につながるとみなされるのである。

(4) 内発的動機づけ

なお、表5-1において、動機づけ要因の一つとしてあげられた「興味」は自己実現の問題とも結びつくので重要である。ここで言う興味とは、従業員個々人の興味のことであり、アージリスと同様に、ハーズバーグが組織全体ではなく個人のパーソナリティーに着目していることがよくわかる。

ハーズバーグは、タスクを通じて直接的に興味を引き出すためには、職務が個人的価値と個性の感覚を提供しなければならないと指摘している。まるで趣味に打ち込むかのように、仕事への取り組みスタンスを個人的価値に結びつけていくと、仕事で実績を上げたときの達成感と、個人の喜びの感覚とが合致する。その結果として、職務そのものに興味を感じるようになった従業員は、他者の得ている衛生要因には気を留めなくなるという[20]。そのことによって、より高いレベルの精神的成長を期待できるということにも注目しておきたい。

たしかに、人はゴルフや麻雀などの趣味的な活動には、見返りを求めない。ゴルフや麻雀が強くなることそのものが目的であって、それらが上達したことから得られる達成感や有能感、プレイ中の楽しさそのものを報酬とし、さらにのめり込んでいく。こうした活動のことをエドワード・L・デシ(Deci, E.L.)は、内発的に動機づけられた活動[21]と呼んだ。つまり、自分以外の誰かによる外的な動機づけ(外発的動機づけ)が作用したのではなく、動機づけ要因が内部に存在し、その「内発的動機づけ」によって自律性をもって突き動かされるようにおこなう活動である。

なお、外的な動機づけの方の典型例は、報酬や昇進などであり、これらをわかりやすく「外的報酬」と呼ぶ。この外的報酬によって従業員を動機づけるということは、現代の多くの企業がおこなっていることであるが、デシらは、外的報酬が内的動機づけをしばしば阻害してしまうことを指摘している。動機づけの方法として外的報酬を用いると、統制されているという感覚（「強制」に近い感覚）を従業員が抱き、その自律性を遮ってしまうからである[22]。

実際、医療業界の中でも看護師に象徴的にみられることだが、看護師の仕事の動機づけ要因について調査すると、「報酬は重要ではない」とはっきりと本人たちの口から述べられることも珍しくない[23]。こうした傾向を持つ職種においては、外的報酬よりも内発的動機づけこそが重要になるわけである。

デシらの指摘は産業一般に対してのものであるが、個性の発揮が高付加価値化につながる傾向を持ったホスピタリティ産業にこそ、よりあてはまるといえる。

たとえば、リッツ・カールトン・ホテル[24]では、従業員に趣味を思う存分伸ばすことを会社として奨励している。同社が従業員に配布しているクレドカードには、「従業員の約束」という項目のなかに、「持てる才能を育成し、最大限に伸ばします」と会社としての宣言が書かれている。同社の社員教育方針として、従業員が申し出てきた伸ばす対象に口出しすることはしない。実際、ワイン、生け花など、一見すると趣味的とも思える領域に対して、その自己研鑽のためにかかる費用を会社として補助する形でサポートしている。これは、ソムリエだからワインをというように必ずしも現在の職種に直結させなくてよい。同社は従業員のタレント（才能）を大切にする会社として、社員を採用する段階から、すぐには実務に直結しなくても、応募者が備えている（一芸的な）能力を重視することでも知られている。おそらく、そうした能力を備えていれば、会社に所属した後も自主的に感性を磨き、知識アンテナを張りつづける人材だと考えているのであろう。

右記の事例は、労働者に楽しさや喜びを原動力とした内発的動機を抱かせようとする企業の具体例としてみることができよう。

4 期待理論で考えるホスピタリティ職のやりがい

本節で説明する期待理論は、モチベーション論の一つであるが、管理サイドからではなく、従業員の心理作用にもとづいて動機づけられる過程を説明している点に特徴がある。

期待理論の代表的な論者であるビクター・ヴルーム（Vroom, V.H.）は、個人の動機づけメカニズムは、次の三つの要素の積によって表せるとした[25]。

①期待（expectancy）――結果の達成によって得られる報酬への期待度
②誘意性（valence）――報酬から得られる（と主観的に考える）効用・魅力度
③道具性（instrumentality）――結果の達成により、次の目標へと動機づけられる度合い

ヴルームによれば、従業員という個人は行動を起こす前に、その行動がもたらす結果を予測（期待）し、それがどの程度まで自分にメリット（優位性と道具性）を与えるかも予測（期待）して行動を起こす合理的な存在だというのである。とはいえ、ホスピタリティ産業で行う仕事はまさに歓待の仕事であるから、金銭的なメリットだけを追求している従業員は少数派だろう。前節で説明したように、①の期待に基づいて得られる報酬には、デシのいう外的報酬のほかに、内発的動機づけに貢献する報酬（内的報酬）が含まれるが、後者にメリットを感じる従業員も多いからである。

内的報酬について具体的にいえば、企業側から表彰や褒賞などの形で与えられる「承認」が典型例だが、顧客からの承認もそこに含められる。とりわけホスピタリティ産業の場合、接客直後に顧客から満面の笑顔でお礼を言われたり、後日サンキューレターをもらったりすることがそれにあたる。

②の誘意性、すなわち結果から得られる魅力の度合いは主観的なものであるため、そのような顧客の笑顔や感謝の気持ちといったものに、どれだけ重きを置くかは従業員個人によって違うはずだが、ホスピタリティ産業の従業員の多くにとって、③でいう道具性を高める際には、外的報酬よりも内的報酬のほうが重要である。すなわちホスピタリティ産業における内的報酬の「報酬誘意性[26]」は一般的に高いとみなせるはずである。

なぜなら、ホスピタリティ事業コンセプトの本質が歓待である以上、人から承認され、感謝されることが、仕事の目的と同化しているからである。

だからこそ、内的報酬なしで従業員に仕事のやりがい、すなわちモチベーションを感じてもらうことは難しいはずであり、ホスピタリティ産業のマネジメントでは、この点について明確に認識し、組織のなかにいかに内的報酬の要素を取り入れていけるかについて考えていく必要があろう。

注

（1）　小林多喜二［一九二九］『蟹工船』戦旗社。

（2）　A・R・ホックシールド／石川准・室伏亜希訳［二〇〇〇］『管理される心——感情が商品になるとき』世界思想社（Hochschild, A. R. 1983, *The Managed Heart: Commercialization of Human Feeling*, Berkeley: University of California Press）。

（3）　Marx, K., Tr. Fowkes, B.［1977］*Capital*, Vol. 1., New York: Vintage. なお、マルクスの『資本論』の本来の原典はドイツ語版であるが、ホックシールドが引用したのは、ベン・フォークスによって訳された一九七七年発行の英語版であった。

（4）　ホックシールド［二〇〇〇］一八頁。

（5）一九四九年設立の米国の航空会社。客室乗務員の制服はパステルカラーで、スカート丈が短く、ロングブーツを合わせるという独特なものであった。一九八六年にUSエアウェイズと合併、さらに二〇〇五年にはアメリカン航空と合併した。一九七一年設立のサウスウェスト航空は、パシフィック・サウスウェスト航空の経営スタイルを模倣したといわれている。

（6）疎外とはのけものにすること（邪魔をする意味の「阻害」とは異なる）で、哲学用語としても用いられる（ヘーゲル哲学）。なお、マルクスは「自己疎外」についても説明しているが、彼のいう自己疎外は、自己に対して自分自身がよそよそしく感じられることであり、後述するロバート・ブラウナーによる非マルクス的な「自己疎外」とは異なる。マルクスは資本主義的生産のもとで人間的存在や労働の本質が失われていくことを自己疎外と位置づけたのである。マルクスがいう自己疎外についての言及は、マルクスの著した「経済学・哲学草稿」に含まれている。

（7）R・ブラウナー／佐藤慶幸監訳、吉川栄一・村井忠政・辻勝次共訳［一九七一］『労働における疎外と自由』新泉社（Blauner, R. 1967. *Alienation and freedom: the factory worker and his industry*, Chicago: University of Chicago Press）。

（8）米国の社会学者メルビン・シーマンによる五分類の疎外概念のうち、ブラウナーが四つを採用したもの（シーマンによる五分類は、無力性、無意味性、無規範性、孤立性で、のちにシーマンがこの孤立を社会的疎隔と文化的疎隔に分割した）。Seeman, M. [1959] On the Meaning of Alienation, *American Sociological Review*, 24(6), pp. 783-791.

（9）A・H・マズロー／小口忠彦監訳［一九七一］『人間性の心理学――モチベーションとパーソナリティ』産業能率短期大学出版部（Maslow, A. H. 1954. *Motivation and Personality*, New York: Harper & Brothers）。

（10）A・H・マズロー／小口忠彦訳［一九八七］『人間性の心理学――モチベーションとパーソナリティ（改訂新版）』産能大学出版部（Maslow, A. H. 1970. *Motivation and Personality*, 2nd Edition, New York: Harper & Row）。

（11）Alderfer, C. P. [1972] *Existence, Relatedness, and Growth: Human Needs in Organizational Settings*, New York: The Free Press.

（12）代償行動は防衛機制の一つ。代償行動によって元の欲求が充足される程度のことを代償価と呼ぶ。提唱者はオーストリア出身の心理学者・精神科医ジークムント・フロイト。

（13）太田肇［二〇〇七］『承認欲求――「認められたい」をどう活かすか？』（東洋経済新報社）二四～二七頁。

（14）主な批判としては、後続の実証研究がマズロー説を裏付ける追試に成功することが難しかった点などがある。

（15）ダグラス・マグレガー／高橋達男訳［一九六六］『企業の人間的側面――統合と自己統制による経営』産業能率短期大学（McGregor, D. M. 1960, *The Human Side of Enterprise*, New York: McGraw-Hill）。
（16）クリス・アージリス／伊吹山太郎・中村実訳［一九七〇］『組織とパーソナリティー――システムと個人の葛藤』日本能率協会（Argyris, C. 1957, *Personality and Organization*, New York: Harper & Row）。
（17）フレデリック・ハーズバーグ／北野利信訳［一九六八］『仕事と人間性――動機づけ―衛生理論の新展開』東洋経済新報社（Herzberg, F. 1966, *Work and the Nature of Man*, Cleveland: World Pub. Co.）。
（18）ハーズバーグはキャリアの初期にはウェスタン・リザーブ大学（現在のケースウェスタン・リザーブ大学）の心理学教授であったが、心理学の枠に飽き足らず、後にユタ大学の経営学教授として移籍している。
（19）ハーズバーグ［一九六八］訳者序より。
（20）ハーズバーグ［一九六八］二〇〇頁。
（21）基本的に動機づけは他者や物理的要因から与えられる「外発的動機づけ」である。他方、その成長欲求によって自己の内側から「内発的動機づけ」が湧き上がることもある。デシによれば、活動そのものに喜びや面白さ、やりがいを見出した状態が「内発的に動機づけられた活動」である。エドワード・L・デシ／安藤延男・石田梅男訳［一九八〇］『内発的動機づけ――実験社会心理学的アプローチ』誠信書房（Deci. E. L. 1975, *Intrinsic Motivation*, Boston: Springer）。
（22）エドワード・L・デシ、リチャード・フラスト／桜井茂男訳［一九九九］『人を伸ばす力――内発と自律のすすめ』新曜社（Deci. E. L., Flaste. R. 1995, *Why We Do What We Do: The Dynamics of Personal Autonomy*, New York: G. P. Putnam's Sons）訳書、三九～五八頁。
（23）松田良子・竹田明弘［二〇一二］「看護師の動機づけ要因の変化とその組織的要因――内発的動機の観点から」（『大阪学院大学企業情報学研究』第一〇巻三号）三三～五一頁。
（24）リッツ・カールトンの施策・方針については、ザ・リッツカールトン東京の初代支配人を務めたリコ・ドゥブランクと、同社の公認親善大使であった井上富紀子によって書かれた著作を参考にした。リコ・ドゥブランク、井上富紀子［二〇〇七］『リッツ・カールトン20の秘密――一枚のカードに込められた成功法則』オータパブリケイションズ、一九四～二〇一頁。
（25）V・H・ヴルーム／坂下昭宣、榊原清則、小松陽一、城戸康彰訳［一九八七］『仕事とモティベーション』千倉書房（Vroom, V.

H. 1964, *Work and motivation*, New York: John Wiley & Sons)。

(26) レイマン・ポーターとエドワード・ローラー三世によって、ヴルームの期待理論の三要素がよりわかりやすく再定義されたうちの一つ。彼らは、個人の動機づけの強さを「成果に対する期待」、「報酬に対する期待」そして「報酬誘意性」の三要素の積に求めた。Porter, L. W. and Lawler III, E. E. [1968], *Managerial Attitudes and Performance*, Homewood: Richard D. Irwin, p.195.

第6章　接客部門で働く人の自己効力感を高める

1　目標管理制度

前章までの古典的理論でみたように、経営管理理論は労働者が疎外感を持たずに企業の中で自分を成長させようと動機づける方向で発展してきた。その際には、前節で述べたように内発的に動機づけられることが大切である。たしかに、趣味に打ち込むのと同じように、職務上の任務と自己の関心を一体化させ、仕事の遂行そのものに成長欲求を感じることができる従業員は企業にとっては理想的な存在である。ただ、ここで重要な点は、こうした成長志向の従業員は、自らの意思で行動するため、外から押し付けられた目標では動機づけられにくいことである。それより、本章で紹介するような、自ら目標を設定するタイプの目標管理制度との相性がよいはずである。

現在、日本企業の人事マネジメントの実務においては、目標管理制度により、自ら目標を設定し、定期的に業績考課に用いることが一般的になっている。そして目標管理制度は、従業員が成長を実感できる「自己効力感（有能感）」の概念と結びつけて導入することが重要である。ここでは、目標管理の主流をなす理論とその命題を理解したうえで、感情労働マネジメントにおいても、このタイプの目標管理制度が有効かどうかを確認し、その上で接客部門担当者の置かれた現実を捉えた上で、マネジメント的な処方箋を考えていこう。

（1） 自らゴールを設定する目標管理

日本において目標管理制度を有名にしたエポックメイキングな動きは、ピーター・ドラッカー（Drucker, P.F.）が原著 *The Practice of Management* の英語版を刊行した二年後に、野田一夫[1]が中心となって一九五六年に翻訳した『現代の経営[2]』の出版であろう。この本の第二章には目標管理についての言及がある。ここでドラッカーの言う目標管理とは、ＭＢＯ（Management by objectives and self-control）であり、とくに自己管理（self-control）に重点が置かれた考え方であった。

当時、ドラッカーブームを引き起こし、現在に至るまで何度も新訳が刊行されるほどの本であるから、日本の産業界に大きな影響があったはずであるが、経営学史的には、目標管理制度に関する多くの実証研究を発表してきたエドウィン・ロック（Locke, E.A.）の名をあげておいたほうがよいだろう。ロックを中心とした研究は目標管理制度のなかでも、目標をゴールとし、そのゴールに向かって従業員が走ることを想定しているため、目標設定理論（ＧＳＴ：Goal Setting Theory）と呼ばれる。以下、そのＧＳＴの研究進展とともに命題化されてきた目標管理のあり方を紹介する。

ＧＳＴが提起した目標管理上の命題は三つあるが、まずは一般的にも広く知られる左記の命題①をあげておこう。

■ＧＳＴ命題①

高く困難な目標を従業員自らが設定することで、彼ら自身のモチベーションに影響を与え、組織の業績は高くなる

高い目標の方が業績は高くなるという説は、ロックの手により実証されたものである[3]。現在はすでに一般にも広く

浸透した説だが、注意が必要な点がある。それは、当該目標そのものが、「従業員本人が納得したもの」でなければならない、という点をロックが指摘していることである。当然ながら、無理やり組織から押し付けられた目標であった場合には、動機づけられず（モチベーションが持てず）、業績もあがらないことになる。

次にロックらは、管理職による「フィードバック」と、その業績との関係についても実証研究を行った結果を発表した。[4] 業績との関係に関する命題であった①に、促進する要素（フィードバック）を付け加える形で、左記のように命題②としている。

GST命題②

目標設定を主体的にした意識を持った従業員は、その目標達成度に対する進捗を都度フィードバックされることで、モチベーションが維持され、組織の業績も高くなる

これは上司からのフィードバックの効果についての命題である。自分自身が定めた目標という意識を強く持った状態を、最終的な成果が出るまで放置するのではなく、一定のタイミングで、その達成状況がどの程度であるかを、従業員にフィードバックすることの便益について言及している。もちろん、従業員のコメットメント意識を継続させる手法としても有効である。

さらに、ロックらは右記の命題①と②に加えて、次節で後述する自己効力感と、モチベーションとの関係についても実証研究を行い、後に単行本でその研究成果とともに紹介した。[5] それが左記の命題③である。

■GST命題③
自己効力感（有能感）の高い人は、それが低い人よりも高い目標を設定し、さらに目標へのコミットメント意識も高くなる

この自己効力感について現段階では、「目標達成に必要な十分なスキルを身に着けていることを実感でき、それが自信につながっていること」といった理解をとりあえずしておけば十分である。自己効力感を自己有用感とか有能感と訳すこともあるが、日常用語としても使う有能感が、もっともわかりやすいかもしれない。つまり、職務を遂行する中で、自分が有能であることを日々実感している「デキる社員」といった従業員イメージである。

前記の命題③では、有能感の高い従業員にこそ、GSTは制度としての本領を発揮し、彼らの成長志向を活かして、組織の業績向上にもつながることを示したわけである。

(2) 目標管理と達成基準

前述のロックらの命題によって得られる実務的示唆をまとめておこう。

仮に、非常に高い数値目標や達成目標が掲げられた場合、それが達成されたときの自己効力感は、課題が困難であればあるほど高くなる（命題①）。平凡な目標を掲げるより、従業員は達成時に高い有能感を得られるので、それをあてにした従業員が皆、高い目標を掲げようとするならば、会社の業績追求姿勢とも合致するはずである。ただし、高いコミットメントを示した社員を放置すると、目標達成意識の妨げになる。従業員ごとの目標達成度合いを簡単に知ることができない職場であれば、なおさらマメなフィードバックが必要となる。これによって、その従業員のモチベーションは引き続き維持される（命題②）。そして、これら（命題①と②）を十分に機能させるためには、自己効力

表6－1　目標項目と達成基準（例）

	目標項目	具体的な達成基準
営業部門	**業績目標**	
	売上高・営業利益率向上	売上高／利益率 前年比 ◯◯％アップ
	新規開拓強化	取扱先 ◯◯件アップ
	能力開発目標	
	営業指導力向上	□検定△級合格／新人営業マン同行◯◯件実施
生産部門	**業績目標**	
	品質向上／納期短縮	クレーム縮減率／リードタイム ◯◯％ダウン
	生産性向上	コスト ◯◯％ダウン／在庫回転率◯◯％アップ
	能力開発目標	
	生産管理能力向上	□検定△級合格／社内・社外発表会報告◯◯件
顧客対応部門	**業績目標**	
	顧客満足度向上	顧客満足度 前年比 ◯◯％アップ
	対応時間短縮／応答率向上	応答時間短縮率／受電率 ◯◯％達成
	能力開発目標	
	顧客対応力向上	社内表彰制度応募／社外接客コンテスト出場

出所：筆者作成。

感の高い（スキルをそもそも持っている）従業員に対して行うべきである（命題③）。

　このように目標管理制度は、企業内で高いパフォーマンスを従業員に上げさせるための施策であり、組織から目標を押し付けるのではなく、従業員に自ら目標を設定させた考課制度である。うまく活用されれば従業員に自己効力感を持たせることができる。そのため、主に能力主義が徹底した職場での適用に向いている。

　もしも自己効力感が低い従業員に目標管理制度を用いる場合、数値目標ではなく、能力開発目標（表6-1を参照）を与えるなどして、自己効力感を意図的に高めてやるとよい。実務上は、従業員が勝手に目標を設定するのではなく、目標設定時には上司と事前に面談するなどして、表6-1の業績目標の各項目にあるような一般的な目標選択に落ち着く場合が多い。その際、企業目標や部門目標と、個人目標との間に齟齬がないかが問われるし、あまりに小さな自己目標の場合には修正が求められる。もちろんそこで不満を感じる従業員もいるだろう。

(3) 感情労働者の目標管理の注意点

いざ業績考課を行う段階では、従業員自らが(被考課者)として自己評価をし、その次に上司との面談等を通じた「考課のすり合わせ」をおこなうのが通常である。自分では達成したと思っていても考課者にそう受け止められるとは限らず、未達とみなされることが重なれば、考課のたびに自己効力感を下げてしまうばかりか、自身の無力感にさいなまれる可能性もある。営業現場のように、同僚との競争がある程度想定された職場ならよいのだが、自分のせいで所属部門の成績を下げているという罪悪感を抱いたり、自分以外の全員が目標を達成したり、といった状況がつづくと、組織との一体感を喪失させてしまうこともある。

もしも、感情労働者に目標管理制度を適用する場合、職務特性上、業績のような数字に現れる定量的指標はそれほど多くはないことが普通であろう。その代わりに、近年のコールセンターなどでは、すべての通話終了後にアンケート回答が求められ、その満足度が顧客からの評価を示す数字として蓄積されていく職場もある。しかし、この顧客からの評価は、企業目標とは関係ない観点から点数化されていることが多く、企業と個人の目標をすり合わせるという、目標管理制度の趣旨とは合っていない。もちろん、顧客満足度を最大化することがその企業にとっても建前なしの目標であって、さらに個人目標においても顧客満足度を高めることに高い意欲を示すのであれば別である。とはいえ、顧客満足度を高める作業は、実は業績目標とはトレードオフになる場合が多いことも忘れてはならない。

たとえば、コールセンターであれば、一つひとつの通話は短時間で済ませてくれたほうが、企業としてコスト効率を追求する観点からは望ましい。とはいえ、問い合わせやトラブルの内容にもよるが、短時間の通話では接客に有効な情報を収集することができない。場合によっては、接客対応として本来は好ましくないはずだが、通話相手の冗長な発話を、受け手が中断しようとする場面も出てくる。こうした問題をはらむため、一般的には顧客フィードバックをダイレクトに業績考課に結びつけることは慎重になったほうがよい。

むしろ求められるのは、定性的な指標に基づく目標に対し、個々の従業員がどれだけ近づいたかを前向きに評価し、それをフィードバックすることである。従業員が業績面以外で自己効力感を持てるように導くためである。

2　感情労働者の自己効力感の源泉

前章までに登場した内発的な動機づけと、本節で解説する自己効力感（self-efficacy）との関係は密接である。例えば、第5章3（4）でも例示した趣味のゴルフや麻雀への打ち込み姿勢にしても、なかなか上達しない人はだんだんとプレイから遠ざかり、ついにはその趣味を放棄する場合がある。これは上達することで得られるはずの自己効力感がないため、次第に内発的な動機づけが機能しなくなることを意味する。

この自己効力感を、社会認知理論（Social Cognitive Theory）[6]の構成概念のひとつとして提唱したのはカナダ人心理学者のアルバート・バンデュラ（Bandura, A.）である。前節のロックらによるＧＳＴの命題③が作られるにあたり、バンデュラの自己効力感の概念提唱[7]が影響を与えている。もともとロックの命題①は、目標（ゴール）の高さこそが業績をあげるための最も重要な要素であり、命題②においては、目標の達成度を適宜フィードバックすることが、その目標達成のサポート要因になるという考え方であった。このフィードバックは、「達成支援」に位置づけられる。達成支援によって目標遂行が促されることは、さまざまな研究者によって実証されている[8]。

バンデュラはこのフィードバックの役割だけでなく、個々の従業員が目標を設定する行為や、彼らがいざ目標を設定したあと、それを達成するまでの自己管理の行為に、別の要素が影響を与えると考えたわけである。その要素こそが自己効力感である。そこでバンデュラの自己効力感の概念を研究に取り入れて研究をつづけたロックらは、命題③として、高い自己効力感を持つ従業員は、高い目標を掲げ、達成意欲を維持できることを明らかにした。このように、

表6-2　自己効力感の情報源

制御体験 enactive mastery experiences	いわゆる成功体験。逆境に耐えた上で成功した体験を持つことでより強化された情報源となる。フィードバックが与えられて成功だったと認識させることでも補強される
代理体験 vicarious experiences	自分と同じような立場の人の成功体験（あるいは逆境に耐えた上での成功体験）を見聞きすることで、モデリングがおこなわれ、「自分もきっとできる（あるいはできない）」と確信する
言語的説得 verbal persuasion	第三者から「あなたならできる」と評価されること。暗示をかける意味も含む。ただし、言語的説得だけで自己効力の信念は持つことは難しい
生理的・情動的状態 physiological and affective states	自己効力感は肯定的な気分で強まり、否定的な気分で弱まる傾向があること。具体的には大勢を目の前にして声がうわずったり、逆にそのような場で平然としていられれば自信になる

出所：Bandura［1997］pp.79-115より筆者作成。

自己効力感の高い従業員は、組織が成果をあげる上で欠かせない存在である。

それでは、彼らの自己効力感の源とは一体何なのであろうか。自己効力感は有能感とも訳されるように、「自分は有能である」という信念を強く従業員が抱くことによって生まれるものとみなせる。その信念の源泉がどこにあるのかがわかれば、実際の企業において、自己効力感の高い従業員を活用する際のヒントになるはずである。

バンデュラによると、自己効力に関する信念は、表6-2にあげる四つの主要な情報源によって育てたり、強めたりすることができるという[9]。ある従業員をAとして想定しながら、管理者としてどうAの自己効力を高め育てるべきなのかについて、順に説明していこう。

(1)　制御体験

制御体験とは、仕事においてAの能力が有効に発揮され、結果として成功した体験を一度でも持つことで、有能感に対する信念をAが持てるという意味である。Aに能力が備わっていることはもちろん、それを駆使して仕事に有効に作用させた（制御させた）体験を持つことが自信につながるということである。ただし、成功体験だけだと、失敗に弱くなる。そのためAは、仕事上の逆境に耐えた上で、成功したという体験を併せ持つことが望ましい。これにより、少々のつまずき程度ではへこたれず、いずれ努力は報われるという前向きな信念をAが持てるようになる。また、成功かどうかの判断は一般の従業員にとっては難しいので、積極的にフィードバックを与え、成功を認識できるように導いていく必要がある。

(2) 代理体験

代理体験は、Aと同じ職域・階層にいる人が成功するのを目の当たりにしたり、人から（朝礼などで情報共有されるなどして）伝え聞いたりした体験が、Aの有能感に変換されるものである。これについても、単なる成功物語でなく、逆境に耐えた上での成功物語として見聞きしたほうが、厳しい状況のなかでも「自分もやればできる」という信念をAが持てるようになる。ただし、成功物語とは逆に、あんなに努力したのに失敗した、という話を見聞きすると、有能感への疑念が生じ、Aの信念がゆらぐことには注意すべきである。

(3) 言語的説得

言語的説得は、Aに対する職務遂行能力あるいは学習能力に対しての第三者からの評価により、Aが前向きになる様相である。第三者が「君ならできる」といった声掛けをAにすることで、多少の欠点があってもクヨクヨ悩まず、あまり自分の能力に疑問を抱かずに、Aが行動に移せるようになる。ただし、声掛けされるよりも前に、Aが自分の能力に疑問を持ってしまった場合、それがAによるあらゆる前向きな行動を抑制する。こうしてAが自信をなくし、具体的な行動を回避するようになると、説得に素直に応じられなくなることも多い。しかし、そういったときにこそ、Aが冷静に行動できるように、暗示の意味も込めて、管理者が声をかけていく必要があるともいえる。また、そもそも③だけでは自己効力についての信念を持つことは難しいので①との合せ技により、能力に見合った課題を与えるなど、Aが自信を持てるよう配慮することも必要になる。

(4) 生理的・情動的状態

生理的・情動的状態は、A自身の体調やメンタルの状態である。Aのそれが好調であれば、仕事上の緊張やストレスの高まりがプラスに作用し、仕事を成功に導くこともあるが、逆にAのそれが不調であれば、緊張やストレスを感じたことを、能力が落ち込んだといったマイナスのサインに捉えてしまうことがある。ここで重要なのは、緊張やストレスの強さではなく、いざ緊張やストレスを感じたときの受け止め方、すなわち解釈のされ方である。Aがマイナスの感情傾向を減少させ、プラスの方向に感情を利用できるよう、管理者として解釈を導いてやる必要がある。

前述のように、自己効力感の研究には、現代の職場の管理者にも応用が可能な示唆が含まれている。特に、右記の生理的・情動的状態は、感情労働者のマネジメント問題に直結する視点を有している[10]。たとえば、客室乗務員が、メンタル的に落ち込んでいるときに、厳しい口調でまくしたてる顧客のクレームに対応しなければならないときなど、感情労働者の自己効力感が脅威にさらされる場面は多い。彼ら感情労働者は、このような場面に生理的・情動的に不安定なときに直面すると、必要以上にナーバスになってしまい、自らの仕事上の能力が否定されたように感じてしまうかもしれない。この状態は言語的説得の説明箇所でも述べたような、自己効力感への疑問にあたる。しかし、メンタルの不調と、たまたま発生したクレームは別問題であって、彼らの有能さが失われたわけではない。管理者としては適切に従業員が自らの置かれた状況を解釈できるよう、認識を導いてやる必要があるだろう。

3　間に立つ者に権限委譲する

組織行動論にバウンダリースパナー（boundary spanner）という用語がある。文字通り境界連結者という意味であり、組織の内部と外部を結びつける役割を果たす者である。この概念を初期に扱ったジェームズ・D・トンプソン（Thompson, J.D.）によれば、企業とその周囲を取り巻く境界の連結を担う者を意味する。組織の境界にあえて位置することで、さまざまな情報を取得し、ときにはイノベーションにつなげていく主体である。一方、バウンダリースパナーには、組織のバッファー（緩衝材）としての役割も期待されている。組織には安定的に業務を遂行するためのルーティンが存在するが、ひとたび組織が不確実な状況に追い込まれたとき、ルーティンによる処理が危ぶまれる状況が訪れる。その時、間に立ってこの不確実性がもたらすコンフリクトに対処するのが境界連結部門である。[11]

(1)　接客担当者の葛藤

接客部門が目指す顧客志向の問題について考えてみよう。顧客志向とは、顧客の立場でサービスのあり方を考えることであるから、接客とは元来バウンダリースパナー的な要素を持ち、不確実な状況下に置かれることも多い業務である。たとえば、顧客から急に無理難題を突きつけられたり、突発的な自然災害の中で柔軟な対応が求められたりといったようにである。これらはまさにバッファーとしての役割にあたる。すなわち接客部門はコンフリクトに対処する境界連結部門なのである。とはいえ、接客部門の担当者は、そのあまりの仕事量に葛藤を覚えるに違いない。クリストファー・ラブロックとヨッヘン・ウィルツ（Lovelock, C.and Writz, J.）は、その葛藤を左記の三点に整理している。[12]

■接客担当者の葛藤要因

①自己と業務上の役割との葛藤
②顧客と顧客の間での葛藤
③組織と顧客との間での葛藤

①については、自分の嫌いな顧客、問題ありの顧客に、自分の意思に反して丁寧につとめて明るく接しなければならないという葛藤である。これについては、まさに感情労働の基本的問題なので、次章で深く考察していこう。

②については、顧客間トラブルの対応などが該当する。顧客同士の喧嘩を仲裁する場面では、接客担当者の方が怪我をしてしまうかもしれない。あるいは、列に割り込んだ客に対する他の顧客からの苦情処理では、割り込み客の逆ギレをなだめるのに疲れてしまうかもしれない。これらはいずれも後ろ向きな業務であるため、接客担当者の葛藤につながる。

③については、組織の論理と、顧客満足との間で感じる葛藤である。これはまさに組織と顧客の間にいる境界連結者として、組織が定めるルールや制約の中で、いかに顧客を満足させるかという問題だといえる。これについては、次項で詳しく説明しよう。

再びトンプソンの整理によれば、組織体が不確実性をルーティンとして処理できる状況では、境界連結活動を担う人々に自由裁量権を付与する必要はないという。しかし、そうでない場合、すなわちノンルーティンな状況下では、大幅な裁量権を付与し、この不確実性を積極的に減少させる役割を果たしてもらわなければならないということが主張されている。[13] つまり、③の葛藤場面が、仮にノンルーティンな状況にあたるのであれば、接客担当者には「権限委譲（エンパワーメント）」することが有効であると、トンプソン理論からはいえることになる。

（2）権限委譲はパワーの付与

前出のラブロックとウィルツは、接客担当者のモチベーションを高め、それによって顧客満足度を高めるために、権限委譲が有効だとみなしているが、いかなるサービスにも有効というわけではなく、「顧客との関係が長期的である場合」や「サービスが定型的でなく、複雑な場合」などに適していると整理し、権限委譲が適切におこなわれれば、それに見合うスキルを身につけようとして接客スタッフの能力が向上し、モチベーションも高まるということを説明している(14)。

つまり、トンプソンがいうノンルーティンな状況に置かれる接客担当者には、権限委譲が有効であり、能力向上やモチベーションにもつながるということであろう。

結局のところ、権限委譲とはパワーの付与である。そのパワーを用いて、顧客を喜ばせた体験は、前節で見た「自己効力感の情報源」（表6-2）のうちの制御体験にあたる。たとえば、リッツ・カールトンのような伝説的なサービスで有名なホテルでは、権限委譲によってこの制御体験を得られる機会を増やしている。さらに、社内の朝礼（ラインナップ）において、世界中の同ホテル店舗における成功体験（ワオ・ストーリー）を共有することによって、他の従業員が「自己効力感の情報源」のうちの代理体験を得られるようにしている(15)。

言うまでもなく、定型的でないサービスや長期的な顧客との関係性にこそ権限委譲は有効である。サービス従業員による個性の発揮、すなわち創造性の発揚が、サービスを高付加価値化するからである。このような因果関係は、第5章3（4）における内発的動機づけの説明箇所でも述べた理屈ともリンクする。つまり、現場の従業員にとっては、仕事を任せてもらえるという事実が、自身の仕事への自信と有能感につながるということである。

4　顧客から従業員へ向かう権限委譲と統制

前節でみた権限委譲は、本来はトップやマネジャー層から、従業員に対してなされるマネジメント上の技法であるが、ホスピタリティの現場では、顧客の側から取引先の従業員に対しておこなう権限委譲という考え方も成り立ち、実際にそれに類する現象が観察される。この点は製造業にはほとんどみられないものである。

本来、製造業であろうとホスピタリティ産業であろうと、従業員はその所属する企業の社員なのであって、顧客との間には雇用関係がない。ところが、顧客側が完全に接客担当者を信頼し、自己の情報をすべて開示しつつ、相談に乗ってもらおうとすると、接客担当者の側がそれを意気に感じて、俄然やる気を出して高質な提案をしてくれる、ということは現実にもよくある。とはいえ、このような顧客側からのパワーを実務的に活用する際のメリットとデメリットがあるので、左記でそれぞれ解説していこう。

（1）　顧客から従業員への権限委譲

まずは顧客から従業員へ権限委譲的な関係が成り立つ際のメリットについて説明しよう。現場でよく観察されるのは、顧客が従業員を信頼し、顧客自身が持つあらゆる情報を積極的に開示する場合である。

客観的な説明の仕方をすれば、顧客から従業員への情報開示は、従業員の職務能力をさらに高めるための資源付与にあたる。この職務能力を高める資源とは、第8章で後述する職務資源[16]の付与にほかならない。接客の現場において、従業員が自ら動員できる資源が多く、さらにその資源の使い道について自己決定できるのであれば、接客のバリエーションが増加し、顧客を満足させる可能性が高まるのは当然である。

具体的に、情報的な資源の面から説明しよう。現場の従業員は、企業から提供される顧客データベースにアクセスすることで、業務に必要な情報資源を得て仕事に役立てるが、顧客の側から通常の水準よりも多くの情報を提供されたとすれば、当然ながら仕事上のパフォーマンスを高められるだろう。たとえば、リッツ・カールトン・ホテルにおいて、顧客の記念日を祝うようなウェルカム・ドリンクを用意したり、宿泊客が連れの恋人にプロポーズをすることをサポートしたりといった「驚き」を伴ったサービスは、このような関係性があってこそ成立する。

右記のような顧客側からおこなうエンパワーメントのことを、近年のサービス研究では、customer-empowering behaviors（CEBs）すなわち顧客エンパワーメント行動と呼ぶ[17]。

ただし、顧客エンパワーメント行動が権限委譲システムとして作用するには、従業員が顧客から資源付与を受けることは職務の一貫であるという正当性を企業側が与える必要がある。この点が明確にされていなければ、顧客から思わぬ情報提供があったとしても、接客にあたった従業員は、過大な期待にプレッシャーを感じたり、企業の公式情報（社内の顧客データなど）ではない非公式情報を仕事に役立ててよいものかと迷ったりすることもあるだろう。その結果、せっかく顧客が付与した職務資源を意図的に使わないという決断をする可能性がある。

それを避けるために企業は、所属企業のトップおよび管理者層と顧客との間に立っているバウンダリースパナーである従業員が、両者の板挟みになって悩まないよう、顧客エンパワーメント行動の正当性の確保に配慮すべきなのである。この点は、顧客からの権限委譲を導入する際には、より一層意識されなければならない。

（2）顧客による従業員の統制

次に顧客による従業員の統制について説明しよう。これについては、顧客側から従業員へ向かうパワーを実務的に応用する際に、マネジメント側がそのデメリットについて十分に理解しておく必要がある。接客サービス労働にみられる顧客による従業員統制の問題について論じた鈴木和雄は、顧客からあたかも従業員の仕事ぶりが統制されているかのような現象を「監督効果」と呼んでいる[18]。鈴木は顧客による監督効果が、労使間の統制主体と統制関係を曖昧にすると指摘している。

ホスピタリティ産業への適用を考えるため、次のような航空会社、従業員、そしてその顧客の三者からなるケースを想定してみよう。

航空会社の客室乗務員や、空港カウンターのグランドスタッフ（地上スタッフ）の言動やふるまいを気に入らなかった顧客が、「ご意見・ご要望デスク」にメールや電話、書面を送るなどして、苦情を伝える場合がある。こうした問い合わせ窓口を利用する顧客は、製造業を含めたあらゆる業界にいるが、ホスピタリティ業界の場合、いわゆるマイレージ会員の中でも上級会員を設けていることが、顧客の従業員に対する統制意識を増長させている面が否めない。つまり、上級会員として遇されていることを顧客側がタテにし、自分が苦情を伝えることにより、あたかも「サービスを向上させてやるんだ」と思い上がった意識を持っていることすらあるからである[19]。

こうした増長された心理を持った顧客は問い合わせ窓口の常連となって、些細な従業員のミスのたびに、書面での謝罪まで要求するようなモンスター顧客に変貌する。しかも顧客自身は航空会社のサービスの監督者になったつもりでいるから、一層たちが悪い。モンスター顧客の増長行動では、サービスの向上は実現しないどころか、従業員に余計な負担を与えているだけであり、迷惑行為としか言いようがない。まさにクレーマーである。航空会社ではモンスター顧客をリスト化し、彼ら彼女らがサービスを利用する際には、当日勤務となるスタッフに申し送り事項を与え、とくに注意を向けるようにしている。しかし、管理者側がモンスター顧客の圧力に屈し、従業員を守りきれない場面も出てこよう。そうなってしまうと客室乗務員やグランドスタッフは、従業員を守ってくれない会社よりも、目先の顧客対応だけを考えて仕事をするようになる。会社の統制よりも、顧客の統制の方が現場で幅を効かせるという逆転現象も起こりかねない。

本来、航空会社に見られるような上級会員制度は、本書の序章で紹介したようなファン・コミュニティとして善意の方向に作用し、事業者をサポートするように機能するならば問題ない。しかし、思い上がったモンスター顧客が、高所から従業員にモノを言ってくる場合がある。これは互酬性ではなく、統制を意図した顧客による監督効果である。こうした監督効果を派生させてしまうことは、顧客側からのパワーを経営に活かそうとする際の副作用とみなせる。しかし、顧客による行き過ぎたパワー行使は、カスタマーハラスメントを生む。このことは企業側から顧客への適切な働きかけにより、気づかせていかなければならない。カスハラは従業員の心を確実に蝕むため、ホスピタリティ企業のマネジメントにおいてはこの対策を決して怠ってはならないだろう。

注

（1）野田一夫はドラッカーの初期の著作の多くを翻訳・監訳し、日本に紹介した。なお、野田は一九六七年、立教大学の社会学部に日本初の観光学科が設立されるに先立ち、文部省への折衝の中心的役割を担い、初代学科長となる。ちなみに野田はその後に新設される多摩大学、宮城大学、そして事業構想大学院大学それぞれの初代学長を歴任している。

（2）ピーター・F・ドラッカー／野田一夫監修、現代経営研究会訳［一九五六］『現代の経営』自由国民社（Drucker, P. F. 1954, *The Practice of Management*, New York: Harper & Row）。

（3）Locke, E. A. [1968] Toward a Theory of Task Motivation and Incentives, *Organizational Behavior and Human Performance*, 3(2).

（4）Locke, E. A., Shaw, N. R., Saari, L. M., and Latham, G. P. [1981] Goal Setting and Task Performance: 1969–1980, *Psychological Bulletin*, 90(1).

（5）Locke, E. A., and Latham, G. P. [1990] *A Theory of Goal Setting and Task Performance*, Hoboken: Prentice Hall.

（6）Bandura, A. [1986] *Social Foundations of Thought and Action : A Social Cognitive Theory*. Hoboken: Prentice Hall.

（7） バンデュラは社会的学習理論のあとに社会的認知理論をBandura〔1986〕で提唱することになるが、自己効力感の概念は、すでに社会的学習理論をまとめたBandura〔1971〕に出現している。A・バンデュラ／原野広太郎監訳〔一九七九〕『社会的学習理論――人間理解と教育の基礎』金子書房（Bandura, A. 1971, *Social Learning Theory*, Hoboken: Prentice Hall）。

（8） Becker, L. J. [1978] Joint Effect of Feedback and Goal Setting on Performance: A Field Study of Residential Energy Conservation, *Journal of Applied Psychology*, 63(4); Matsui, T., Okada, A. and Inoshita, O. [1983] Mechanism of Feedback Affecting Task Performance, *Organizational Behavior and Human Performance*, 31(1).

（9） Bandura, A. [1997] *Self-Efficacy: The Exercise of Control*, New York: W. H. Freeman, pp.79-115.

（10） 近年では、生理的・情動的状態と自己効力感の問題が、本書第8章で説明する感情労働マネジメントの研究に応用されている。

（11） J・D・トンプソン／大月博司・廣田俊郎訳〔二〇一二〕『行為する組織――組織と管理の理論についての社会科学的基盤』同文舘出版（Thompson, J. D. 1967, *Organization in Action: Social Science Bases of Administrative Theory*, New York: McGraw-Hill）。

（12） クリストファー・ラブロック、ヨッヘン・ウィルツ／白井義男監修、武田玲子訳〔二〇〇八〕『ラブロック&ウィルツのサービス・マーケティング』ピアソン・エデュケーション（Lovelock, C. and Writz, J. 2007, *Service Marketing: People Technology, Strategy*, 6th Edition, Hoboken: Prentice Hall）訳書、三二一～三三三頁。

（13） トンプソン〔二〇一二〕一五八頁。

（14） ラブロック、ウィルツ〔二〇〇八〕三三六～三四二頁。

（15） 高野登〔二〇一四〕『リッツ・カールトンが大切にするサービスを超える瞬間』かんき出版。

（16） 本書第8章2節の「職務資源」を参照のこと。

（17） Dong, Y., Liao, H., Chuang, A., Zhou, J., and Campbell, E. M. [2015] Fostering Employee Service Creativity: Joint Effects of Customer Empowering Behaviors and Supervisory Empowering Leadership, *Journal of Applied Psychology*, 100(5).

（18） 鈴木和雄〔二〇一二〕『接客サービスの労働過程論』御茶の水書房、五一頁。

（19） 安達巧・石部紗貴子編著〔二〇一〇〕『大学准教授・真島弘之――モノ言える顧客』ふくろう出版。

第7章　感情労働者の演技

1　感情労働の特性

第5章で見たように、従業員のモチベーションをどう維持するかという研究は経営管理の古典理論のメインテーマであり、現在の経営環境においても感情労働の問題などに有効な示唆を与えるものである。

しかし、古典理論は製造業が主役の時代に生まれた理論であり、感情労働者のマネジメントをあらかじめ想定して研究されたわけではない。たとえば、モチベーションを抱かせるために昇進への道を用意することは、ハーズバーグの動機づけ—衛生理論の観点からは奨励されるが、昇進や報酬が看護職や介護職の動機づけとしてほとんど響かないことも多い。感情労働特有の対策が求められることも、衛生要因に追加して考えるべきだろう。

そして第6章でみたように、バウンダリースパナーとしての接客担当者は、感情労働に直面し、大きな葛藤を味わっている。彼ら彼女らの葛藤を和らげる理論はないものなのか。

そこで本章では、第5章でも紹介したアーリー・ラッセル・ホックシールドが提起した感情社会学の中核概念である表層演技と深層演技について検討していきたい。この概念は、感情労働者が陥りがちな感情的不協和と呼ばれるバーンアウトを引き起こしかねない状態を理解する助けになる。これら感情労働の特性を理解した上で、次章における感情労働のマネジメントにつなげていく。

（1） 強制された感情表出

労働者がサボる（怠業する）のはいかなる時であろうか。第5章の冒頭の蟹工船の例のように、肉体労働力を資本家に提供する労働者たちは、資本家によって搾取されまいと、適切な労働対価が支払われていないと感じればストライキを起こすことができる。しかし、なにもストのような組織的な動きでなくとも、自発的に労働生産性を落とすという怠業行動に出ることができる。適切な対価が支払われていないのなら、労働力をその対価に見合うレベルにまで下げる怠業をすればよいのである。資本家が超過利潤を求めて、労働者たちにより高速に動くことを求めるなら、労働者たちはスローな動きにシフトすることで「我々に作業の高速化を求めるなら、それ相応の賃上げがあってしかるべき」という抵抗の意を示すことができるということである。怠業はストと同じく労働争議の手段なのである。

それでは、感情労働者はどうであろう。肉体労働者の場合は、手足を動かさなければ怠業となるが、感情労働者の場合は、手足は動かしながら、笑顔だけを縮減するといった行動に出るのである。

ホックシールドの『管理される心』[1]には左記のような記述がある。

また、労働者たちはさまざまな度合いで、自分自身の笑顔や顔の印象全般に対する支配に反論した。……客室乗務員の仕事では、「笑うこと」はその通常の働き、つまり、個人個人の気持ちを表すことからかけ離れ、別の働き、すなわち、会社の気持ちを表すことへと結び付けられている。会社は彼女たちにもっと多くの状況に対して、もっと笑うように、そして「もっと心を込めて」と強く注意する。労働者たちは高速化に対して怠業で応じる。笑顔は行き渡らなくなり、しかも瞬時に笑うのでは目が輝かないので、人々への会社のメッセージが曖昧に

なってしまう。それは笑顔の戦争である。（ホックシールド［二〇〇〇］一四六頁）

ここで描かれているのは、一九八〇年代初頭の米国において、低コスト就航の航空会社の参入により激化し始めた航空会社間競争に抵抗するため、ユナイテッド航空がフレンドシップ・エクスプレスという安い料金体系の定期便を就航し始めた頃に起こった同社客室乗務員たちの姿である。従来便よりも安く就航させるには、高密度で乗客を詰め込み、機体が空港に留まっている時間を最小に抑えて回転率をあげなければならない。これが高速化である。この高速化のなかでは、機内清掃の時間もなく、搭乗時にドリンクをふるまうこともできない。地上業務のスタッフも減らされているので、チェックインカウンターには長い列ができている。このように、顧客にとっては実質的にサポートサービスが減らされているなかで、ユナイテッド航空は客室乗務員たちには、従来通り笑顔で人間的な接客を求めたのである。しかも会社が定める感情表出ルールにもとづいて笑顔をふりまかねばならないのだから、客室乗務員たちが反発するのは当然であろう。

(2) 笑顔戦争

前述のユナイテッド航空の事例のその後を見てよう。

笑顔で人間的な接客がマネジメント層から強要された結果、客室乗務員たちは、このままでは自分の笑顔は渡せないという決意を固め、自分の感情を守るための「笑顔戦争」に臨むことになった。客室乗務員たちは自らの感情と、客室乗務員としての保安や安全の確保、搭乗客の適切な誘導、料飲サービスの提供といった機能的なサービスを切り分け、そこに笑顔という態度変数を無理に加えることを拒否したのである。

しかし、笑顔を抑えて接客することへの顧客からの反発は大きく、怒り出す顧客もあった。しかも困ったことに、その怒りの矛先は会社のマネジメント層にではなく、個々の客室乗務員に対して向けられるのである。客室乗務員たちは無用なコンフリクトを抱えることになった。会社への抵抗を示すためとは言え、笑顔戦争は客室乗務員にとって非常にきつい戦法であったに違いない。

ある客室乗務員は、笑顔は封印したものの、丁寧さは最大限に心がけていたという。しかし、結局はうまくいかなかった。その客室乗務員はホックシールドのインタビューに左記のように答えている。

　私がもう限界だと思ったのは、あるフライトで女性客が私に唾を吐いたときだったと思うわ。私は努力したの。そうよ、私は最大限に努力した。私はプログラム通りに仕事を進め、心から丁寧に接客していたわ。でも、うまくいかなかった。私は、会社が自分に情緒面で要求するものを拒否しているの。会社は私に自分自身の感情的な部分を仕事に持ち込むように求めているわ。でも、私にはそのつもりはないの。（ホックシールド［二〇〇〇］一四八頁）

この談話が示すのは、本来は従業員個人の私的な占有物であるはずの感情を、企業がたいした見返り（報酬）を与えないままに、公的（商業的）に利用しようとすることへの抵抗である。

航空会社に限らず、多くの接客業において、笑顔は親しみを示す記号として作用している。そのため、上記の顧客のように、従業員にその気がなくとも、笑顔がないことで、怒って接客されているとか、不機嫌な従業員がそれを隠さずに働いている、といった誤解を生む。これにより顧客側が苛立ち、攻撃的になれば、矢面に立たされるのは最前線の接客担当者である。笑顔戦争によって会社が被る損害はともかく、従業員へのダメージが大きすぎる。

マネジメント側としては、こうした労使対立は極力招かずに、従業員の動機づけ要因と衛生要因を考慮しながら、職場環境を整備するべきであろう。

2　脱個人化

私的生活と公的生活がないまぜになる状況というのは、どのような業種にもあり、たとえば日本の会社家族主義のように、組織のアイデンティティと個人としてのアイデンティティが一体化していることで、企業運営もそこで働く従業員の生活もうまく機能する場合もないわけではない。しかし、感情労働者が私的と公的の境目をあいまいにしたままにすると、自己の本当の感情を見失い、ロバート・ブラウナーのいう自己疎外（第5章1（2）を参照）に感情労働者が陥るリスクがある。

なお、ホックシールドは、このようなリスクを避けるための労働者の心構えについても言及しているので、左に引用しておく。

労働者は、自己への同一化が求められている状況と、自らの役割や会社への同一化が求められる状況とを区別する労働規範をはっきり持たなければならない。この問題の解決のために、労働者は状況を「脱個人化」する能力を発達させなくてはならないのである。（ホックシールド［二〇〇〇］一五二頁）

彼女がこの引用文の後に例示したのは、前節（1）で述べたユナイテッド航空のフレンドシップ・エクスプレスの客室乗務員が直面しがちなケースであった。同便では前述の高速化による弊害で、顧客が不平不満を言う場面が頻繁にあった。そこで顧客からのクレームを受けた従業員が、もしも「脱個人化」できていなかった場合、自分自身が批判されていると思い込み、落ち込んでしまう。また、反対に顧客からの賛辞を得た場面では、自分の人格が称賛されているかのように勘違いする。まさにアイデンティティの境界が公と私であいまいになった状態である。

それでは脱個人化はどのようにおこなうのか。ホックシールドはそれを接客時の演技法に求めているので、次節でみていこう。

3　表層演技と深層演技

舞台上の演技法である「表層演技（surface acting）」と「深層演技（deep acting）」を用いた感情管理の方法を左記で具体的に整理していく。

（1）　接客中の演技

表層演技と深層演技は実際の接客において、どのような心理心情とともに現れるだろうか。

そもそも、舞台上の演技方法における両者の区分は、外形的な見た目の要素には完璧な再現を求めるが、内面についてはそれほど考慮せずに演技しようとするのが表層演技であり、外形はもちろんだが特に内面的な要素も含めた役へのなりきりを追及するのが深層演技である。それぞれ感情表現をするときの意識の向け方も異なっていて、観客にわかりやすい表情で感情を表現する表層演技に対して、なにより自分の内面から湧き上がってくる感情を表出させるのが深層演技である。

それでは、接客時の演技とはどのようなものか、我々の日常感覚に近いシチュエーションを想定しながら、この二つの演技が出現する場面を考えてみよう。

ここで、ある病棟看護師が夜勤業務についているとしよう。読者は夜勤中にナースセンターで待機する看護師の気持ちになって、次の場面を想定してみて欲しい。

おもむろに、ナースコールが鳴った。入院中の患者からの呼び出しである。看護師の脳裏に真っ先に浮かび上がった思いは、「またあの患者か！　いつもいつも大した用事じゃないのに！」だった。

たとえ、右記のような心情を看護師が抱いたとしても、その内面をまったく表に出さずに、患者のもとに「どうしましたか！」と、心配そうな表情で駆けつけるのが表層演技である。一方で、「またか……」と思いかけた思考をいったん消去し、左記のように、その患者の内面になりきって考え直してみることもできるだろう。

いきなりナースコールが鳴り、入院中のある患者からの呼び出しだと知るやいなや、看護師はすぐさま、患者の心情を想像した。きっと患者は「独身で身よりもなく、誰も見舞いにはこない。今日から違う薬を飲み始めたから不安だ。眠れないのはそのせいかも……」と思っているはずだ。看護師はこの患者の気持ちを自らの思考回路にインストールしながら、患者のもとに急いだ。

右記の看護師の心理過程は、自分自信の心理心情ではなく、患者の心理信条を自らのなかにとりこんでいるところに特徴がある。だからこそ、自分ごとのように心配になり、病室に駆けつけた際には、心からの言葉として、「どうしましたか？　今日から治療方針が変わったので、なにかお身体に変化があったのかもしれませんね」と、相手の思いを先取りすることができるのである。これが深層演技である。

表7－1　表層演技と深層演技

演技区分	表層演技	深層演技
外形と内面	内面は変えず、外形のみで役を表現	外形も内面も、役になりきって表現
演技時の意識	観客が理解しやすい表情で感情を表現	自分に宿った役そのままに感情を表出

出所：筆者作成。

(2) 俳優の演技

演技の捉え方における外形と内面という観点について、ここで表7‐1のような演技区分の目安を用いながら、補足説明しておきたい。

映画作品を例にして説明すると、ややステレオタイプな言い方になるが、映画制作の当初から世界での配給を目指すような作品（例─超大作映画）では、どの文化圏の人にとってもわかりやすい怒りや笑いのビビッドな感情が表出される傾向がある。一方、たいした興行収入は得られないが、芸術的に評価されるような作品（例─ミニシアター系映画）では、緻密だが観る人によって解釈が分かれそうなニュアンスな感情が表出される傾向がある。そのため、超大作映画は表層演技が多く、ミニシアター系映画は深層演技が多いとみることもできる。

次に、演技時の意識についても補足しておく。俳優の例で説明すると、それぞれが演技の巧みさに定評のある映画・舞台俳優たちであっても、各自の演技スタイルは二つに分かれる。たとえば、「憑依型俳優」といえば、役になりきって演じるタイプの役者を示している。よく主演俳優が、共演者や監督とは控室で日常的な会話はしなかった、などといった撮影エピソードを映画宣伝時に披露することがあるが、これは役に入り込んだ憑依状態を途切れさせないためであろう。もう一つの「カメレオン俳優」といえば、どのような役も難なくこなし、その俳優自身のイメージとは真逆の印象を持つキャラクターをも演じきる。前作と新作での役の振れ幅は大きく、体重も自由自在にコントロールし、演じる役の限界を感じさせないような多作な俳優である。ここで前者の憑依型俳優は深層演技を、後者のカメレオン俳優は表層演技を用いる俳優だとみなせる。もちろん、カメレオン俳優として憑依型で演技に取り組んでいる俳優もいるであろうが、それをすると役の幅は出しにくくなるのではないだろうか。いずれにしろ議論を単純化するための喩え話としてご了承いただきたい。

ホックシールドは、このような二分類を客室乗務員に代表される感情労働者の顧客対応にあてはめたのである。

(3) 脱個人化と演技、そして感情の秘匿

前節の最後で、感情を封印して接客にあたった客室乗務員が顧客と対立してしまった苦労話を紹介した後に、ホックシールドによる助言である脱個人化について言及した。接客時の演技の仕方により、脱個人化を実現するという解決法であった。それでは本節で紹介した演技法は、その脱個人化の場面でどのように用いればよいのだろうか。

ホックシールドは、デルタ航空の中堅乗務員向けの研修のなかで受講生が発した「乗客に対する怒りや憤りの鎮め方」に対する答えを紹介しながら、道具主義的に感情を扱うことについて言及しているので左記に抜粋する。[2]

■客室乗務員による接客時の演技

・表層演技

「ほんとうに元気な振りをすれば、実際にそういうふうになれることもあります。乗客は私が親切な人であるかのように私に対応し、そうすると私はもっと親切に応対し返します」

・身体を用いた深層演技

「ときどき私は意識的に深呼吸をします。首の筋肉をリラックスさせようとしているのです」

・自分で促す深層演技

「少し独り言を言うこともあります。「気を付けて。あの客を近づけちゃだめ。近づけちゃだめよ」。それで同僚に同じように言うと、彼女も私に同じことを言うのです。しばらくすると、怒りはどこかにいってしまいます」

前記のような客室乗務員たちの発話からは、仕事場での気の持ち方次第で自らの感情が解放され得るということがうかがえる。同じ職場で、同じフライトの中で、状況に応じて表層演技と深層演技を使い分けることが、感情労働を楽にするための知恵となっているとみることもできるだろう。

しかし、職種によっては自らの感情を隠しつづける必要もある。とくに医療現場では、目を背けたくなるような気持ちや恐怖心などマイナス感情を隠さなくてはならない。これを「感情の秘匿」という。秘匿された感情の研究をおこなったポール・エクマン[3]（Ekman, P.）によれば、日頃、外科の手術などでハードな場面に直面する看護師は、自分の本当の感情を隠したとしても、そのことで罪悪感を抱くことはなかったという。つまり、看護師の多くは「感情を秘匿する技能」を持っていたし、それを身につけることが職務上も期待され、公認されていたという。

感情の秘匿というテーマはいまだ十分に解明されていない[4]分野であるが、実社会にはこうした表情統制は、笑顔の強制に限らず存在し、そのことが及ぼす感情労働者への影響は理解しておかなければならないであろう。

4　演技を見破られないか、演技を楽しめるか

感情労働を楽にこなすには、二つの演技をうまく道具主義的に使い分けるしかない。しかし、顧客も人間であり、成人していれば職業人としての経験を持っており、演技が見破られるリスクはある。とくに、表層演技だと気づかれるとホスピタリティの現場がしらけてしまうこともあるだろう。だからといって、深層演技をひらすらつづけることも労働者としては疲労感がたまるのでつらい。この問題をどう整理すべきかについて以下で考察を深めてみよう。

(1)　バーンアウトのリスク

前述したように、感情労働を楽にこなすには、二つの演技をうまく道具主義的に使い分けることが有効である。しかし、うがった見方をすれば、道具主義的な考え方とはつまり、思考や行動そのものを道具のように使いこなすことである。だとすれば、本来は私的領域に属するはずの自身の感情を、肉体労働における腕力や脚力のように提供することである。これは、企業側・資本家側が公的（商業的）に、労働者個人の感情を支配することに反抗したはずの笑顔戦争の趣旨からは遠ざかってしまうものである。とはいえ、笑顔戦争をつづけても、労働者側が実利として得たものは少なく、かえって顧客と対立することで疲弊してしまったという事例の存在を加味すると、感情労働者にとって、このような道具主義的な感情コントロールはときには必要であるといえる。

注意しなければならないのは、道具主義的な感情コントロールが常態化することで、後述する感情的不協和に悩み、ときにはバーンアウト（燃え尽き症候群）状態に陥ることである。そうならないよう、心に留めおかなければならないのが、前述した脱個人化であった。ホックシールドの調査によれば、経験を積んだ多くの感情労働者たちが、自分自身と自分の役割とをはっきり切り分けている。彼ら彼女ら練達の感情労働者は、自分が演技をしているときと、していないときとを明確に分け、バーンアウトを予防できるが、反対にこのような脱個人化が不得手なものはバーンアウトのリスクが高くなる[5]。

つまり、道具主義的な使い分けというより、ホスピタリティ上のツールとして機動的に使いこなすことが望ましい。

(2)　顧客評価が高い演技

労働者側が感情のコントロールをしている際に、はたして顧客側がそれをどう受け止めるかについても目を向ける必要があるだろう。前述した表層演技が見破られるリスクを、企業側としてどう考えるかという点である。

サービス業を調査対象とし、従業員と顧客という対応関係にある二者からデータをとっておこなわれた実証研究[6]によれば、顧客が従業員の表層演技を見破る力がある場合、表層演技での接客をする従業員の顧客評価は低くなり、反対に深層演技での接客をする従業員の顧客評価は高まるという。

こうした研究結果を見ると、顧客評価の観点からは、表層演技よりも深層演技のほうが接客時には推奨されるということになる。また、深層演技により心から沸き起こる感情で顧客に接したほうが、従業員側も罪悪感を抱かずにすむという点で心理的負担が小さいということも加味するならば、なおさらマネジメント側としては深層演技を奨励すべきかもしれない。

ただし、一般的な接客には深層演技が向いていても、すべての対人サービスで適用できるわけではない。たとえば、病院・介護などのケア職のなかでもとりわけホスピスや、冠婚葬祭にかかわる職業のなかでも葬儀業など、人の死に直面することの多い業界の従業員に深層演技を求めつづけることはやはりできないだろう。

この問題に対処する際にヒントになるのは、演技そのものを感情労働者が楽しめるかという点にあると筆者は考える。これは、俳優が自分の演技に自信を持ち、仕事に取り組む様に例えることができる。こうした自信のある俳優は、おそらく職業人として、第6章で紹介した自己効力感を持っているはずである。高倉健のように、俳優であることへの強い矜持を持って演技活動をしている俳優[7]もいるだろう。

俳優だけでなく、ホスピタリティ産業においても、演技を楽しむという場面はあり得る。オリエンタルランドが運営する東京ディズニーランドや東京ディズニーシーで働くキャストのように、ディズニー世界の住人になりきった仕事を楽しむアルバイトスタッフもいる[8]。

重要なことは、第5章で紹介した内発的動機づけがそうであるように、業績評価での見返りがなくても、その仕事（演技を含む）に上達したことから得られる楽しさそのものを心理的報酬だとみなせる状態を作り出すことである。

（3）ゴッフマン理論と演技

ところで、もともと演技という着想をホックシールドが得たのは、社会学者のアーヴィング・ゴッフマン（Goffman, E.）の理論からである。ゴッフマンは、著書『行為と演技』[9]の中で、劇場のパフォーマンス（すなわち演技や舞踊）を社会学的視角へと応用することを試みている。

ゴッフマンが端的に示しているのは、行為主体の表出性は、二つの根本的に異質の記号活動を含むという点である。すなわち、行為主体が意識的に行う「意図的（give）表出」と、行為主体が何気なくする「非意図的（give off）表出」である。この二区分が、ホックシールドの示した表層演技と深層演技とにラフに対応しているのである。

なお、ゴッフマンの著作における人の行為にかかわる道具立てとしては、外面（front）を構成する舞台装置（setting）がまずあり、次に個人的外面（persona front）を構成する見せかけ・外見（appearance）、態度（manner）が種々の刺激としてある[10]。この構成における見せかけと態度が、変数として人の行為に作用するという整理は、基本的にはサービスの構図と同じである。

他にもゴッフマンは、著書『出会い』[11]の中で、行為主体がパフォーマンスを見せるために相手と相対する場面を出会い（encounter）と呼び、さらにそこでは、対面的な相互行為（interaction）がおこなわれるとしている。これら用語の使用法はサービス経営学でいう「サービスの劇場アプローチ[12]」そのものである。ゴッフマンは社会学全般で影響力を持つが、サービス経営学の道具立てを示すメタファーとして同じ考え方が利用されているのである。

つまり、ゴッフマンの道具立てから示唆されるのは、道具主義的な発想は、サービスの全体設計者のレベルでは意識的であってよいが、サービスを提供するためのデリバリー・システムの最前線にいる接客担当者のレベルには、あまり意識させないことが望ましい。行為主体である接客担当者が、パフォーマンスとしてのサービス提供に〈集中して演技できる〉状態を整えていくというスタンスが、マネジメント側に求められていると筆者は考える。

肝心の演技の仕方はパフォーマー（接客担当者）の個性と業界特性に応じて選択されるべきであるが、なかには経験が浅いなどの理由で脱個人化がうまくできない従業員がいる。彼ら彼女らをサポートする仕事は、マネジメント側の責任として、企業側は心がけておくのがよいだろう。

なお、ゴッフマンの演技論については次節でも引き続きみていくことにする。

5 「察し」の役割

ここで本章が感情労働者の演技を補足する概念として紹介したい「察し」とは、日本的コミュニケーションに特徴的な察し（*Sassi*）のことではなく、ゴッフマンがその演技論において持ち出した「察し（tact）」の方である。とはいえ、説明無しではその概念的な違いがわかりにくいので、まずは簡単に日本的コミュニケーションの察しについて説明した上で、ゴッフマンのいう察しの説明をおこない、感情労働の議論との関連性を述べていこう。

(1) 日本的「察し（*Sassi*）」

日本的なコミュニケーションの取り方において、「察し」は非常に重要だと考えられている。かつてエドワード・ホール（Hall, E. T.）が日本文化を高文脈（High-Context）文化と位置づけた[13]ように、日本的な奥ゆかしさの好まれる接客場面では、顧客が遠慮する素振りを見せても、それを接客担当者が汲んだ上で、察しにより相手の隠された意図を読みとることがときに求められる。たとえば、客室乗務員が乗客の飲み物が空になっているのを見かけたとき、「きっと、おかわりが欲しいのだな」と、文字通り思いやることがときには求められる。なお、客室乗務員による「察しのスキル」が、どのような形で職場において形成されるのかについての実証研究もみられる[14]。

遠慮と察しからなる高度なコミュニケーションは、日本人の曖昧な発話を補って相互理解を助ける役割を備えている。石黒武人は、察しの対人コミュニケーションにおける個人内の察しの働きは、コンフリクトの回避や周りとの調和を目指した自分以外の存在への配慮の気持ちに根ざすものだとしている[15]。

しかし、その日本的察しは、高文脈文化に根ざすだけに、インバウンド顧客が日本のホスピタリティ産業を利用する際に、誤解やトラブルのもとになることも事実である。日本的察しが目指す思いやりや寄り添いは、相手の文化圏の習慣と思考様式を熟知していなければ本来は難しい。海外へのフライトに慣れた国際線の客室乗務員ならばそれも可能だが、日本各地にある旅館、民宿のレベルでそれは難しいであろう。仮に理解できなければ、日本流を異なる文化圏に押し付けることになってしまう。

前出のホールは、日本の旅館で何回も部屋を移動させられたり、宿側に勝手に自分の荷物が移動されたりした際に感じた大きなショックを先の著書に書き残している[16]。これは、米国人が空間を非常に大事にする国民性があるということを、宿側がまったく配慮していないことから起こったことである。このエピソードは半世紀近くも前に書かれたものだが、同様のことは、現在の日本でも依然として起こり得そうである。

(2)　ゴッフマン的「察し（tact）」

一方で、ゴッフマンがいう「察し」は、彼の演技論の延長線上にある。再び演劇のメタファーを使い、具体例を想像してもらいながら説明していこう。

まずはパフォーマー（演者）とオーディンエンス（観客）がいるステージを念頭に置いていただきたい。ときには、パフォーマーによるパフォーマンスが演者側のミスや意図せざる舞台環境の変化によって乱れが生じることはあるだろう。このとき、オーディエンス側によって、そのパフォーマンスが救済される場面がしばしば観察されることに気づくことはないだろうか。

たとえば、演劇の場合ならば、演者がセリフを飛ばすかもしれない。このとき、客席から一つ咳払いが入ることで、演者がそれに気づいて演技を立て直すようなケースである。もう一つ、筆者の個人的な体験にもとづく例もあげておこう。筆者が以前に漫才や講談などの演芸会に足を運んだ際に、演者が発したギャグが、当日の観客にとって理解しにくい風刺ネタであり、笑いが起こらずに一瞬の間が空いた場面に出くわしたことがある。おそらく、ここで笑いが起こらなければ、きっと演者のテンポは崩れていくに違いない。しかし、この一瞬の間をすかさず埋めるかのように、客席の片隅から高い笑い声が起こったのである。しかも、その笑いの声から想像される性別やら世代やらがヒントになり、演者が発した風刺ネタの意味するところを多くの観客が瞬間的に理解した。そして会場は、いわゆる「つられ笑い」に包まれた。演者はこれにより、調子を崩すことなく、無事に一通りの演目をやり切った……。

ゴッフマンによれば、パフォーマンスの場におけるオーディエンス側の察しというものは極めて一般的なものであるという。彼によれば、オーディエンスが察しを働かす場合には、多くの場合パフォーマーもその察しの良さに保護されていることに気づくし、パフォーマー側はその協力を有効たらしめるべく振る舞う(17)。つまり、演者と観客の間に相互行為が生まれているのである。

右記でゴッフマンによる察しの保護的な役割について説明し終えたところで、ホスピタリティ現場への示唆へと話題を転じよう。

序章でも述べたように、ホスピタリティは互酬性によって成り立つ。日本的察しでは、思いやりも寄り添いも、いずれも接客担当者側の役割となってしまうが、ゴッフマン的察しは、ここで述べたように、あくまでも相互行為である。すなわち互酬の論理のもとで、ゴッフマン的察しが重要な役割を果たすことがわかる。

どちらの察しが真に高質なサービスを生むかは決められないが、少なくとも、異文化交流に直面するホスピタリティ業界では、前者は困難な割に顧客満足という成果も生み出しにくく、後者の方により可能性を見出せるように筆者には思える。

参考までに、サービス経営学において、現在もっとも影響力の高い考え方となっているサービス・ドミナント・ロジックにおいては、「顧客は常に価値の共創者である」という公理および基本的前提を置いている[18]。この顧客とのサービス価値の共創という議論は、ゴッフマン的察しが果たす観客（顧客）の役割、そしてそれによってもたらされる演者（ホスピタリティ従業員）と顧客との相互行為という議論と、本質的には同じ作用について説明したものである。

注

（1）Ａ・Ｒ・ホックシールド／石川准・室伏亜希訳［二〇〇〇］『管理される心――感情が商品になるとき』世界思想社（Hochschild, A. R. 1983, *The Managed Heart: Commercialization of Human Feeling*, Berkeley: University of California Press）。

（2）ホックシールド［二〇〇〇］六二～六三頁。ただし、これらは研修時の客室乗務員の回答をもとにホックシールドが感情の扱い方を区分したものであって、ホックシールド自身が感情コントロールの方法論を整理したわけではない。

（3）Ｐ・エクマン／工藤力訳編［一九九二］『暴かれる嘘――虚偽を見破る対人学』誠信書房（Ekman, P. 1985, *Telling Lies: Clues to Deceit in the Marketplace, Politics, and Marriage*, New York: Norton）。

（4）金井壽宏・髙橋潔［二〇〇八］「組織理論における感情の意義」（『組織科学』第四一巻四号）。八頁の記述にもとづく。

（5）ホックシールド［二〇〇〇］二一四～二一五頁。

（6）Grouth, M. [2009] Customer Reactions to Emotional Labor: The Roles of Employee Acting Strategies and Customer Detection Accuracy, *Academy of Management Journal*, 52(5).

（7）ＮＨＫ総合、二〇一四年一一月二三日放送番組『ＮＨＫスペシャル』、「高倉健という生き方～最後の密着映像一〇〇時間～」放送回より。

（8）講談社編［二〇一九］『改訂版　東京ディズニーリゾート　キャストの仕事――あの笑顔のヒミツがわかる！』講談社。

(9) E・ゴッフマン／石黒毅訳［一九七四］『行為と演技――日常生活における自己呈示』誠信書房（Goffman, E. 1959, *The Presentation of Self in Everyday Life*, New York: Doubleday）。

(10) ゴッフマン［一九七四］二四〜三四頁。

(11) E・ゴッフマン／佐藤毅・折橋徹彦訳［一九八五］『出会い――相互行為の社会学』誠信書房（Goffman, E. 1961, *Encounters: Two Studies in the Sociology of Interaction*, Indianapolis: Bobbs-Merrill）訳書、一七〜一八頁。

(12) Grove, S. J., Fisk, R. P. and Bitner, M. J. [1992] Dramatizing the Service Experience: A Managerial Approach, in Swartz, T. A., Bowen, D. E. and Brown, S. W. (eds.), *Advances in Services Marketing and Management: Research and Practice*, Vol.1, Greenwich: JAI Press.

(13) エドワード・T・ホール／岩田慶治・谷泰訳［一九八〇］『文化を超えて』TBSブリタニカ（Hall, E. T. 1976, *Beyond Culture*, New York: Anchor Press, Doubleday）。

(14) 森きょうか［二〇一三］『上質なホスピタリティサービスを提供する「察しのスキル」――客室乗務員はなぜ寄り添うことができるのか』晃洋書房。

(15) 石黒武人［二〇〇六］「多文化関係における日本的コミュニケーションの可能性――「察し」に内蔵された肯定的側面」（『多文化関係学』第三巻）。

(16) ホール［一九八〇］七三〜七九頁。

(17) ゴッフマン［一九七四］二六八〜二七九頁。

(18) ロバート・F・ラッシュ、スティーブン・L・バーゴ／井上崇通監訳、庄司真人・田口尚史訳［二〇一六］『サービス・ドミナント・ロジックの発想と応用』同文舘出版（Lusch, R. F. and Vargo, S. L. 2014, *Service-Dominant Logic: Premises, Perspective, Possibilities*, Cambridge: Cambridge University Press）訳書、八〇〜八四頁。

第8章　感情労働マネジメントをどう考えるか

1　バーンアウトの回避

企業が感情労働のマネジメントを考えるにあたり、喫緊に解決すべき課題は感情的不協和によるバーンアウトを避けることである。そして、従業員が感情的不協和を引き起こさないように、会社側が果たすべき一定の役割もある。左記ではその役割について説明しよう。

たとえば、経験の浅い従業員が仕事の中でストレスを溜め込み、疎外感を抱く前に、職場の中でどれだけ管理者がその従業員をサポートできるかである。本節では、こういった課題に応用できるマネジメント手法について紹介していくことにする。ただし、感情労働マネジメント研究には、心理学、社会学、経営学、経済学などのディシプリンを有する研究者が参入し、研究そのものは増加しているものの、まだ決定的な論理は構築されていない。そこで本節では、現時点でサービス企業が従業員の感情の問題を考える際に応用可能な論点を整理しておくことにする。

(1)　感情的不協和

前章で解説した二つの演技法をサービス従事者が用いるとき、表層演技であれ深層演技であれ、いずれにしても心理的負担がかかる。接客サービス従事者向けに会社側が感情表出ルールを用意することも珍しくなく、同じく前章でアーリー・ラッセル・ホックシールド[1]が記述した客室乗務員の事例のように、笑顔が強制される職場も多い。

このような環境のもとでは、心身ともに体調が良いときには難なく笑顔で接客できるものの、体調が悪かったり、悲しい感情に支配されていたりすると、いつもの笑顔が思うように出ないといった事態に直面することになる。

仮に苦手な顧客がいても、サービス従事者は表層演技をつづけて外見をとりつくろおうとする。不自然な笑顔になっていることが自覚できるだけでなく、さらには本当の感情と裏腹な外見で接客することによって「相手を騙しているのではないか」という罪悪感に苛まれる場合もある。

その場合、演技スタイルをチェンジするしかない。具体的には、深呼吸したり、念じるように独り言をつぶやきながら自らに暗示をかけたりして、深層演技を施す。心から湧きあがる感情で接客できるよう努めるわけである。

表層演技に比べれば、深層演技のほうが罪の意識を感じないという面では負担は軽い。しかし、深層演技は、それこそ自分自身の私的感情の公的（商業的）利用である。感情表出ルールのような職務要求（次節で後述）ばかりが強く、仮に従業員がその要求に応えても、何らかの形（報酬や、組織的な評価・ねぎらいなど）で報われることがなければ、消耗感ばかりを募らせてしまう。このように、ときに自らの表情を偽りの仮面（表層演技）で覆い隠し、ときに自らの私的感情そのものを公的に駆使（深層演技）しようとすれば、ほとんどの人は心身を疲弊させてしまう。こうした自己矛盾に悩む従業員の葛藤は「感情的不協和（emotional dissonance）」と呼ばれる。そして、この感情的不協和がバーンアウト（燃え尽き症候群）を引き起こす最大要因になっていることを実証した研究もある[2]。

（2）疲労とバーンアウト

この感情的不協和を避ける方策の一つが、脱個人化であり、脱個人化をすることが不得手な人はバーンアウトしやすい。この点については前章でもすでに紹介した通りである。

職務上の役割と個人的な人格とを分離することが，どうやってもできない人は，顧客との関係にともなう情緒的消耗感に疲労し，感情そのものを人格から切り離してしまう可能性がある。脱個人化を感情労働者にとって必要な対処策とみなしたホックシールドは，脱個人化が不得手な人の人格乖離を特に恐れている。

このような懸念は，まさにバーンアウトに陥る典型的な流れ[3]への警戒にあたる。従業員の疲労が蓄積し，いったんバーンアウトに至ってしまえば，仕事に対するモチベーションは抱けなくなってしまう可能性が高い。離職リスクも高まる。それではどうやって職務上の疲労感を軽減し，バーンアウトを予防すべきか。

第６章でみたように，モチベーションを維持するには自己効力感が欠かせない。しかし，感情労働者の多くは，営業成績のような目に見える指標を目標として掲げることが難しい職種であるため，目標管理制度だけでは従業員の内発的動機づけができないこともある。その対策として考えられるのは，目標管理制度を整備するだけでなく，自己効力感を高めるための制度・施策を充実させることである。ただし，ここで一点，気を付けておきたいのは，「自己」という文字にとらわれて個人のスキルアップやメンタル対策にこだわるのではなく，サービス従事者がいつでも利用できる職場内の諸力（サポート機能・制度）を含めてサービス従事者の自己効力感を高めていくべきということである。

次節では，こうした職場からのサポート，制度的な整備のあり方についてみていこう。

２　職務資源とモチベーション

自己効力感がモチベーションを高める点については第６章で解説したが，実務上は感情労働者に特有の工夫を付け加えていく必要がある。その要点を一言で示せば，自己効力感の源泉として職場がハード面・ソフト面を含むサポート機能を整備することで、感情労働者のモチベーションは高められるということである。

(1) サポート、フィードバック、自己決定権

前述したような情緒的に消耗した従業員が、負のサイクルに迷い込むことなく、バーンアウトを避けて、健やかに職業人生をつづけるためには、脱個人化のようなスキルをOJTやOFF‐JTを通じて各人が身につけておくといったことも方法の一つではある。ただし、事前に身に着けておくことだけを想定していては、若年の従業員はとても対応できないし、職種が変わったばかりの転属者にとっても不利になる。そもそも、熟練労働力を活用できる対人サービス職種のほうが少ない。そこで、新たに想定しなければならないのが、職場が整備するサポート機能である。

たとえば、経験ある先輩から助言を気軽に得られるような職場環境を維持したり、従業員がいつでも職場内でカウンセリングを利用できるなどの体制が充実していれば、若年従業員や転属者にとっても心強いはずである。また、感情労働の疲労感をねぎらうような適切なインセンティブ制度があれば、心理的なバランスを保てる場合も多いだろう。もちろん、上司からのフィードバックや、部門による業務スキル向上のための勉強会、小集団の改善活動などが、定期的に開催されることも有効である。これらはソフト的な支援でもよいし、メンタルサポートのための相談室を設置するなど部門として利用できるカンファレンスルームやオフィスカフェをハード的に整備することでもよい。ハードがあることで、職場にサポート体制があることのシグナル効果を生むからである。

そして、従業員に対して自己決定権を付与することも効果がある。これは権限委譲のような組織的な影響が大きいものに限らず、もっと小さな決定権の付与でもよい。たとえば、ボストンにあるマサチューセッツ総合病院では、コロナ禍において無力感やバーンアウトに悩まされる病院職員に、病院側が意図的に選択肢を与え、彼らの「自主性」を回復させることを試みたという(4)。このように、バーンアウト対策において、自分で何かをコントロールしている実感

を与えることは、自己効力感を取り戻すには効果的なのである。

右記のように、あるサービス従事者本人が身につけているスキルだけでなく、その者が職務遂行上、利用しようと思えばいつでもサポートされる状態にある制度・システムなどを含めた要素のことを、「職務資源」と呼ぶ。

(2) 職務要求―職務資源モデル

前述の職務資源が制度・システム的な要素である一方、職務遂行中に従業員に対して会社側から要求される物理的・心理的努力などの要素のことを、「職務要求」と呼ぶ。これは職場から仕事を単なるタスクとして与えられるのとは異なり、その従業員にとって、ある程度の物理的・心理的コストがかかるものを意味する。たとえば、客室乗務員が会社から求められるような感情表出ルールも職務要求である。この場合、通常の客室乗務員としての一般的タスクに加え、笑顔という個人にとっては心理的コストの大きいものを会社側が求めているわけである。

先ほど説明した職務資源と職務要求、そしてモチベーションと職務成果との関係は、図8-1のように捉えることができる。これはアーノルド・B・バッカー（Backker, A.B.）とエバンゲリア・デメローティ(Demerouti, E.)による「職務要求―職務資源モデル」の図である。バッカーとデメローティ[5]は対人サービス従事者に特徴的なストレスに注目した研究を長年行っており、このモデルは何度か改良が試みられている。この図8-1は二〇一七年にアメリカ心理学会が発行するジャーナルに掲載されたバージョンである。

ここで注目したいのは、図8-1の左上にある職務資源が個人的資源と補い合う関係にあることである。職務資源は通常、会社から得られるサポートやフィードバック、そして会社から権限委譲された自己決定権など公的要素であるが、私的な要素と完全に分離されているわけではなく、個人が持つ資源とは補い合う関係にある。具体的に言えば、個人的に築いたインフォーマルなネットワークや、自己研鑽して得たスキル、あるいは趣味の知識などを、仕事とい

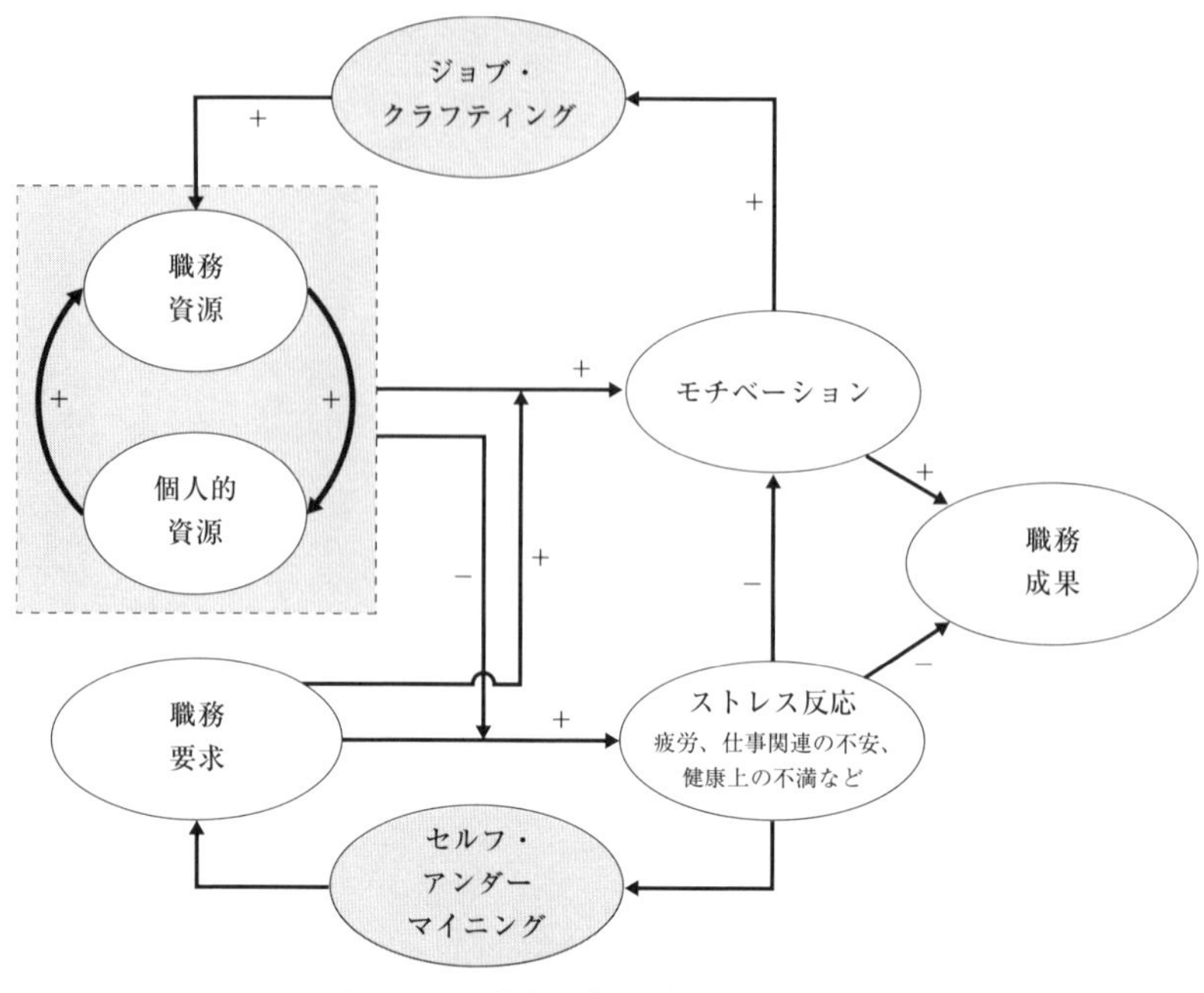

図８－１　職務要求―職務資源モデル

出所：Bakker & Demerouti［2017］p.275 を筆者翻訳。

う公的な場に利活用することはどのような業種でも多いはずである。その反対に、職務で得た知識やスキルが、そのまま趣味になる場合もあるだろう。これら個人的資源は職務資源と相互に資源価値を高め合うということである。

次に、図８－１の左下から右方向に伸びる矢印を見て欲しい。これは何らかの職務要求がストレス反応として、疲労、仕事関連の不安、健康上の不満などの具体的に心身への影響を与えることを意味している。ストレス負荷を加えるという意味で、プラスになっているのである。一方で、誰かに対する職務要求が高いということは、その誰かのことを高く評価している証でもある。よって、モチベーションをあげる方向にプラス矢印があることにも注目しておきたい。また、この職務要求が及ぼすストレス反応へのプラス作用は、職務資源と個人的資源の囲みから下側に伸びた矢印のマイナス作用で減じられている。つまり、職務資源をリッチに持つことで、ストレス圧力に対抗し得るということである。そして、ストレス反応から上方向に伸びる矢印は、モチベーションに対してマイナスとなっている。つまり、ストレス反応を得れば、従業員のモチベーションは下がるということである。そして、このストレス反応は、職務成果も下げる作用を持つ。

重要な点は、過大な職務欲求によってストレス反応を起こし、従業員のモチベーションを下げる圧力があったとしても、職務資源が高ければ、より高い職務成果を挙げられるということである。このことは、図8-1の職務資源と個人的資源からモチベーションへ向かう矢印がプラスであり、モチベーションが職務成果に向かう矢印もプラスであることからもわかる。

つまり、いかにストレス反応を抑え、いかにモチベーションを高く維持するかが、職務成果を向上させる決め手になる。

3　ジョブ・クラフティングとセルフ・アンダーマイニング

本節でも引き続き、図8-1について解説する。同図には最近になって実務の現場でも耳にすることの増えた概念である「ジョブ・クラフティング」という要素があり、その対極の位置には、実務上はあまり目にすることはないが、ジョブ・クラフティングとともに重要な概念である「セルフ・アンダーマイニング」という要素があるので、左記で詳しくみていこう。

(1)　ジョブ・クラフティング

まずは、図8-1の一番上にあるジョブ・クラフティングという要素項目に注目していただきたい。

ジョブ・クラフティング（job crafting）は近年、急速に普及した概念で「従業員自らが、主体的に仕事の内容を再定義でき、創意工夫もできること」を意味する。学術的には、二〇〇一年にエイミー・レズネスキー（Wrzesniewski, A.）とジェーン・E・ダットン（Dutton, J.E.）によって提唱され始めた。彼女らは「個人が職務または仕事に関連する境界に加える物理的および認知的変化」とジョブ・クラフティングを定義づけ、主なジョブ・クラフティングの類型として左記の三次元を想定している[6]。

■ジョブ・クラフティングの三次元

①仕事のやり方やタスクを変える「業務」の次元
②仕事の意味づけや認識を変える「認知」の次元
③仕事の人間関係の範囲を変える「関係性」の次元

①は、具体的に仕事として与えられているタスクとしての業務を、自己の判断で変えるということだが、まったく違う業務に変えてしまうわけではなく、会社や組織が期待する成果は同じまま、タスクの内容やそのこなし方を変えると理解すればわかりやすい。たとえば、マーケティング・エージェンシーの社員がクライアントの商品を周知することを業務上の任務としていたとする。その社員は従来であれば、会社の指示にしたがって、イベントや広告によってクライアント商品の知名度を高めるタスクをこなしていたが、自分が個人的に得意としてきたＳＮＳインフルエンサーを使った周知をおこない、成果をあげるかもしれない。この例では仕事の大きな目的は同じまま、職務範囲が従来とは変更されており、その判断を当該社員自身がおこなっているというところがポイントである。

②は、仕事に対する見方を変化させることである。たとえば、リッツ・カールトンのような高級ホテル等でおこな

われる一時的なジョブ・ローテーションは、各ホテル従業員が自らの職務のホテル全体における位置づけを理解する契機になっており、よりやりがいを持てるようになったり、自分の職務に意義を感じたりすることに役立つという。ここでは自分のタスクが①のように変わったわけではなく、職務に対する自分なりの意味づけが変わっただけである。つまり、職務担当者が認知の枠組みを変えただけで、自己効力感が高められるといった変化が起こるわけである。

③は、仕事に関わる人間関係を変化させることである。たとえば、コールセンターで顧客からのクレームを受け付ける担当係が、そのクレームを解決するために、顧客が自社と関わるきっかけとなった営業担当者と連絡をとる場面を想像しよう。問い合わせそのものが技術的な内容であれば、営業担当者に連絡をとらなくても解決に至ることはできる。しかし、自社との最初の接点がどのようなものであったかの情報を得て顧客のニーズを知ることで、最適なソリューションを発見することができるかもしれない。この担当係は自己の判断で関係性境界を変化させ、自分なりに創意工夫しながらタスクをこなしているわけである。また、病院で医師や看護師が対応するのは原則的には患者であるが、患者家族までを関係者とみなすことで、治療計画が立てやすくなるし、自宅での服薬や健康管理が徹底される可能性が高まる。これらは職務担当者が関わることが想定される関係先を、自らの判断で意図的に拡大することで、クレーム対応や治療の実効力を高めているわけである。

右記のように、ジョブ・クラフティングが狙うところは仕事を変える際の自主性の発揮である。そして、ここでいう「変える」とは仕事の境界を変えることも含まれている。

とはいえ、類型を理解したところで、従業員個人の努力だけで自主性の発揮に結びつけることは難しい。その場合、研究者が監修したジョブ・クラフティング研修[7]の導入も有効である。

図8-1に話題を戻すと、前述したジョブ・クラフティングが実践されるうちに、従業員個人が経験的に学習し、自己の保有する職務資源を増やしていく。これが図の上方にあるジョブ・クラフティングから左側に伸びる矢印がプ

ラスになっている部分である。そして、ジョブ・クラフティングは、右から伸びる矢印をプラス方向で受けていることからわかるように、仕事上のモチベーションによって促進されるものでもある。

(2) セルフ・アンダーマイニング

図8-1の下部にあるセルフ・アンダーマイニングは、実務の現場では聞き慣れない用語だと思うが、一言でいうと自ら内発的動機づけを低下させてしまうことである。

内発的動機づけの理論を提唱した、第5章でも名前が登場したエドワード・L・デシによれば、内発的に動機づけられて仕事に従事している状態は、自分自身を有能で自己決定できる存在であるとみなすことから得られる。その一方でデシは、外的報酬（金銭的報酬や昇進など）が内発的動機づけに与える影響について、立体パズル・ゲームを用いた心理実験を通じて調査した。その結果、外的報酬としてパズルを解くたびに金銭的報酬をもらった者のゲーム時間が、報酬を受け取らない者に比べて短くなった。つまり、外的報酬が内発的な動機づけを低下させたのである。このような外的報酬による悪影響のことを、デシは「アンダーマイニング効果」（undermining effect）と呼んだのである。[8]

図8-1に話を戻そう。ここでセルフ・アンダーマイニングは、右側にあるストレス反応によって生じることが示されている。そして、そこから左に向かい、職務要求に影響を与える流れになっている。バッカーとデメローティは、前の仕事で高いストレス反応を感じた場合、その経験が、（プラスでもマイナスでもなく）そのまま次の職務要求に直接的に跳ね返ってくるということをこの図で想定している。つまり、過大な職務要求が続いている状態の中で、従業員は疲労を蓄積させ、不安感を増悪させ、不満を鬱積しつづけることになる。そのような自己の心身が蝕まれた状態で、引き続き過大な職務要求が課されれば、心身が健康なときですら難しい職務要求に対応しなければならなくなる。万一、トラブルを引き起こせば、さらに困難な職務要求を突きつけられる事態に陥るかもしれない。このような自己喪

失のスパイラル的な悪影響が「セルフ」アンダーマイニングの状態である。

このような負のスパイラルは確実にバーンアウトを引き起こすため、早めに断ち切らねばならない。

4　バーンアウトへの具体的対処

前述した図８‐１のモデルの上半分の方を念頭に置けば、感情労働者の疲労蓄積によるバーンアウトを防ぐためには、企業のマネジメント側がサポート、自己決定権（権限委譲）そしてフィードバックのような職務資源を付与するだけでなく、広範囲のジョブ・クラフティングを認めるのが望ましいということが理解できる。そもそもジョブ・クラフティングは公式に仕事を変えるわけではなく、タスクや意味、そして関係性の変化を自主的におこなうことであるから、従業員によるジョブ・クラフティング的な取り組みを、会社側はあたたかく見守るだけでよい。問題となるのは、バーンアウトを引き起こしかねない図８‐１の下半分のスパイラルをどう断ち切るかであろう。

本節では、感情労働における最大の課題であるバーンアウトとの関係に絞ってみていこう。

⑴　バーンアウト尺度

従業員の疲労やバーンアウト危険度はどのように測定するのか。もっとも国際的に支持されている測定方法が、米国の社会心理学者クリスティーナ・マスラック（Maslach, C.）らによって尺度化されたＭＢＩ（Maslach Burnout Inventory）である。彼女らがまとめたＭＢＩマニュアル[9]も刊行されている。

この尺度は、二二項目からなるが、実際は下位指標三つに分かれている。この三つの因子を測定するために、回答者は最近六ヶ月ほどの自分の気持ちを七段階から選んでいく。なお、設問は、医療者向けと、対人サービス業向け、教育者向け、一般向け、そして学生向けといったように、業界ごとに用意されている。このMBIは世界各国で活用されているが、我が国では久保真人らによって日本版バーンアウト尺度が発表されている[10]。ちなみに、三つの因子は左記の三つの症状に対応しており、どのバーンアウト症状が強く出ているかがわかるようになっている。

バーンアウトの症状については、本家MBIも日本版バーンアウト尺度も同じように左記の三つとしている[11]。

■バーンアウトに特徴的な症状

①情緒的消耗感

仕事を通じて、情緒的に力を出し尽くし、気持ちの上でぐったり疲れ果てる症状。身体の疲労感だけでなく、精神的な疲労感も訴える。

②脱人格化

人と関わることが嫌になり、人を人と思わなくなり、人がどうなっても気にしなくなる症状。進行すると、同僚や顧客とのコミュニケーションがとれなくなる。

③個人的達成感の減退

仕事上の達成感、やりがいが失われる症状。仕事中に良かったと思えることが減り、仕事のプラス面を見出せなくなる。

それぞれについて補足説明しておこう。

このうち、①の「情緒的消耗感」は、多くの研究者がバーンアウトの主な症状であるとみなしている[12]。単なる消耗感ではなく、情緒的資源の枯渇した状態が①であり、日々の仕事の場で感情表出が求められている感情労働者において、より顕著に現れる因子である。

次の②の「脱人格化」は、サービスの受け手に対する無情で非人間的な対応とされている。実際、我々はこのような非人間的な対応を、接客の場面でなされた経験が誰しもあるだろう。とはいえ、感情表出が組織によって一定レベルで求められているホスピタリティ職においては、この脱人格化された状態のままの従業員が接客現場に出ることは難しい。しかし、医師などの医療職、教師などの教育職などでは、感情表出がなくともサービス提供は可能であるため、極端な例を示せば、無表情のまま事務的な診察をする医師、生徒に背を向けて黒板に向かったまま淡々と講義する教師などといったサービス提供者に直面することもあるかもしれない。

なぜ、このような状態が起こるのか。本章の１（１）で述べたホックシールドの懸念（脱個人化が不得手な人の人格乖離）が起こってしまった結果、脱人格化が生じている可能性はないだろうか。仮に、前述したような無表情の医師や生徒に背を向けた教師が、以前はもっと感情表出をしてくれる人物であったのなら、①でいう情緒的資源を使い果たし、さらに残り少ない資源を消耗することを防ぐために、その医師なり教師が情緒的資源の節約を試みている場合がある。[13]

このようにみると、②の脱人格化は、従業員が自らを守るためにおこなっている対応策の一つとみることもできる。現実はどうあれ、そう思いながら病院に向かえば、事務的で冷淡な医師に出会っても、患者として大して憤慨せずに受け流せるのかもしれない。教師が冷淡だと生徒側の学習効果に関わるので放置はできないが……。

さて、最後の③の「個人的達成感の減退」については、第６章で説明した自己効力感を従業員が持てなくなっている状態であるため、マネジメント側としては見過ごせない。自己効力感が下がっていれば、仕事上のパフォーマンスも低下することが避けられない。そうなれば、従業員は情緒的資源をさらに使い果たし、深刻なバーンアウトへと一

因子	設問例	いつもある	しばしばある	時々ある	まれにある	ない
情緒的消耗感	身体も気持ちも疲れ果てたと思うことがよくある	5	4	3	2	1
脱人格化	仕事の結果はどうでもよいと思うことがある	5	4	3	2	1
個人的達成感の減退	我ながら仕事をうまくやり終えたと思うことがある	5	4	3	2	1

図8－2　バーンアウト因子と設問例

出所：久保［2004］214-215 頁をもとに筆者作成。

直線に進んでしまいかねないからである。

右記がバーンアウトの症状についての説明である。

なお、①から③までのそれぞれを、どのような質問によって測定しているかを例示するため、日本版ＭＢＩの設問から、代表的質問を図8-2に併記しておく。

⑵　バーニングアウト

久保［二〇一二］は、これら前述したバーンアウト尺度が想定する三つの症状のうち、情緒的消耗感と脱人格化には関連性があり、個人的達成感は他の二つとの関連性が薄いと述べている。そして、情緒的消耗感が蓄積され、脱人格化が生じた段階を、バーンアウトのプロセスに入ったという意味で「バーニングアウト」と呼んでいる(14)。さらに、バーンアウトに対処するには、少なくともバーニングアウトに入った時点で気づき、企業によって適切な対処をはかることが重要だとしている。

近年、ストレスチェック制度が義務化され(15)、厚生労働省によりストレスチェックマニュアルも発行されている。深刻化する従業員のメンタルヘルス対策のためのものであり、同省（国）が推奨する五七項目の質問票は、メンタル面のみならず頭痛や腰痛などの体調面にも及ぶが、本家ＭＢＩや日本版バーンアウト尺度の質問項目と類似した質問も含まれている。

ただし、ストレスチェック制度の趣旨はあくまでも、労働者本人が自身のメンタル不調を早期発見することにある。チェックの結果、問題ありとされた従業員が医師による面接指導を受けた結果、時短勤務などの措置の必要性について、医師が企業側に意見することはあるが、企業は自由にチェックの結果を使うことはできず、従業員のプライバシーとして扱うことが求められている。つまり、企業がマネジメントにこの情報を全面的に活用することを想定したものではない。企業への努力義務として、ストレスチェック結果を小集団（部や課など）で共有し、集計・分析した上で職場環境の改善に用いることを奨励しているが、そこまではやっていない企業が大多数であろう。

職場環境の改善のためにストレスチェックを活用したい場合、島津明人らが開発した「職場環境へのポジティブアプローチ[16]」と題されたマニュアルが公開されており、参考になる。これは厚生労働省研究班が開発した「新職業性ストレス簡易調査票[17]」を集計・分析し、職場環境の改善を目指す際のマニュアルとして使えるよう編集されたものである。これらのツールは、感情労働に特化したものではないが、管理職を含む従業員間の参加型討議を通じて、職場のコミュニケーションが促され、職場活性化に役立つものである。

5　ワーク・エンゲイジメントを高めよ

感情労働者をサポートする実務手法としては、ワーク・エンゲイジメント[18]（WE）を高めるためのWE向上活動を組織内で行うことがあげられる。WEはバーンアウトの対極に位置づけられる「楽しいから働く」状態を示している。WE向上活動をいざ職場で進めるにあたっては、前述したポジティブアプローチと、米国の退役軍人局が開発した「CREWプログラム」を用いた介入が奨励されている[19]。

ポジティブアプローチでは、その職場が有する多様な職務資源を新職業性ストレス簡易調査票における表8-1の各尺度に基づき、事業場レベル、部署レベル、課題・作業レベルに分けて先に調査・集計する。次に、管理職を含め

表８－１　仕事の資源のリスト

部署レベル	事業場レベル	課題・作業レベル
・経営層との信頼関係 ・変化への対応 ・個人の尊重 ・公正な人事評価 ・多様な労働者への対応 ・キャリア形成 ・ワークライフバランス（ポジティブ）	・上司のサポート ・同僚のサポート ・家族・友人のサポート ・経済・地位報酬 ・尊重報酬 ・安定報酬 ・上司のリーダーシップ ・上司の公正な態度 ・褒めてもらえる職場 ・失敗を認める職場	・仕事のコントロール ・仕事の適性 ・技能の活用 ・仕事の意義 ・役割の明確さ ・成長の機会

出所：「新職業性ストレス簡易調査票（概要版）」より抜粋して筆者作表。

た従業員間を交えたワークショップ（参加型討議）によって把握する。さらにその資源を強めるにはどうすべきか、議論を全員でおこなうというものである。

そして、ＣＲＥＷプログラムは、Civility, Respect & Engagement in the Workplace の頭文字をとって名付けられたプログラムであり、北米における実証研究で効果が立証されている。具体的には、職場のメンバー間の相互理解を深め、従業員相互に礼節・丁寧さ（Civility）と敬意（Respect）を持って接し合える関係の構築を目指している。先のポジティブアプローチとＣＲＥＷプログラムを組み合わせて、職務資源のうち、職場要因に対応するわけである。ちなみに、もう一方の個人的要因に対しては、前述したジョブ・クラフティング研修をおこなうことが奨励されている。

右記のように、ＷＥは、本章で説明したさまざまな議論を包括するような考え方を持っている。すでにマニュアルが用意されているという意味でも、バーンアウト対策のための実践向きの手法であるといえる。

いずれの手法をとるにしても、感情労働マネジメントをおこなおうとする企業は、従業員の疲労度を適切に把握しなければならない。また、従業員同士のコミュニケーションを促すことで、一人ひとりの従業員に疎外感を抱かせないことも求められる。そして、会社としてさまざまなサポートを用意しながら、従業員の主体性を促すことで自己効力感を高め、「職務要求―職務資源モデル」が想定するような、従業員の健康と企業業績とが両立するようなマネジメント体制の構築を目指す必要がある。

注

(1) A・R・ホックシールド／石川准・室伏亜希訳［二〇〇〇］『管理される心――感情が商品になるとき』世界思想社（Hochschild, A. R. 1983, *The Managed Heart: Commercialization of Human Feeling*, Berkeley: University of California Press)。

(2) Zapf, D., Aeifert. C., Schmutte, B., Mertini, H., and Holz, M.［2001］Emotion Work and Job Stressors and Their Effects on Burnout, *Psychology* and Health 16(5).

(3) 久保真人［二〇〇四］『バーンアウトの心理学――燃え尽き症候群とは』サイエンス社、一八一〜一八七頁。

(4) ジョシュア・J・ボー、アリ・S・ラジャ／友納仁子訳［二〇二二］「過酷な現場に学ぶ6つの教訓――ボストン最大の病院はバーンアウトの危機をどう乗り越えたか」（『DIAMONDハーバードビジネスレビュー』第四六巻七号）(Baugh, J. J. and Raja, A. S. 2021, Six Lessons on Fighting Burnout from Boston's Biggest Hospital, *Harvard Business Review*, 99(1))。

(5) Bakker, A. B. and Demerouti, E.［2017］Job Demands-Resources Theory: Taking Stock and Looking Forward, *Journal of Occupational Health Psychology*, 22(3).

(6) Wrzesniewski, A. and Dutton, J. E.［2001］Crafting a Job: Revisioning Employees as Active Crafters of Their Work, *Academy of Management Review*, 26(2).

(7) 慶應義塾大学総合政策学部の島津明人研究室が、平成三〇年度厚生労働科学研究費補助金による研究成果物の一つとして「ジョブ・クラフティング研修プログラム実施マニュアル」を公開している。https://hp3.jp/wp-content/uploads/2019/09/14.pdf（二〇二四年四月二五日最終確認）。

(8) Deci, E. L.［1971］The Effects of Externally Mediated Rewards on Intrinsic Motivation, *Journal of Personality and Social Psychology*, 18(1).

(9) 現在、「MBIマニュアル」の最新は第四版。Mind Garden サイトから有償でダウンロードできる。https://www.mindgarden.com/maslach-burnout-inventory-mbi/685-mbi-manual.html（二〇二四年一一月七日最終確認）。

(10) ただし、日本版バーンアウト尺度の設問数は一七で、スケール数は五段階である。また、質問の文言は医療従事者向けになっている。久保真人［二〇〇四］二一四〜二一五頁。
(11) 久保真人［二〇〇四］二六〜二九頁。
(12) 久保真人［二〇〇四］二六頁。
(13) 久保真人［二〇〇四］二八頁。
(14) 久保真人［二〇二一］「バーンアウト――使命感の喪失が引き起こす病」（『DIAMONDハーバードビジネスレビュー』第四六巻七号）三八頁。
(15) 労働安全衛生法改正にともない、二〇一五年四月より、労働者が五〇人以上いる事業所・企業は年に一回、全従業員を対象としたストレスチェックを行うことが義務化された。
(16) 「職場環境へのポジティブアプローチ」（二〇一九年三月発行）https://hp3.jp/wp-content/uploads/2019/06/02.1.pdf（二〇二四年四月二五日最終確認）。
(17) 平成二一〜二三年度厚生労働科研費「労働者のメンタルヘルス不調の第一次予防の浸透手法に関する調査研究」の研究成果。主任研究者は川上憲人。
(18) アーノルド・B・バッカー、マイケル・P・ライター編／島津明人総監訳［二〇一四］『ワーク・エンゲイジメント――基礎理論と研究のためのハンドブック』星和書店（Bakker, A. B. and Leiter, M. P. (eds.) 2010, *Work Engagement: A Handbook of Essential Theory and Research*. Hove: Psychology press）。
(19) 岩崎明夫［二〇二三］「ワーク・エンゲイジメントとポジティブメンタルヘルス」（『産業保健21』第一一二号）。

第Ⅱ部のまとめ

1　孤立させず、働きがいをつくれ

古典的な経営管理理論は第5章で紹介したように、労働者が疎外の感覚を抱かずに済む方策について、欲求分類についての学説を取り入れた研究をおこない、働く意欲を高めるモチベーション（動機づけ）の仕組みを解明してきた。マズローの欲求段階説でいうところの自己実現欲求の概念を取り入れたマグレガーのX理論・Y理論、アージリスの未成熟―成熟理論などがその代表格である。これらの研究は、ホスピタリティ産業に向けた示唆も少なからず含んでいるが、ホスピタリティ産業に適用して考える際には、ホックシールドがいう感情労働の従事者が多くを占めるという業界事情を加味したほうがよい。

具体的に、ホスピタリティ業界の働きがいとは、出世や報酬の拡大といった合理性だけでは割り切れないものである。未成熟―成熟理論はまさに従業員を合理的集団とみなさず、職務拡大の方策を提示し、そのためのリーダーシップのあり方を提唱した一方で、職務満足と職務不満の規定要因を明らかにしたハーズバーグの動機づけ―衛生理論は、従業員により大きな責任を与える権限委譲などを通じ、職務充実をはかるべきことを示唆した。

その上で、職場内で彼ら彼女らが孤立感を抱かずにすむように企業は配慮しながら、内発的な動機づけを促し、働きがいを生み出す施策を考案する必要がある。その際には、期待理論に基づきながら、外的報酬だけでなく、承認などの内的報酬を、いかに効果的に従業員に与えるべきかを考慮していくとよいだろう。

2　従業員には自己効力感が必要

ホスピタリティ業界では人そのものが経営資源の中核であり、ホスピタリティ従事者を抱える企業は、彼ら彼女らのためのマネジメントに、特に配慮しなければならない。従業員をカスタマーハラスメント（以下、カスハラ）から守ることも企業にとって大きな使命と認識する必要がある。カスハラ対策が急務であるのは、従業員の安全を守る必要性からだけではない。カスハラは第6章で説明した従業員の自己効力感（有能感）を奪い、最悪の場合にはバーンアウトへと追い込む危険性があるからである。

たしかに、顧客は従業員に対して、笑顔での礼や感謝状を送るなどにより、顧客側からの承認サインを送り、それが会社側から従業員への承認を補強することもある。しかし、それが行き過ぎて顧客側からの監督効果が生じれば、職場の統制機能を混乱させてしまう。

そうなると健全な目標管理制度も機能しなくなってしまう。もちろん目標管理の方法は、ホスピタリティ職の現場に即すべく改善余地はある。企業は目標管理にあたり、定量的指標による業績目標だけでなく、能力開発目標に対する達成度合いなどの定性的指標を取り入れていき、従業員の自己効力感をより高めるべきであろう。

3　「職務要求—職務資源モデル」の適用

接客従事者は、企業組織と顧客との間にある境界を連結するバウンダリースパナーである。そこには両者の板挟みなった従業員の葛藤のほか、常に業務上の役割との葛藤がある。他にも、第7章で説明した感情労働者の演技の問題をめぐって、現場で常に表層演技あるいは深層演技をしつづけなければならないという、なかば感情表出が強制されていることへの抵抗感が含まれる。従業員側はその心理的負担感に脱個人化することで対抗する。ただし、こうした表情統制には、感情の秘匿が職場内で公認されている医療職のような例もあることは忘れてはならない。

右記の二つの演技をうまく道具主義的に使いこなすこともその方策の一つだが、演技することに罪の意識を感じる従業員もおり、そのことが感情的不協和を引き起こす。このように脱個人化の失敗や、演技に対する罪悪感が積み重なることで、バーンアウトのリスクは高まっていく。

それでは、接客の最前線で組織のバッファーの役割を果たしている従業員を、企業はいかにサポートすべきか。そのことを考える際に、ぜひ念頭に置きたいのが、第8章で詳述した職務要求—職務資源モデルである。この職務要求—職務資源モデルは、職務資源と職務要求、そしてモチベーションと職務成果との関係を全体構図として描くものである。まず前提として、古典的経営管理論では、高いモチベーションが高い職務成果を生むとされてきた。そこには内発的動機づけなどのプラス因子が考慮されていた。近年登場したジョブ・クラフティング理論では、より現代の仕事の性質に照らし合わせて、従業員が自己効力感を感じやすい物理的・認知的変化を与えることが想定されている。

なお、感情労働者をサポートする実務手法としては、ワーク・エンゲイジメント（WE）を高めるための活動の実践があげられる。WEの概念はバーンアウトの対極に位置づけられ、「楽しいから働く」状態を目指していくポジティブアプローチを採る。ＷＥはマニュアル等も整備されており、感情労働の現場に導入する意義は大きい。

それらの導入によって働きがいを得た従業員によって、最前線の接客がおこなわれることが望ましい。

いよいよ第Ⅲ部では接客ストラテジーについてみていこう。

第Ⅲ部　接客ストラテジー

第9章　接客・顧客対応の経営学

1　サービス経営学的な顧客対応の考え方

サービスマネジメント論を含む経営学ではこれまで、接客時の対話スキルについての議論はあまり展開されてこなかった。学術研究の対象というより、現場のノウハウに近いとみなされていたからであろう。しかし、サービスの最前線にいるのは接客担当者なのであり、彼ら彼女らが参照できる理論がほとんどないままでは困る。そこで本章およびそれにつづく章では、単なる成功物語や、伝説的エピソードではなく、現場の接客・顧客対応の担当者の腹に落ちるようなロジックにもとづく方法論を紹介していきたい。

ここでは、「礼儀正しさ、丁寧さ」といった接遇上の態度的側面と、「配慮や気づかい」といった具体的なサービス活動に直結する接遇上の技能的側面について、従来のサービス経営学がどう捉えてきたか解説しよう。

（1）　サービス変数――態度的側面

礼儀正しさ、丁寧さは、サービスの提供場面のほとんどの時点に求められる。この点について、フルサービス・キャリア（FSC）の航空便に搭乗する場面を想像してみよう。通常、一つのサービス商品は、コアサービス単独の魅力ではなく、サービスの特性や品質を知るための手がかり（ＫＥＹ）を、サブサービスの中に複数用意することで、コアサービスそのものの魅力が引き立つよう組み合わされている。これを「サービスパッケージ」と呼ぶ。

エアラインサービスの場合、ファーストクラスなど明らかにクラスの高い料金を支払っている場面を想定するとわかりやすい。具体的には、ある地点から目的地へと就航するまでの過程において、コアサービスとしての「飛行中のサービス」があり、サブサービスとしての「搭乗前後のサービス（チェックインやラウンジでの待機時間）」もそれを支えるように組み合わされている。ファーストクラスではエコノミーに比べて明らかにシートが豪華に、そして広くなっているし、搭乗に至る流れも優先搭乗などの形で待ち時間が少なくて済むように優遇される。そして、これら一連の過程においては、いずれにも礼儀正しさや丁寧さが含まれており、サブサービスだからと気を抜くとサービス商品全体の満足度を下げてしまうことも珍しくない。

この「礼儀正しさ、丁寧さ」といった接遇上の態度的側面は、常に一定の品質に整えておかないと、顧客側は商品全体を通じてもてなされている認識を持てなくなってしまう。ファーストクラスのシートに座っているときだけ丁寧に接せられた場合は、顧客の高い満足感は就航中だけのものになるかもしれないが、就航前と就航後に至るまで、つまり航空会社とのリアルな接点がつづく限り、安定した礼儀正しさ、丁寧さで顧客に対応することが望ましい。

サービス経営学では、このような接遇上の態度的側面を、サービスの品質やサービスから得られる満足感を規定する「変数」として捉えている[1]。つまり、コアサービスやサブサービスそのものではないが、それらのサービス過程において、同じ雰囲気や一貫した体験として演出する際に、態度的側面は重要な役割を果たすのである。

（2）サービスの要素――技能的側面

ファーストクラスのあるゾーンでは、客室乗務員による配慮や気づかいは頻度的にも、一人ひとりの顧客にかける時間的にも、明らかに高いレベルに設定されている。航空会社によってはファーストクラスに限り、ワインなどのアルコール提供の頻度に回数制限がなかったり、就寝時にはフルフラットシートのベッドメイキングを客室乗務員が行ってくれたりする。その間、一貫して客室乗務員は顧客のレスポンスを気にかけており、ワインが得意でない顧客におかわりを勧めることはないし、デスクでPCをひろげて仕事をしている顧客にはベッドメイキングの代わりに、コーヒーを入れてくれたりする。つまり、配慮や気遣い自体がサブサービスの一部なのである。

サービス経営学では、このような接遇上の技術的側面を、サービスの要素の一つとして捉えている。とりわけ、ファーストクラスにおけるそれのように、コアサービスそのものの価値をより高めるようなサブサービスを、「強化型（enhancing）サービス」[2]として捉える。つまり、ファーストクラスの顧客は、客室乗務員による接遇上の技能的側面に属するサブサービスを提供されることで、ファーストクラスを選んだことから得られる快適感や、丁寧に接遇されることからくる充足感を、より強化された形で実感しやすくなるということである。

右記で説明したように、コアサービスを支えるサブサービスの中には、コアサービスの価値を高める働きを持つ強化型サービスがある。さらに、サブサービスには「促進型（facilitating）サービス」[3]としての要素を備えるものがあり、この二つはサブサービスの中でも「サポートサービス」として分類される。

これらのうちの促進型サービスは、ファーストクラスの例であれば、チェックインや搭乗時における優先搭乗の仕組みや、ラウンジの提供などが該当する。つまり、ファーストクラスとしてのサービス商品にとって不可欠な要素として認識されるコアサービスと必ずセットになるサポートサービスが、促進型サービスということである。

(3)「サービスが良い」とはどういうことか

我々が日常的に「サービスが良い」といったときに、どのレベルで評価しているのだろうか。既に本節で紹介した態度変数、強化型サービスそして促進型サービスといった用語を使いつつ、確認してみよう。

具体的に、ホスピタリティ産業の代表格であるホテルにおけるサービスの良さとはどのようなものであろうか。我々はホテルに宿泊するときに、部屋の清潔さが保たれていたり、ルームサービスのコーヒーが美味しかったりすることを素直に喜ぶ気持ちを有している。これらは一般的には、サービス内容にかかわる事実にもとづく満足感であると捉えられがちである。清潔さや美味しさの感じ方には個人差はあるにせよ、指標さえ定めれば測定が可能であり、原価の計算もできるためコストパフォーマンスのような価値的把握も容易だからである。

ただし、厳密に我々はそのような事実を日常生活の中で正しく認識できるであろうか。実際には、部屋が清潔であるという認識のなかには、自分が部屋を見回してそう感じたという「事実らしい」情報だけに頼るのでなく、ホテルに入店する際に、外装デザインが優れていると感じていたり、フロントの応対が丁寧であったりといった、客室に入室する前に形成された印象に大いに影響されている可能性はないだろうか。なお、ここでフロント対応の丁寧さとは本節の用語でいう態度変数にあたる。

逆に、デザインが立派で見た目に新しいホテルでも、チェックイン時にフロントの対応がモタつくと、「従業員教育が行き届いていないのかも」とか「人手不足を放置しているのかも」などとマイナスの先入観を抱きかねない。そうなると、客室に入った途端、普段は気にならないはずの細かなホコリがないかなどとアラ探しに精を出してしまうかもしれない。これではホテル宿泊体験という全体評価まで下がってしまいかねない。なお、ここでフロント対応のモタつきは本節の用語でいう促進型サービスの質の低さを意味する。

また、リッツ・カールトンのようなラグジュアリークラスのシティホテルの場合だと、宿泊客にサプライズ感のある特別体験の提供を目指すことが多い。誕生日や記念日を祝うメッセージをカードに添えたり、普段は用意しない花束を届けたり、などといったことである。もちろん、ビジネス利用客の場合は、簡単な秘書的業務ならばコンシェル

表9-1　サービススケープと物的環境

業種	物的環境	
	サービススケープ	その他の有形物
病院	建物の外観 駐車場 案内サイン（館内のピクトグラム等） 患者待合室 受付および事務室 （緩和ケアのための）患者ケアルーム 医療機器 （手術後の安静のための）リカバリー室	ユニフォーム 書類／文房具（病院ロゴ入り） 請求書類 ウェブサイト
エアライン	空港ゲートエリア 飛行機の外観 飛行機の内装（装飾、シート、空調の質） 自動チェックイン機 保安検査場	チケット 機内食 ユニフォーム ウェブサイト

出所：Zeithaml V.A. et al.［2017］p.316より抜粋して作成。

ジュが買って出ることもある。たとえば、宿泊中にそのビジネス利用客が会食する先を探していれば、予約を代行したり、商談先へ移動するためのレンタカーやハイヤーを手配したりすることもある。このような「例外的対応」は、一部のラグジュアリークラスのシティホテルでは、宿泊サービスのなかの一要素として扱われている。なお、これら例外的対応がスマートにこなせるホテルは本節の用語でいう強化型サービスの質が高いことを意味する。

(4)　サービススケープによるイメージ管理

前項から引き続き、サービスの質の高さの議論を進めよう。ホテルで提供されたコーヒーが「美味しい」という認識は、本来は主観的なものであるが、環境条件が加味されて味覚を高めることはある。「雰囲気を味わう」という表現があるように、味は純粋な味覚だけを頼りに形成されるとは限らない。サービス経営学では、こうした環境からの影響によって高められるサービス体験を「サービススケープ（servicescape）[4]」と呼ぶ。

サービススケープは表9-1のように、直接的にサービス提供時の設備となるほか、その他の有形物と組み合わせた環境全体でその事業体が提供するサービスのイメージを形成することに貢献する。

イメージ管理に際しては、病院や空港に訪れた際に、まず目に飛び込んでくる外観から顧客が得るであろう先入観を最大限に利用する。入口をくぐり、さまざまな内装を目にしながら、そこで提供されるサービス体験イメージを顧客なりに形成することを促進するのである。その意味では、サービススケープは物的環境という無機物でありながら、人的なサービス提供者と同様に、物的環境それ自体が強化型サービスの担い手であるといえるものである。一方で、表の右側にあるその他の有形物には、サービスを担うほどの機能はない。とはいえ、ホテルの客室に備え付けられた便箋一つにもこだわりが感じられれば、宿泊体験がより豊かなものになるだろう。つまり、物的要素の細部にまで行き届いた一貫したイメージ管理がなされていれば、顧客体験の質が高まることは間違いないはずである。

環境を整えていくことでサービス体験の質が変化するならば、企業はサービススケープ的な考え方を実際のサービス商品の中に意図的に導入すべきということになる。

このように、現実的に顧客によって発せられる「サービスが良い」という言葉は、あらゆる場面、レベルに対していわれるものである。サービスとはまさに、総合的なパッケージだからである。

サービスを整備するホスピタリティ事業者の側としては、態度変数を高く維持することを目指す必要があるし、サービススケープを自社のサービスにとって都合の良い形に整備することも有効である。もちろん、サービス商品のパッケージそのものも、二つのサポートサービスである強化型サービス、促進型サービスを、コアサービスと組み合わせた全体との整合性を意識しながら構築していくことが求められよう。

ここまでの議論は、サービス経営学の中では、「有形要素」と「無形要素」の結びつきとして整理されている。つまり、エアライン業界では、コアサービスである地点間移動の快適性（無形要素）を、ファーストクラスのシートの広さや見た目の質感の良さ（有形要素）によって支える。これにより、移動する間、自分がファーストクラスという上質なサービスを体験していると実感しつづけることができるわけである。

2　クレーム時の顧客心理

サービスの初期段階で顧客が目にする接客態度は、サービス提供時における提供者と顧客との相対し方を決める判断材料となっている。サービス経営用語でいえば、サービススタッフと顧客とが出会う最初の接点である「サービス・エンカウンター」においては、顧客がどのような心構えでサービス提供者と相対すればよいか、サービススケープから得られる情報を用いながら探っているのである。接客態度はこうした情報の一つとして作用する。たとえば、初めて入ったバーで、正装したマスターに丁寧な態度で迎え入れられればオーセンティックなバーとして理解できるし、ラフな格好のマスターにフレンドリーな態度で迎え入れられれば、カジュアルな雰囲気のバーと理解できる。

それでは、サービス・エンカウンター以降につづく、接客サービス提供時の接客態度は顧客にどのような作用を与えるだろうか。ここでは、コールセンターのクレーム対応を例に、接客態度が顧客にどう作用するか見ていこう。

誰かが何らかのトラブルに見舞われ、必要に迫られる形で、自らが利用する製品やサービスを販売した会社のコールセンターに、クレームをつけるために電話している場面を想起してみよう。

コールセンターへのクレーム電話がつながる前の段階で、相手に対してどのような態度に出るかを決めている場合もあるかもしれない。忙しいときに必要な機能が使えなくなった怒りに震え、コールセンター担当者に強く出ようと決めている人もいるだろう。しかし、実際に怒りながら電話しても、それでトラブルが解決に向かうわけではない。

トラブル対応というのは、一種のソリューションであるから、企業と顧客との「共同生産」によって、発生した課題に団結して向き合ったほうがトラブルは早く解決する。企業側が率先してこうした協働体制、すなわち関係性モードに持ち込むには、顧客側にまずは冷静になってもらわなければならない。

とはいえ、クレームを言う顧客の側は、相手が少しでも真剣に問題に対処するよう、あるいは自分に有利な条件を引き出せるよう、声高になる傾向が強い。これは、商取引を少しでも有利に進めたい商人が強気に出る取引モードの心理と似ている。つまり、企業と顧客の間合いの取り方について、あらかじめ了解を求めることはできない。電話の初動対応によって、顧客の情報を吸収しながら、その対応時の礼儀正しさ、丁寧さにより、少しずつ相手の態度を軟化させていくしかないのである。電話応対が進むに連れ、担当者との会話において、繰り返し正しい敬語が使われているかとか、心遣いを感じさせる言葉が要所に含まれているかなどを通じ、だんだんと顧客の側は、今後のサービスがどう展開していき、自分がどう振る舞うことで解決策が得られるのかを予想できるわけである。つまり、ここで礼儀正しさ、丁寧さというのは、「安心」のシグナルとして作用しているわけである。

このシグナルは、コールセンターなど電話応対に顧客接点が限定されたサービス業務の場合、とくに重要となる。顧客側には音声情報以外の視覚的情報がほとんどない。サービススケープの情報が声に絞られている状態である。

それゆえ、会話の初期において、「礼儀正しく、丁寧な」印象を与えることができれば、怒りに支配された取引モード的な顧客を、電話対応者の協力を得て解決しようという関係性モード的な顧客へと徐々に誘導できる。その逆に、担当者が礼儀や丁寧さに欠けている場合、顧客にシグナルがうまく伝わらず、取引モードから関係性モードへのシフトがなかなか進まないかもしれない。コールセンターを利用する場面というのは、その企業の製品やサービスを使う上で、なんらかのトラブルが顧客のもとに起こっている。いつもは使えていた機能を顧客が実現できなくなっている状態である。顧客の側は少しでも早くその製品やサービスの機能を復旧させたいと思っているはずであろう。ここでトラブルの原因が、企業側のサーバダウンなど、顧客に関係なく起こっているならば顧客の姿勢は問題にならないが、そうではなく、顧客の側の製品・サービスの使い方、あるいは顧客それぞれの使用環境の状態によってトラブルが引き起こされているならば、顧客からの情報が適切に企業側にもたらされないことには解決しようがない。

だからこそ、トラブル対応の初動段階で、顧客からの協力関係を引き出すような間合いに誘導していかねばならないのであるが、そもそも礼儀正しさと丁寧さだけで顧客との関係性を進化させることは困難である。そこで、第Ⅲ部は言語学の理論からヒントを得て、この困難さに挑むことを目指す。

3　苦情対応の基本的行動原則

次章で本格的に言語学の理論の解説に入る前に、サービス経営学が顧客からの協力関係を引き出すために、具体的にはどのような手法・考え方を提起してきたか見ておこう。前述したように、礼儀正しく、丁寧な対応を心がけることとは顧客対応の必須条件ではあるが、とりわけ苦情対応のような場面において、そのような態度を顧客に見せる（聞かせる）だけで、顧客を共同生産モードに変えることは難しいはずである。

ここでは、ベルンド・スタウス（Stauss, B.）とウォルフガング・シーデル（Seidel, W.）の『苦情マネジメント大全』[5]の苦情取り扱いの基本的行動原則を五つの段階別に参照し、その要点のみ解説しておく。

■苦情取り扱いの基本的行動原則

①挨拶の段階

従業員が電話を受けた際は、声の調子を親切で感じよく、顧客がつづけて話をしたいと思わせるものにする。これにより、顧客による無作法な振る舞いを予防できる。

②攻撃を抑える段階

顧客に〈顧客視点による〉苦情を説明する機会を与える（怒りを放出させる）。顧客側が主観的にあらいざらい思いを告げる間、従業員は顧客の発話を遮らず、適切に相槌を打ちながら充分な傾聴姿勢を示すこと。顧客から得た事実情報を従業員が確認のために再度読み上げることで、顧客の課題を企業が受け止めているという態度を示せる。

ここで従業員は、顧客が不愉快な思いをしたことについての謝罪を表明すること（ここではその問題に対する企業責任を認めるということではなく、顧客にそのように感じさせてしまったという事実に対して企業を代表して詫びる）。

③問題確定の段階

右で得た事実情報に基づいた質問をつづけ、問題を正確に把握する。この対話は、話し合いにおいて起こり得るコンフリクトを回避し、従業員の顧客に対する共感を示すためにおこなう。ただし、その過程で従業員個人が企業側の落ち度を認めたり、他の部署・担当者に責任を転嫁したりしてはいけない。

④問題解決の段階

明確になった事実関係に基づいて、顧客の要求を修正し、従業員側が解決策を提案する。ここでは、①段階で顧客の主観が入り混じった状態で提示された要求が修正され、②と③の段階を経たことで、事実に基づく論理的な提案に置き換わっていることが望ましい。もしも問題の性質上、即時に解決できない場合、顧客にその理由を説明し、その後は進捗状況について適時報告する。

⑤終了の段階

顧客が企業からの提案を理解し、その提案を受け入れると表明すれば、話し合いは最終段階に入る。最後に、担当した従業員が、顧客の希望に沿う形で問題が解決したことについて満足していることを顧客に伝え、企業として今回の問題に引き続きどう対処していくかを表明することで、今回の苦情対応を区切りとする。

右のような顧客からの苦情申し出ケースのように、マイナス感情から出発している場合、それを前向きなプラス感情に補正していく上で、従業員の礼儀正しさと丁寧さを示しつづけることが重要である。なぜなら、顧客に対しての謝意が、情緒的に受け入れやすくなるからである。

しかし、それでも言葉遣いや声のトーンだけで、顧客との共同生産のための間合いを形成することは難しい。④にあった従業員が示した解決策がどのようなものであったかにも、最終的な苦情満足は左右されるであろう。

4　〈闘争〉的な接客

ここで紹介する話題は、これまで説明してきた「礼儀正しさ、丁寧さ」とは真逆に見えるサービスである。つまり、ときにサービス提供者がぶっきらぼうですらあり、往々にして愛想がなく、そのような近寄りがたい態度のままで、サービスが顧客に提供される業種である。しかし、そのような接遇上の態度でありながら、世の中からは高質のサービスと評価されているホスピタリティ業界における異端的な存在がある。それは日本の高級鮨店である。

とはいえ、誤解のないように最初に断っておくと、銀座にあるような高級鮨店は上記のような態度であっても、決して「配慮や気づかい」がないわけではない。つまり、鮨店の親方をはじめとした寿司職人は寿司を握るプロであるだけでなく、彼ら（人数は少ないが「彼女ら」も）が繰り出す接遇上の技術は、極めてしっかりしている。しかしながら、その接遇の舞台に顧客が入り込むには、かなり高い敷居を乗り越えなければならない。高級鮨店でのふるまいが理解できていなければ、鮨店で恥を書くだけでなく、本来提供されるべき得難い体験を味わうことはできない。

本節ではこのような従来の常識を覆す接客についてみていこう。

（1） 試される顧客

高級鮨店において見られる、緊張感をともなう中で提供されるサービスについて、山内裕［二〇一五］は「闘いとしてのサービス」と呼んでいる[6]。どういうことか。鮨店においては、寿司職人と顧客とが、鮨店のカウンターを挟んで対峙する。職人には圧倒的な寿司に関する知識があり、両者には情報の非対称性が存在する。カウンターにはメニューが置かれていないし、回転寿司店のような「本日のおすすめネタ」的な張り紙はない。そのような中で、顧客はとまどいを見せることなく、鮨店の作法に通じた、高級鮨店にふさわしい顧客としてのふるまいをすべく、果敢に職人に闘いを挑むのである。

一方、顧客が入店したその瞬間から最初の注文の第一声まで、職人はその顧客が高級鮨店のような独特の注文スタイルを持つ業態に慣れた玄人的な顧客であるか、あるいは鮨店に通った経験がほとんどない素人的な顧客なのかを見定める。山内はこれを「客を試す」過程として捉えている[7]。その過程で、玄人的な顧客だとわかれば、職人の側にもさらなる緊張感が走る。いわば「通」の顧客に満足してもらえるような、より高いレベルのサービスを提供しようと意気込むわけである。

仮に、どの顧客にも入店時に丁寧にメニューの説明をしてしまえば、試す過程がなくなってしまうし、高級鮨店に慣れた顧客にとってはかえって煩わしい。むしろ試す過程があるために、寿司職人の側がその顧客の属性、すなわち「通」であるか否か、という情報を得ることができるのである。ここで「試されている」と言うと、不快感を抱く人もいるかもしれない。しかし、いったんこの壁を乗り越えれば、敷居が高かったがために、かえってその闘いのリングに上れた自分自身に自信が湧いてくるものである。

（2）〈格〉の高い店はおもねらない

ところで、現代のサービス経営学では、サービスは「顧客と共創されるもの[8]」という認識が形成されている。高い知識、ノウハウを持つ顧客と共同生産されるサービスの質が、そうでない共同生産に比べて高まるのは当然のことである。また、ネット書店や動画共有サイトにおけるレコメンデーション（おすすめシステム）が、顧客情報を吸収すればするほど、その顧客に合った本や動画を勧めてくれるように、共創をおこなうための関係性は、相手に情報を与えることで進化する。そう理解すれば、「客を試す」という行為は、失礼なものでもなんでもない。

翻って、鮨店におけるサービスの場合にもまったく同じことが言える。白身魚から注文する顧客には、徐々に味の濃い魚を提供しながら、微妙な味覚の変化を楽しませることができるし、ネタに合わせて、酒の種類を変えて注文してくる顧客には、その酒に適した流れでネタを組み合わせることもできる。場合によっては、めったに入荷しない珍しい（食べる人を選ぶような）食材を、この顧客なら味わってくれるだろうと勧めてくるかもしれない。

このように、職人と顧客との真剣勝負があるからこそ、高級鮨店での飲食のひとときが得難い体験として認識されるのである。真剣勝負なのだから、愛想笑いも、丁寧すぎる接客態度も必要ない。あまりに礼儀正しい店は、慇懃無礼な印象を与えてしまうリスクさえある。むしろ、顧客を試すことなく、媚びやおもねりを含む態度を、すべての顧客に見せるような店では、顧客側が関門を乗り越える喜びもなくなってしまう。敷居の低さは、ステータスの低さを暗示する。一見すると礼儀正しく、誰に対しても丁寧な店だと、敷居の低さを強調してしまうのである。だからこそ、高級鮨店には近寄りがたさがある。そして、このことが〈格の高さ〉を維持する秘訣になっているのである。

（3）すきやばし次郎の接客

『二郎は鮨の夢を見る』（二〇一一年）という、東京・銀座の有名鮨店「すきやばし次郎」の創業者の寿司職人としての生き様を追ったアメリカのドキュメンタリー映画がある。撮影当時、創業者の小野二郎氏は八七歳。未だ現役で板場に立つだけでなく、技も磨きつづけている。この映画では、寿司の夢を見るくらいに己の技を極める、寿司職人のストイックな姿勢が描かれている。彼は寿司の神様とも称され、ミシュラン史上最高齢の三つ星シェフである。これはギネス最高記録にもなった。彼の名声は、二〇一四年に当時の安倍晋三首相とオバマ米国大統領が彼の店で会食したことで、一般に広く知られるところとなった。

ところで、右記の映画では、小野二郎氏による寿司提供の様子がカメラに収められており、その仕事ぶりを見ることができる。入店すれば、最低でも三万円は覚悟しなければならない鮨店であり、予約も常に埋まっており、なかなか入店することは難しい。ここでは、すきやばし次郎で小野二郎氏の握った寿司を擬似的に味わうべく、映画のワンシーンにある寿司提供の流れを紹介しよう。

映画の語り部[9]によれば、彼の寿司提供スタイルは、左記の三つの楽章に分かれているという。

第一楽章――ひらめ、スミイカ、アジ、まぐろ赤身、中トロ、大トロ、こはだ、などのクラシックな寿司

第二楽章――はまぐり、シマアジ、車海老、さより、たこ、サバ、ウニ、小柱（アオヤギの貝柱）、いくら、穴子、干瓢巻き、卵焼き、などのその日にとれたネタ中心の寿司

第三楽章――季節の果物などの（西洋料理でいう）デザート

同映画では、この寿司提供風景をピアノコンツェルトの調べにのせてみせてくれる。順に解説を加えていこう。

第一楽章は、定番的な「序奏」部分である。クラシックな寿司を用い、すきやばし次郎ならではの仕事ぶりを味わうところである。握りを提供する最中、小野二郎氏はほとんど顧客に話しかけることはないが、カウンターに座った

顧客のことをよく観察し、小柄な女性客には握りの米の量を少なくし、最後まで寿司を楽しめるよう配慮するなど、細かな接遇上の技術を施している。

第二楽章は、築地市場でその日に小野二郎氏が見定めたネタで構成される、「即興」部分である。生で提供されるネタもあれば、江戸前鮨としての仕事が加えられたネタもあるし、途中には干瓢巻き、卵焼きなど基本ネタも織り交ぜられる。それらが小気味よく提供されることで、食事に起伏を持たせている。ここでは寿司職人が握りのテクニックにおいて一流というだけでなく、目利きとしても一流であることを顧客に思い知らせることができ、演奏でいえば、最も盛り上がるクライマックス部分である。

第三楽章は、「終奏」である。ここで果物などが提供される。これは西洋のコース料理でいうデザートであるが、寿司そのものの提供部分ではないため、寿司職人にとっても、顧客にとっても、しばし緊張がほぐれる瞬間となる。それまで板場に立つ職人と顧客の間に、世間話が入り込むことはなくとも、この終奏部分では、提供されたネタについて語る余裕が生まれる。映画中でも、小野二郎氏と顧客とが談笑するシーンがある。ここまでの臨戦モードを解き、味わった握りの記憶を振り返る束の間のひとときといえよう。

右が、闘いとしてのサービスの具体例である。

本章では、接遇上の優れて丁寧な態度がサービスの変数となる様から説明をしてきた。多くのホスピタリティ業界において、礼儀正しく、丁寧であることは必須であることは疑いを挟み込む余地はない。しかし、その一方で、本節で見たような〈愛敬を振りまかない〉接遇を顧客に施すことをよしとする例もある。しかも、それでいて高級鮨店における接遇上の技能は一流であることは間違いないといえるのである。

このように、接遇上の態度的側面と、技能的側面は独立しており、サービスが良いと一口にいっても、その良さのバリエーションは多彩である。接客サービスとは、かように奥深いものなのである。

注

（1）近藤隆雄［一九九九］『サービス・マーケティング――サービス商品の開発と顧客価値の創造』生産性出版、八一～八四頁。

（2）クリストファー・ラブロック、ヨッヘン・ウィルツ／白井義男監修、武田玲子訳［二〇〇八］『ラブロック&ウィルツのサービス・マーケティング』ピアソン・エデュケーション（Lovelock, C. and Wirtz, J. 2007, *Service Marketing: People Technology, Strategy*, 6th Edition, Hoboken: Prentice Hall）訳書、八九頁。

（3）ラブロック、ウィルツ［二〇〇八］八九頁。

（4）Zeithaml, V. A., Bitner, M. J. and Gremler, D. D. [2017] *Services Marketing Integrating Customer Focus across the Film*, 5th Edition, New York: McGraw-Hill, pp. 311-343.

（5）ベルンド・スタウス、ウォルフガング・シーデル／近藤隆雄監訳［二〇〇八］『苦情マネジメント大全――苦情の受理から分析・活用までの体系』生産性出版（Stauss, B. and Seidel, W. 2004, *Complaint Management: The Heart of CRM*, Mason: Thomson South-Western Pub.）訳書、一一二～一一五頁。

（6）山内裕［二〇一五］『闘争としてのサービス――顧客インタラクションの研究』中央経済社、九三頁。

（7）山内裕［二〇一五］五二～五三頁。

（8）代表的な顧客共創に関する認識としては、ロバート・F・ラッシュとスティーブン・L・バーゴが提唱するサービス・ドミナント・ロジック（SDL）における、六つ目の基本的前提（FP6）にあげられている「価値は受益者を含むアクターによって常に共創される」など。ロバート・F・ラッシュ、スティーブン・L・バーゴ／井上崇通監訳、庄司真人・田口尚史訳［二〇一六］『サービス・ドミナント・ロジックの発想と応用』同文舘出版（Lusch, R. F. and Vargo, S. L. 2014, *Service-dominant logic: premises, perspective, possibilities*, Cambridge: Cambridge University Press）訳書、八〇～八四頁。

（9）語り部役は、料理評論家の山本益博氏。

第10章　顧客のフェイスを尊重するポライトネス理論

1　フェイスの概念

前章では、サービス経営における接客・顧客対応というテーマを、「礼儀正しさ、丁寧さ」という態度的側面と、「配慮や気づかい」という技能的側面に即して説明した。サービス提供にかかわる接客の仕事に求められているのも、外形的な礼儀正しさや丁寧さだけではなく、配慮や気づかいを顧客の内面的レベルにまで踏み込んでおこなうことであろう。そのためには顧客との対話は欠かせないはずだが、これまでのサービス経営学では対話に対するノウハウはほとんど提供されてこなかった。

前章の高級鮨店の例でみたように、ときには顧客を試すことも、音声や文字の形では明文化されない顧客属性を探るためには求められる。それができれば、サービス提供時の配慮や気づかいのレベルは高められる。しかし、配慮の行き届いたサービス提供と一口にいっても、いざ実践するとなるとなかなか難しい。

接客が高度なコミュニケーション行為である以上、顧客との対話のあり方について、もう少し深く知りたいと思われる読者も多いであろう。サービス経営学の既存理論に参照できるものがみられないとすれば、対話の科学である言語学をサービスやホスピタリティの実務に取り入れる意義は大きい。

ここでは、言語学の一分野である語用論的な対話分析の重要概念である「フェイス」について解説する。

(1) 語用論と社会言語学

読者の中には、本書はホスピタリティ産業という社会科学の対象を扱った本なのに、なぜ語用論のような人文学に属する言語学の理論を扱うのかと疑問に思った方もいたかもしれない。しかし、語用論は社会科学理論を大きく取り入れて研究されてきた分野なのである。ちなみに語用論は、社会言語学と呼ばれる研究領域の隣接分野である。

言語学というと、統語論、形態論、音韻論、音声学といった一般言語学を思い浮かべる人が多いが、社会言語学と語用論は、言葉を通してみた人間関係に注目する。その応用領域は広く、政治への応用（たとえば言語政策）や歴史学への応用（歴史語用論など）までみられる。

言語そのものを分析し、独自の体系性を持つ一般言語学分野と異なり、社会言語学や語用論は、社会の中で位置づけられた言語という分析視座を持つゆえに、社会科学的な側面が強い分野である。しかも、社会言語学や語用論としての独立したディシプリンを持たず、その理論の基礎的部分の多くは既存の社会科学（social science）の理論を拝借する形で成立している。とりわけ語用論が依拠しているのが社会学（sociology）発祥の理論である。[1]

たとえば、これから解説する「フェイス」の概念は、文字通り相手の顔を立てるという意味を持つもので、もともとは著名な社会学者で、第7章でも登場したアーヴィング・ゴッフマンの提唱した概念である。[2]ゴッフマンの理論は文化人類学や言語学に応用されたが、それだけでなく、社会的相互作用論など、経営学の組織論に取り入れられているものも多い。そしてゴッフマンに限らず、組織論の多くの理論は社会学から取り入れられている。

このように、社会学の理論を取り入れるのは、社会という外的条件を意識する語用論にとってはごく自然なことである。ホスピタリティ産業を扱うサービス経営学も組織論の一部を応用して成立している以上、社会学との縁が深く、語用論とも遠縁の関係にあるといえるのである。

（2） ゴッフマンの「フェイス」概念

ここからは、言語学を「接客ストラテジー」に応用する際のキー概念となる「フェイス」について解説していこう。ホスピタリティ産業において、対話を用いてサービスを向上させるヒントになる概念である。

ゴッフマンが提唱したフェイス概念は、面目や体面、あるいは面子（メンツ）とも訳される。このフェイス概念は、日常的に使われる一般用語としてのメンツとほぼ同じ意味である。念のためゴッフマンの定義[3]を確認すれば、フェイス概念は左記の通りである。

■フェイス

ある人が思い描く、自分自身の社会的価値や自己イメージについての感じ方であり、さらにはその価値やイメージは、他人とのやりとりによって、高められたり、保たれたり、場合によっては毀損するもの

「ある人が思い描く」となっているように、誰もが自身の心に抱く自画像を持っている。それらは「社会的価値」と結びついており、その人なりの地位や名誉といった単なる外形以上の像をはらんでいる。しかし、誰かの失礼かつ不用意な言動がその人のプライドを傷つけるように、「他人とのやりとり」次第では、ある人の自画像はすぐに脅かされる。別の言い方をすれば、フェイスは侵害されやすい。我々は通常、誰かのフェイスを損なうような言動やふるまいは避けたいものであるが、人間関係上、あるいは社会的要請により、どうしても言わなければならない場面というのはあるものである。この相手のフェイスを侵害する行為のことを、後述するポライトネス理論では「フェイス威嚇

行為（FTA：face-threatening act）」と呼ぶ。この威嚇行為を、なるべく相手のフェイスに配慮した形でおこなうことが、日常的な対話においても、接客場面においても求められる。これら「他人とのやりとり」が関わる活動や行動には、言語を用いた方略（ストラテジー）を応用する余地があるわけである。

2　ポライトネスとは

語用論の研究に用いられるポライトネス（politeness）という概念がある。politeness の辞書的な意味は、「礼儀正しさ、丁寧さ」であるが、言語学においてのポライトネス概念は、端的にいえば、礼儀正しさや丁寧さを含めた「配慮や気づかい」のことである。つまり、この言語学的ポライトネス概念は、単に発話態度が礼儀正しいとか丁寧であるといった態度的な側面にとどまらず、技能的な要素を意識しようとする点に特色がある。つまり、ポライトネス理論にもとづくストラテジーは、話者が相手の心理や欲求を意識することで、相手に配慮した対話を行おうとする言語ストラテジーとして構築されているのである。そのため、ポライトネスに基づくストラテジーを身につければ、サービスの要素としての接遇上の技能が向上すると考えられる。

ポライトネスという概念の古典として位置づけられているのが、ペネロピ・ブラウン（Brown, P.）とスティーヴン・C・レヴィンソン（Levinson, S.C.）によって提唱[4]されたポライトネス理論である。彼女らはその理論構築にあたり、ゴッフマンのフェイス概念を発展させることで、言語方略の中に取り込んでいる。ここではポライトネスとフェイスとの関連性を説明していく。

（1）フェイスの防御欲求

ポライトネス理論では、ある人のフェイスを脅かす行為を想定することで、その概念を精緻化することを狙っている。[5] 具体的には、相手との対立や相手への侮辱は、フェイスを毀損することを意味している。当然ながら、そのようなフェイス威嚇行為（ＦＴＡ）への対抗として、相手側にはフェイスを防御したいという欲求が起こり得ることが想定できる。つまり、前述したＦＴＡそのものに着目することはもちろん、そのＦＴＡ対応として、威嚇行為を是正したり、フェイス毀損を緩和したりする方略を想定していくことは対人関係において有効である。

こうした言語学的なストラテジーを、サービス提供場面に置きかえるならば、接客対応や苦情対応において、相手と対立したり、侮辱したりするようなことは避けなければならないという極めて常識的な示唆が得られることになる。しかし、ブラウン&レヴィンソンのポライトネス理論は、フェイスを防御するために、ＦＴＡそのものを避けるべきとは考えていない。それは一つの選択肢であるが、むしろＦＴＡすることを踏まえた選択肢をストラテジーとして考慮するものとなっているのである。

（2）フェイス・リスクの軽減策

言葉を発することとは、すなわちフェイスを脅かすことでもある。よって、ＦＴＡすれば、当然ながら相手のフェイスを脅威にさらす可能性が高まるが、それはもちろん相手と対立することを目指すわけではまったくない。そこで、「相手の顔を立てる」ことを担保する「フェイス補償」を用意した上でＦＴＡするのである（もちろん、後述する通り、あえて用意しないままＦＴＡすることも選択肢の一つである）。

この補償行為（redressive action）は、「フェイス・リスクの軽減策」と言い換えても良い。フェイス・リスクというのは文字通り、相手の面目が脅威にさらされるリスクのことである。現実のコミュニケーション場面においては、上下の立場的な違いを超えて、誰かが意見しなければならない場面はいつでも起こり得る。たとえば企業において、自分の上司の威信を失墜させたくなくても、客先で間違った発言があれば、部下は会社の一員として正さなければならない。病院において、その分野の権威とされる医師が下した診断であっても、誤診の疑いに気づいた同僚医師や看護師は、指摘しないわけにはいかないだろう。

これらの発話タイミングにおいて、フェイス補償を含めた発話、すなわちフェイス・リスクの軽減策をとった場合、代表的には「差し支えなければ〜していただけますでしょうか」のような口語表現を用いて、相手への敬意がまず頭に出る話法をとることがよくおこなわれる。「おっしゃるとおりです」や「本当にそうですね」などと同意する表現を頭に置いた上で、相手のフェイスの損傷を和らげてから、本題を告げるといった方法も広くおこなわれている。いずれも、フェイス・リスクの軽減につながる補償的な話法である。

こうした言語ストラテジーを駆使して、社会的相互作用を促進するのが、ブラウン&レヴィンソンのポライトネス・ストラテジーの狙いである。

(3) ホスピタリティ産業への応用可能性

前項までの議論をホスピタリティ産業の実務場面に置き換えて考えてみよう。たとえば、リッツ・カールトンのような顧客満足度の常に高いホテルというのは、顧客のフェイス毀損をやみくもに恐れるだけでは、あれだけの感動を伴う宿泊体験を提供できない。おそらく、リッツのようなホテルでは、FTAに対する補償をしっかり用意したうえで、顧客のフェイスに対応するための企業努力を(社員研修などを通じて)おこなっているのではないだろうか。

なお、FTAおよびポライトネス理論をサービスに取り入れることが役立つのは、顧客との対面時間の長い接客サービス従事者(たとえば、芸舞妓、カウンセラー)や、コールセンターのように、時には長時間、顧客と対話しなければならないスタッフなどが考えられる。とはいえ、現実の芸舞妓やカウンセラー、コールセンタースタッフがポライトネス理論を取り入れた研修などをおこなっているわけではない。芸舞妓の接客スキルは現場でＯＪＴ的に養われるとともに、同居している置屋の経営者からの直接的指導[6]によって養われる。

また、コールセンタースタッフに対しては、プロトコールなどと呼ばれる対話フローチャートが用意されていることが多く、あとは経験によって対話スキルを身に着けていく傾向が強い。いずれにしても、接客スキルは現場に出て身につけるべきものだという意識がサービス業には強いし、ましてや語用論が研修に取り入れられることは、医療・介護の分野、特に看護領域での適用実践などの例外[7]を除き、ほとんどないであろう。

しかし、ほんの初歩だけでも、接客従事者がポライトネス・ストラテジーを知っておけば、顧客対応はずっと楽なものになる。サービスを管理する立場にあるマネージャーの方には、本章で紹介する背景理論についても理解いただき、顧客のフェイスを守って、接客を巧みに展開するためのヒントを得ていただきたい。

3　「親近欲求」と「不可侵欲求」

ポライトネス理論の提唱者であるブラウン&レヴィンソンは、フェイス概念を語用論に応用する上で、フェイスを「ポジティブフェイス（positive face）」と「ネガティブフェイス（negative face）」の二つの面に区分しているので以下で説明していこう。それぞれのフェイスは、「親近欲求」と「不可侵欲求」という二種類の社会的欲求に結びつく。

なお、フェイスの補償行為は、このポジティブフェイスとネガティブフェイスのうち、どちらの面に重きを置くかによって変わる。すなわち、フェイス・リスクの軽減策としての補償行為がポジティブフェイスに向けられる（ポジティブポライトネス）か、ネガティブフェイスに向けられる（ネガティブポライトネス）かの違いとなって現れる。

・ポジティブフェイス――人に好印象を与え、人から認められたい欲求（親近欲求）
・ネガティブフェイス――互いの自由を尊重し、自らの行為も妨げられたくないという欲求（不可侵欲求）

ブラウン&レヴィンソンによれば、右記でポジティブフェイスが生み出す「人に好印象を与え、人から認められたい欲求」と、ネガティブフェイスが生み出す「互いの自由を尊重し、自らの行為も妨げられたくないという欲求」は、あらゆる文化に存在する普遍的フェイスであるという。前述したように、フェイスはいわゆるメンツである。メンツを保つということは、多くの文化圏の人々にとって大切な意味を持つように、親近欲求と不可侵欲求は、二種類の社会的欲求としてあらゆる社会に普遍的な形で存在するとみなせるものである。

ちなみに、この親近欲求と不可侵欲求は、ブラウン&レヴィンソンが提案した用語ではない。しかし、それぞれの欲求に対する長い説明文のままではわかりにくいので、先行研究(8)が提案した日本語訳を本書でも採用したものである。

それぞれの欲求について、もう少し説明しておこう。

ポジティブフェイスに照応する親近欲求とは、他人から理解されたり、称賛されたりすることを希求するもので、人間が社会生活を送るうえでは一般的な欲求である。いわゆる「表の顔」、「公的な顔」が持つ欲求である。

一方、ネガティブフェイスに照応する「不可侵欲求」は、他人に邪魔されず、一定の距離感を保つことを希求するもので、いわゆる「裏の顔」、「私的な顔」が持つ欲求である。

人間誰しも表と裏の顔があるが、陰陽を兼ね備えて、時と場合に応じて、いずれかの顔を表出させることで、うまく社会と折り合いをつけて生活している。しかも、この両面は、相反する欲求でもあり、ポジティブフェイスは積極的に相手に関わろうとする欲求（親近欲求）であるのに対し、ネガティブフェイスは相手との間に一定の距離感を保とうとする欲求（不可侵欲求）である。つまり、二つのフェイスは、常にどちらかが前面に表出され、もう一方は隠れている。よって、我々が対峙する相手が持つフェイスの両面に対応する必要はなく、どちらかに対応すればよいということになる。

4　フェイス・リスクを回避する方策

前述したように、言葉を発することとは、相手のフェイスを脅かすことである。我々が交わす対話のすべては、フェイス威嚇行為（FTA）なのである。その一方、我々は誰しも相手のフェイスを損ねることは好まないため、FTAする場合には、常に配慮としての方策が求められることになる。左記では、対話のなかでフェイス・リスクを避けるための方策について解説していく。

（1）　FTA方策のパターン

ブラウン&レヴィンソンは、FTA方策の選択のために、図10-1のようなフローを示すとともに、取りうる方策を五つのパターンに区分している。

図10-1中の①～⑤の番号は、相手のフェイスを侵害するリスクの大きさを示している。つまり、図の上方にある小さい数字の方策は、相手のフェイス侵害リスクが小さいと思えるときに選択すべき方策であり、図の下方にある大きい数字の方策ほど、相手のフェイス侵害リスクが大きいと思える際に選択すべき方策である。

ある話者がいざFTAをすると心に決めた場合、それを「明言する」か、明言せずに「④ほのめかす」かという二通りの対応にまず分岐する。そして、前者の明言するに決めた場合、「①フェイス補償行為なしであからさまに明言」するか、「フェイス補償行為とともに明言」するかに分かれる。

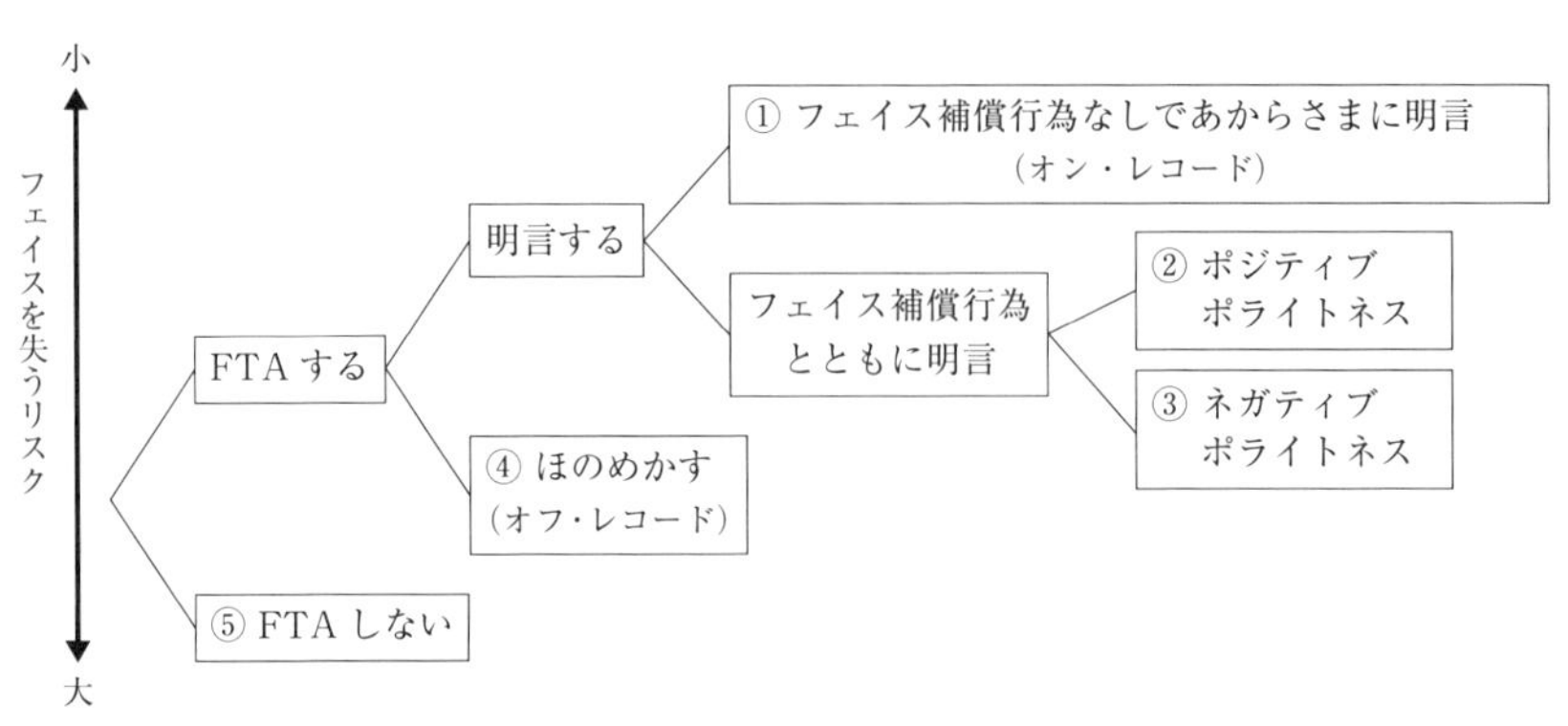

図10-1　FTA方策の5パターン

出所：Brown & Levinson［1987］（訳書）78頁から筆者作図。

次に、「フェイス補償行為とともに明言」を選んだ場合、さらなる分岐として、「②ポジティブポライトネス」をとるか、「③ネガティブポライトネス」をとるかに分岐する。

最後に、「⑤FTAしない」とは、何も発話しない、何も言わないことを意味する。あまりにリスクが大きい場合、そもそも何も言わずに、FTAから撤退するのも選択肢の一つとなるわけである。

(2)　オン・レコードとオフ・レコード

図10-1中の①に括弧書きされている「オン・レコード」とは、意図に沿って態度をはっきりと直接的に表現することである。また同じく、同図中の④に括弧書きされている「オフ・レコード」とは、意図に沿った態度を不明確にし、間接的な表現をすることである。

たとえば、話者が誰かに食べ物を施して欲しいと考えていたとする。そのとき話者が、「なにか食べさせて」と相手にそのまま言葉にして伝え、相手が文字通りの意味で理解できたなら、これはオン・レコードによって自分の意思を伝えていることになる。

また、話者が自分の意思をオン・レコードで直接的に示すことを躊躇した場合、「お腹が空いた」というように自分の感覚を誰かに伝えるだけの発話に留める場合がある。つまり、ほのめかしとしてのオフ・レコード発話である。この「お腹が空いた」は単に自己の感覚を表明しただけであり、意思の表明ではない。しかし、その感覚表明を聞いた相手が「ああ、食べ物が欲しいのだな」と了解でき、「じゃあ、今から食事にしよう」と話者に応えるなら、オフ・レコードによって自分の意思を伝えることに成功し、欲求も満たせたということになる。

オン・レコードは直接的にあからさまな形で意思を伝えるだけなので、とくに難しい発話ではないが、いつでもそうできるわけではないであろう。たとえば、両者が見合い中の初対面の男女であった場合、率直に「なにか食べさせて」といった直球の発話で欲求を伝えることは難しいかもしれない。

そして、欲求を満たすという点から見た場合に、オン・レコードの発話が必ずしも得策でない場合もある。見合いの中で、率直に自由奔放な発話を繰り返せば、短期的な欲求は満たせるかもしれない。しかし、見合いが破談になったら長期的な欲求は満たせていないわけで、これは本末転倒になる。もちろん、本当の自分を見てもらいたくてあえてそうする人もいるだろうが、それは自己満足にほかならない。自由な発話は、相手のフェイス侵害リスクが少ないという前提があってこそおこなうべきであろう。

これはサービス従事者と顧客の関係にあてはめて考えても同じことがいえる。つまり、オン・レコードによらないほうが、顧客のフェイスを守る上で望ましい接客場面は、実務上は決して少なくない。具体的には、接客中に顧客に何かを促すような発話をする必要がある場合、命令調にならないよう、そして相手のフェイスをどう守るかについて思いを巡らせながら、言葉を選ぶ必要がある。

(3)　顧客からのフェイス威嚇行為への対応

ここまでは、顧客のフェイスを守るという観点から、主にサービス従事者にとってのＦＴＡ方策として説明してきた。しかし、顧客の側がＦＴＡ方策を発動することももちろんある。

ここで注意しておきたいのは、意図せざる形でＦＴＡストラテジーを発動してしまう、面倒な顧客の存在である。彼らは言語方略としてＦＴＡを用いているわけではないだろうが、攻撃的な性格を持っていたり、議論好きあるいはその逆に口下手であったりするがゆえに、相手のフェイスを威嚇してくることがある。

近年では、インバウンド観光客によるショッピング、サービス利用などの形で、異なる文化圏に属する対話場面が増加しており、ここでは文化的な無理解が災いして、無意識のうちに相手のフェイスを威嚇してしまい、相手（主にサービス従事者）を傷つけてしまうことがある。

カスタマーハラスメントが問題となっているように、企業側が悪質なクレーマー対策を行うことは、自社のサービススタッフを守る意味でも重要になってきている。あらゆるホスピタリティ産業でカスハラは増加しており、例えば病院実務の現場でも、ペイシェント・ハラスメント（患者から医療スタッフへの言葉の暴力）が問題になっている。

サービス従事者がサービス提供中に、顧客の言動によって傷つけられる状態は放置できない。顧客がＦＴＡを意識的に用いていようがいまいが、サービス提供側から、適切な対話へと引き戻すことが必要になってくる。

なお、顧客側からのフェイス威嚇に類似した発話は、「脅かしをともなう苦情」として現れることが多い。端的な例が、「取引関係の解消をほのめかす」やり方である。

これは、図10-1の④の方策すなわちオフ・レコードの発話により、利用中のサービスの解約をほのめかすものである。実務的には単発的な取引よりも、長期的な取引において行われることが多い。また、その取引を失うことが、会社のダメージになるというより、サービス従事者のマイナスポイントになる場面で使われる。話者である顧客側は、サービス従事者の弱みにつけこみ、無理な要求を突きつけたり、不要な謝罪を迫ったりするわけである。オン・レコードによって相手に不当な要求をすれば、脅迫という犯罪になるため、ほのめかしが使われるわけである。

本来、サービスは共同生産であるため、相手からゼロサムで何かを引き出そうとすることはサービス原則に反している。長期的な視点から見れば、無理な要求をしてそれが通ったとしても、その顧客と企業との関係性が互酬的に進化しないならば、本当に価値のあるサービスを体験することはできない。そのような顧客は「さるかに合戦」の猿のように、一度だけは美味しい思いをするかもしれないが、長期的に果実を収穫することはできない。企業にとっても同じことがいえ、互酬的な関係性を築こうとしない顧客とのつきあいは利益を及ぼさないので、ビジネス関係の終了を告げ、取引をクロージングすることを積極的に考えてもよい。これをグッバイ・マネジメント(9)と呼ぶ。

ただし、こうしたＦＴＡ対応をすべて接客の最前線にいる従業員だけに任せるのは酷である。サービス提供行為は、会社として整備した一連のオペレーションの中に位置づけられる形で、サービスの最前線にいる従業員が接客を行っているに過ぎない。企業全体の取り組みとして、ＦＴＡ対応に乗り出すべきなのである。

注

（1）フェルディナン・ド・ソシュールによれば、言語を体系自体として研究する科学を内的言語学、歴史や地理などの外的条件との関係を考察する言語学を外的言語学と呼ぶ。後年生まれた社会言語学と語用論は外的言語学である。フェルディナン・ド・ソシュール／町田健訳［二〇一六］『ソシュール一般言語学講義』（新訳、研究社）(de Saussure, F. 1916, *Cours de linguistique générale*, Critical edition prepared by Tullio de Mauro, Paris: Payot) 訳書、四二～四五頁。

（2）アーヴィング・ゴッフマン／浅野敏夫訳［二〇〇二］『儀礼としての相互行為――対面行動の社会学』（新訳版、法政大学出版局）(Goffman, E. 1967, *Interaction Ritual: Essay on Face to Face Behavior*, Anchor Books, New York: Doubleday)。

（3）ゴッフマン［二〇〇二］五頁。

（4）ペネロピ・ブラウン、スティーヴン・C・レヴィンソン／田中典子監訳［二〇一一］『ポライトネス――言語使用における普遍現象』研究社（Brown, P. and Levinson, S. C. 1987, *Politeness: Some Universals in Language Use*, Cambridge: Cambridge University Press)。

（5）ブラウン、レヴィンソン［二〇一一］一七～一九頁。

（6）京都の花街において、舞妓がどのように育成されるかについては次の文献を参照。西尾久美子［二〇〇七］『京都花街の経営学』東洋経済新報社。

（7）船田千秋と菊内由貴らの研究グループは、患者とのコミュニケーションに優れたベテラン看護師の患者対応（対話内容）の事例を、ポライトネス理論を使って分析している。この事例を広く看護師が共有することで、看護師のコミュニケーション技術の向上を狙っている。船田千秋・菊内由貴編集［二〇一七］『エキスパートナースの実践をポライトネス理論で読み解く――看護技術としてのコミュニケーション』医学書院。

（8）吉岡泰夫・辛昭静［二〇一〇］「患者―医療者間コミュニケーション適切化のための医療ポライトネス・ストラテジー」（『社会言語科学』第一三巻一号）三五～四七頁。

（9）ベルンド・スタウス、ウォルフガング・シーデル／近藤隆雄監訳［二〇〇八］『苦情マネジメント大全――苦情の受理から分析・活用まで』生産性出版（Stauss, B. and Seidel, W. 2004, *Complaint Management: The Heart of CRM*, Mason: Thomson South-Western Pub.）訳書、一二三頁。

第11章　ポライトネス・ストラテジー

1　親近方略

本節と次節では、前章に引き続きポライトネス理論を応用し、実際の発話内容そのものもスキット（会話データ）として引用しながら解説していく。前章においては、フェイスを守ろうとする行為としての「フェイス補償」について解説した。フェイス補償とは「相手の顔を立てること」そのものである。対話の相手にはポジティブフェイスとネガティブフェイスがあり、それぞれに親近欲求と不可侵欲求とを内包している。補償行為をポジティブフェイスに向ける一五通りの方略が、「親近方略（ポジティブポライトネス・ストラテジー）」であり、補償行為をネガティブフェイスに向ける一〇通りの方略が「不可侵方略（ネガティブポライトネス・ストラテジー）」である。

なお、括弧書きで記した方略についてのストラテジー名の方が、理論の提唱者であるペネロピ・ブラウン＆スティーヴン・C・レヴィンソン(1)による正式な用語だが、それぞれのストラテジーの方略の意図をわかりやすく示した先行研究(2)にならって本書でも導入したものである。以降の本節と次節の記述では、それぞれのストラテジーについて、「親近方略」と「不可侵方略」と併記あるいは方略名のみで簡素化した形で記述していくことにする。

それではまず本節において親近方略についてみていこう。

スキット11-1　親近方略の例

【男性医師Sと80代男性患者Hの談話】

S　こちらで横になってお腹を見せてください。お家では、今の時期何してますか。
H　ああ、毎日農作業やってますが。
S　はい。今は農作業ってなんですか。
H　今はね、タバコの間引きやってるんです。
S　いつものところは痛くなったりしませんか。
H　なりません。
S　はい。ぴりぴりもしない？　こういうとこ、この辺り。
H　しないです。
S　自分でもおれは元気だと思ってない？　思ってるよね。
H　ハッハハハ。
S　これはたいしたもんだ。大正生まれでね、これだけ元気だったらいいよ。うん、そうか、タバコをやってんだもん。
H　はい。
S　大変だね、タバコも。
H　そうだね。
S　あと、こないだの検査の結果も、あのう、だいぶよかったようなので、お薬を同じに出しますから。
H　あ、そうですか。

出所：吉岡・辛［2010］42頁。

(1)　親近方略を含む対話

ポジティブポライトネス・ストラテジー（親近方略）の一五方略を説明するにあたり、表11-1で各方略を一覧する。それに先立ち、吉岡泰夫・辛昭静［二〇一〇］の研究で分析対象となった、医師と患者との二者間による外来診療場面の会話を、親近方略が観察できるスキットとして引用する（スキット11-1）。

スキット11-1の場面では、医師から患者への語りかけによって診察のための発話がスタートすることから、話し手Sは医師を、聞き手Hは患者を示すこととする[3]。

この対話は、一見すると診察の話題と雑談が不規則に混じっているように見えるが、実は医師Sにより、医療そのものの話題と、生活や仕事に関する話題が交互に繰り出されている。このうち日常生活についての質問は、それにより患者をリラックスさせる効果があるとみなされ、それと同時に、収集した生活情報が治療法を定めるためや、発病原因を突き

表11-1　親近方略

方略の機能	ポジティブポライトネス・ストラテジー（PPS）
①相手と自分が「共通基盤」に立つことを主張する	P1．相手の興味に気づき、注意を向けよ P2．大げさに興味・共感を示せ P3．相手への関心を強めよ P4．同じ集団の仲間とわかる話し方をせよ P5．一致点を探せ P6．不一致を避けよ P7．共通基盤を想定・喚起・主張せよ P8．冗談を言え
②自分が相手にとって協力者であることを伝達する	P9．相手の願望を承知していると伝えるか、それを前提として話せ P10．申し出よ、約束せよ P11．楽観的であれ P12．相手を行動に含めよ P13．それをしない選択肢はないことを伝えよ（もしくは尋ねよ） P14．互恵的な関係を想定せよ、もしくは主張せよ
③理解や協力を「提供」する	P15．贈り物をせよ（品物、共感、理解、協力）

注：P1～15は、PPSの機能番号を示す。
出所：Brown, P. & Levinson［1987］（訳書）136頁、舩田・菊内編集［2017］17-20頁から筆者作成。

止めるためにも多目的に利用できる。

ちなみに、医学界では、患者の心理的・社会的側面を幅広く考慮しながら、総合的に診察・治療する医療のあり方を全人的医療（holistic medicine）と呼ぶ。

それでは、このスキットを親近方略にあてはめた分析をみてみよう。

(2)「共通基盤」に立つことを主張する

表11-1の親近方略にあてはめて考えると、医師Sの患者Hに対する質問の流れは、医療面・生活面ともに、P3「相手への関心を強めよ」のストラテジーに沿う形で実行されていることがわかる。SがHへの関心を繰り返し示すつづけることで、それらの話題がSにとっても重要な関心事であることをHが理解するのである。つまり、P3行為の反復により、表Yの左列にある「①相手と自分が「共通基盤」に立つことを主張する」という機能が達成されるということである。

その意味では、全人的医療を目指すからといって、妙に形式張って「医療情報はわかったので、次は、生活情報を教えてください」などとドライな発話をしないほうがよい。Sが雑談風に対話をリードすることで、「自分（H）に関心があるのかな？」と思わせることができるなら、P3ストラテジー的には妥当なのである。

（3）協力者であることを伝達する

また、医師Sが冗談めかして「自分でもおれは元気だと思ってない？　思ってるよね」という発話は、患者Hが「ハッハハハ」と笑いで返し、再びSが「これはたいしたもんだ」と発話しているように、はっきりとSの軽口をHが受け止めていることがわかる。表11-1にあてはめれば、P11「楽観的であれ」のストラテジーも実践されていることになる。P11は「②自分が相手にとって協力者であることを伝達する」機能を持った方略の一つであることが表11-1の左列をみればわかる。

なお、ここまでの対話により、医師と患者の親密度が増していることにも注目したい。ポジティブポライトネス・ストラテジーが親近方略と意訳される所以である。

（4）「理解」や「協力」を提供する

ところで、上記のスキットにはあてはまらないが、P15の「贈り物をせよ」も実務的には有効である。贈り物(gift)というのは、誰にでも同じものを与えるような単なるオマケではなく、相手に特有の欲求を理解した上で、その相手に喜ばれるものを個々の欲求に応じて贈るのが本来のあり方である。そうした本来の意味での贈与がSからおこなわれれば、表11-1の左列③にあるように、SがHの理解者・協力者であることや、Hの味方になれる人物であることなどが伝わり、より両者の親密さが増すのである。なお、贈り物は必ずしも品物である必要はなく、共感・理解を示すような言葉の投げかけ、あるいはヒューマンパワーによる直接的な協力でもよい。

2　不可侵方略

前節で見た親近方略に引き続き、本節では不可侵方略についてみていこう。なお、対話をポライトネス分析するにあたり、方略の機能の番号順ではなく、対話に登場した順に分析していくことをあらかじめ断り書きしておく。

(1)　不可侵方略を含む対話

次は、ネガティブポライトネス・ストラテジー（不可侵方略）の一〇方略を説明するにあたり、表11-2で各方略を一覧する。それに先立ち、舩田千秋・菊内由貴編集［二〇一七］による事例紹介にあげられた、看護師と患者との二者間による会話のうち、不可侵方略が観察できるスキット部分を抜粋して引用する（スキット11-2）。

スキット11-2の場面では、看護師から患者への語りかけによって診察のための発話がスタートすることから、話し手Sは看護師を、聞き手Hは患者を示すこととする。[4]

この対話は、初診患者HをA病院の外来入院サポートセンター（初診患者への各種説明、問診などを実施する場）に案内した看護師Sが、尿や血液などの検体使用の同意を得ようとする場面である。Sはいわゆるエキスパートナース（高いコミュニケーション技術を持った熟練した看護師）であり、会話の早い段階からSは、患者Hが何か重大な気がかりをもっていそうだという気配を察知しており、慎重に配慮を重ねながら会話運びをしていることもうかがえる。

それでは、このスキットを不可侵方略にあてはめた分析をみてみよう。前述したように、会話の流れの都合上、着目する方略の機能の番号（①〜⑤）は、昇順ではなくランダムになっている。

スキット11-2　不可侵方略の例

【看護師Sと外来初診患者Hの会話】

S　こちらの病院を初めて受診される患者さん皆さんに、ご説明とお願いをしています。
(反応を見るために少し間をおいて)
A病院では、今後の医療の進歩のためのさまざまな研究に取り組んでいます。そこで、今後、患者さんが治療や処置、検査などを受けられたときに出る試料、具体的には検査で取る尿や血液、手術でとったものなどやカルテに書かれた情報などを後で利用させていただきたいと考えています。そこで、これらの利用について、改めて患者さんにお願いする次第です。もちろん、使わせていただくにあたっては、どなたのものかわからないように十分に配慮いたします。

H　……(患者は下を向いたまま視線を合わせようとしない)

S　今、私が説明した内容は、この書類に書かれています。今日、診察を待つ間でも、お家に帰られてゆっくりでも構いませんので、内容をしっかりお読みいただいたうえで、「同意する」「同意しない」の、どちらかに丸をつけてください。また、当然気持ちが変わることはありますから、もし今回同意いただいていたとしても、後で取り消すこともできます。

H　同意しなくてもいいのですか？(と看護師を見る)

S　もちろんです。その旨を教えていただければ結構です。もしご希望があれば、迷ったり、同意しかねたりする項目について、追加で説明することもできます。どのあたりの項目が気になっていますか？

H　説明は要りません！(と吐き捨てるように言う)

S　私の説明で何かお気に触ったならば、申し訳ありません。
(ゆっくり、間合いをとりながら、私の気持ちを伝えるように)
失礼ですが、とてもおつらそうに感じるのですが……。もしかすると、今回、この病院を受診してみようと思ったことと関係があるのでしょうか。もし差し支えなければ、◯◯さんのお話をきかせていただいてもよろしいでしょうか？

出所：舩田・菊内編集［2017］34-36頁。

(2)　侵害したくないということを伝える

Sによる「患者さん皆さんにお願いしている」という発話は、N8「一般的な規則として言え」にあたる。医療の進歩のためとはいえ、相手のプライバシーに関わる個人情報を提供してもらうことになる。その「お願い」への抵抗感を下げるため、全患者に願い出ている一般ルールであることを強調しているのである。

また、Sによる「申し訳ありません」という発話は、N6「謝罪せよ」にあたる。医療現場においては、訴訟を避けるためにも謝罪することには慎重にならねばならないが、ここでの謝罪はHの「気に触った」のではないかという点に限定されたも

表11-2　不可侵方略

方略の機能	ネガティブポライトネス・ストラテジー（NPS）
①直接的に言う ②想定しない ③強要しない	N1．慣習的な間接表現を使え
	N2．疑問文、緩衝的表現（ヘッジ表現）を使え
	N3．悲観的に言え N4．負担を軽減せよ N5．敬意を示せ
④侵害したくないということを伝える	N6．謝罪せよ N7．非人称化せよ（人称代名詞の使用を避けよ） N8．一般的な規則として言え N9．名詞化せよ
⑤相手の領域を慎重に扱う	N10. 借りを作ることを伝えよ

注：N1～10は、NPSの機能番号を示す。
出所：Brown & Levinson［1987］（訳書）136頁、舩田・菊内編集［2017］17-20頁から筆者作成。

のであるため、訴訟リスクにはつながらない。むしろ、この謝罪により、SがHの気持ちを侵害したくないという配慮を持って接していることが伝わるように作用している。

このように、Sは表11-2の左列にある「④侵害したくないということを伝える」ために、一般的な規則（N8）と謝罪（N6）とを、会話のなかに織り交ぜているのである。

(3) 強要しない

さらに、不可侵方略においては「強要する」ことが相手の独立性を損ねる恐れから避けられるので、Sによる「もし今回同意いただいていたとしても、後で取り消すこともできます」は、N4「負担を軽減せよ」にあたる。相手に選択余地を与えるif文的な用法である。このようなif文に限らず、英語の仮定法的な表現もまた、相手の独立性に踏み込まないように配慮された発話となる。そして、結果的にN4の役割だけでなく、N2の「ヘッジ表現」としても作用することがあることには注目しておきたい。表11-2の左列の「③強要しない」だけでなく「②想定しない」という機能をともに実現しているのである。

（4） 想定しない

Sによる「差し支えなければ、◯◯さんのお話をきかせていただいてもよろしいでしょうか?」のような発話は、N2「疑問文、緩衝的表現（ヘッジ表現）を使え」に該当する。第10章2（1）のフェイス補償行為の箇所でも紹介した、言葉のなかに敬意が込められた代表的な補償話法であるが、ここではN5「敬意を示せ」だけでなく、N2の役割を担っていることに注目しておきたい。ここでも前項と同様に、表11-2の左列の「③強要しない」だけでなく「②想定しない」という機能をともに実現しているのである。

（5） 直接的に言う

表11-2の左列にある「①直接的に言う」については、このスキットでは観察できなかったが、直接的に言う機能を果たすために、N1「慣習的な間接表現を使え」というやり方は、実務上は頻出している。もっとも日常に溢れた表現法が、実質的には「依頼」を意味する間接表現である。たとえば、以下の用例はいずれも文そのものは依頼文ではないが、いずれも「塩をとってもらえませんか」という依頼の意味に解釈されることが一般的である。

- 私は塩を必要としています。
- 私は塩を探しています。
- この料理には、塩っ気が足りません。
- この料理に、もう少し塩をかけることは可能だろうか。

これらはつまり、ある種の間接表現が、慣習的には直接的に依頼したのと同じ意味として通用することを意味する。

とはいえ、あくまでも「依頼」の直接表現ではないため、そこには一定の奥ゆかしさがあり、相手のネガティブポライトネスへの配慮も見えるものである。

とりわけ最後の文に見られるような可能表現を含む疑問文は、近年急速に日本で普及しているものである。ここでは、「塩をかけてもらうことは可能だろうか」という依頼文の可能表現ではない点に注目したい。あくまでも文のなかに依頼にあたる表現を含まないし、塩をかけるのは誰なのかも不明にした「ぼかし表現」であるため、N2的なヘッジも効いているのである。

可能表現を含む慣用的用法としては、他にも上司から部下に対して、「明日、出席できますか」などの質問がおこなわれる例がある。これは本来、命令権者である上司からの発話であれば、「明日、出席して欲しい」といった直接的な命令文であってもよい。しかし、聞かれている内容は、単なる可能表現の疑問文であるため、部下としては「できる」か「できない」で返答すればよい。仮に部下が「できない」と答えたとしても、命令を断ったという後ろめたさを感じずに済むわけである。これが医師と患者のように、上司と部下のような関係性になく、命令ではなく依頼しているときであっても、相手の心理的負担を軽減させる効果がある。たとえば、定期的な経過観察が必要となる病を患った患者が、ある日の診察終了後に医師から、「一ヶ月後に経過を診せに来てください」と依頼されるよりも、「一ヶ月後に経過を診せに来られますか」といわれるほうが、断らなければならない場合の心理的負担感は少ないだろう。

わずかな表現の違いではあるが、患者に対して、医師の治療方針に盲従すべきだという頑な態度を感じさせることなく、間接表現によって、患者の独立性を補償するシグナルを送る効果があるという点は指摘しておかなければならない。

（6）相手の領域を慎重に扱う

表11-2の左列にある「⑤相手の領域を慎重に扱う」についても、このスキットでは観察できなかったが、実務上は多くの事例を想定することができる。たとえば、ある患者が、急性期病院から回復期病院に転院しなければならないとしよう。この転院にあたり、病院に落ち度があるわけではない[5]が、患者が転院することになれば、患者とその家族にとってはけっこうな負担となることも事実である。何かしらの形で患者のフェイスが補償されたほうが望ましい。そこで、たとえばこれまでの主治医が患者に対して、「転院するのは本当に大変だし、なにより不安ですよね。勇気を持って決断してくださって本当にありがとうございます」などと語りかければ、患者が引き受けた困難を、主治医がはっきりと自覚しているという構図が患者にも明確になるし、患者はN5「敬意を示せ」がはっきり自分自身に向けられている（表11-2の斜め矢印部分）という実感を持つこともできる。そうすれば、患者の側は、転院という困難を自分一人が背負ったわけではなく、病院側（主治医側）に貸しを作った気分になり、少しは気が楽になるかもしれないのである。

このような場面では、N10「借りをつくることを伝えよ」にあるように、病院の願いを患者が聞いてくれたという意味で、患者に借りができたかのように捉えてもらえる可能性がある。この際、相手側には一切の借りを負わせない（患者に否はない）ことをオン・レコードで明示することが、相手のネガティブフェイスを補償する上では有効である。ここで補償と言うと大げさになってしまうが、経済的な補償が発生するわけでもなんでもない。言葉をひとつかけるだけで、相手の心にあったわだかまりを解消できるならば、少なくともフェイス・リスク軽減策としては有効である。

右記のような不可侵方略は、親近方略に比べれば、使用する機会は限定的にならざるを得ない。そのため、現実に行われた会話のコーパス[6]から、不可侵方略を使われた場面をスキットとして抜き出そうとしても、親近方略に比べれば圧倒的に数が少ないことも指摘しておこう。

3　言外の配慮

ここまでは、第10章4（1）の図10-1「FTA方策の5パターン」でいうところの「②ポジティブポライトネス」と「③ネガティブポライトネス」に対応するストラテジーについて見てきたわけである。これらはいずれも言葉を明言する「オン・レコード」の配慮である。

しかし、図10-1が示すように、FTA方策には、言葉にしない「④ほのめかす」という「オフ・レコード」の配慮が含まれる点には再び注意を向けておかなければならない。しかも、この④の配慮は、図10-1中の①～⑤の番号が、相手のフェイスを侵害するリスクの大きさを示していることからわかるように、「③ネガティブポライトネス」への配慮よりも大きいものなのである。つまり、発話されないオフ・レコードによって、不可侵方略を上回るフェイス配慮を結果的に実行していることがあるし、場合によっては④で③を代替することもあり得るかもしれない。サービス現場において、仮に③のネガティブポライトネス表現よりも、④のほのめかしが多用されているならば、通常のやり方で対話データを採取しても、不可侵方略のテキストは抽出できないにも関わらず、実際はそこに、③と同じようなフェイス配慮が隠されていることになる。

このような発話に現れない、〈隠れた不可侵方略〉について、実務的にはどう扱えばよいのか。

左記は岩井千春［二〇一七］による、ある美容院の店長に対するインタビュー・データで、その店長が美容師として顧客対応時に心がけていることについて語った発話である。右記の④で③を代替するという問題点を考えるヒントになるので、左記にそのまま引用させていただく。

■ある美容院の店長（美容師）の語り

どちらかと言えば、美容師と話をしたくない、放っておいてほしいと思うお客様の方が多いので、話しかけるときは、静かな口調で話しかけて、お客様の反応を見ます。それで、お客様がずっと下を向いて雑誌から目を話さないで返事をしたりすれば、それ以上は話しかけないようにしています。(7)

この美容師の語りにより明らかになるのは、顧客が発する不可侵欲求のシグナルを認めた場合には、それ以上は話しかけないというストラテジーを選択していることである。

なお、この美容師の語りで扱いが難しいのは、「静かな口調で話しかけて」という箇所である。この語りからは意図がはっきりしないが、おそらく美容師の側は、静かな口調を用いることで、自らが顧客に話しかけることには、若干のためらいがあるということを相手に暗に伝えようとしているのではないだろうか。このことをブラウン&レヴィンソンの示した不可侵方略の一〇方略にあてはめて考えるならば、N2「疑問文、緩衝的表現（ヘッジ表現）を使え」が近いと思われる。ブラウン&レヴィンソンもN2の説明箇所において、「うーん（umms）」や「あー（ahhs）」などの韻律的な発声は、それにつづけて言おうとする内容に対する自らの姿勢を示すことになると説明している。(8)

翻って美容師の場合、静かな口調で話しかけることで、「顧客を会話に引き出すことには、自分としては少し遠慮がある」といった姿勢を示しているのであろう。たしかに、そのことが顧客に伝わるのであれば、ある種のヘッジとして作用することになる。

なお、言語学的には「うーん」や「あー」を含む韻律（prosody）とは、抑揚、音調、リズムなどのことで、ためらいを示したいときや強調したいときに用いられるもので、世界各国の言語に見られるものである。

近年、コールセンターによる顧客対応業務の実務では、顧客からの電話がつながるとただちに、「今後のサービス品質向上のために、通話を録音させていただきます」の自動応答メッセージが流されるようになった。実際、多くの企業において、コールセンターで得た通話内容をテキスト化し、あたかも言語学者が談話分析をするかのように、その通話文はマーケティングスタッフや、カスタマーサティスファクション担当者によってじっくりと分析され、サービス品質の向上のために使われている。ただし、テキスト化する際には、韻律に関わる発声箇所はデータから落として記録する場合が多い。たしかに、韻律まで記録したテキストはかなり読むのが大変である。とはいえ、顧客心理を正確に追っていくためには、韻律まで考慮したほうが（実務的には負担が大きすぎるので、導入は難しいであろうが）、サービス品質を高めるために利用可能な情報はより手に入れやすいと言える。

4　暗喩を込めた行為

サービス経営の実務においては、言語によらずに、顧客のフェイスを尊重する方策があり、その事例は我々の日常の中にもたくさんある。具体的に「暗喩」は、第10章4（1）の図10-1中の「⑤FTAしない」パターンによる配慮の一形態である。

わかりやすい身近な例が、町の喫茶店で、客のテーブルにある「おひや（コップの水）」に、一定の頻度で水を注ぎ足す、あのありふれた光景である。

喫茶店にいる顧客というのは、基本的には休憩したり、読書したりといったように、店の中ではほっておいてほしいものであるが、存在を無視されることまでは望んでいない。そこで、店員が折を見て顧客の手元にある水に注ぎ足してあげることで「あなたのことを気にかけていますよ」というシグナルを発しているのである。これは言語によらず、顧客のネガティブフェイス（不可侵欲求）に配慮した行為をとっているとみなせるであろう。

また、おひやへの水の注ぎ足し行為は、店側の隠された意図に気づいてもらいたい場面にも有効である。たとえば、店の閉店時間が迫っているとか、ちょうど混み合う時間帯なので席を譲ってほしい客が待っている、などといった際にも、従業員による水の注ぎ足しはよく行われる。この場合、顧客が読書やスマホ操作などの作業に没頭していても、その意識を店の中にいったん引き戻し、閉店時間が迫っていることや、店が混み合ってきたことに気づかせる狙いがあるわけである。

もちろん、このような回りくどいことをせず、その顧客に「混んできたのでそろそろ退店して欲しい」とオン・レコードであからさまに店員が直接的に伝えることもできるだろうが、それだと顧客の顔を潰してしまう可能性がある。ここでは、顧客自らの好意により退店する行動を促してやるほうが、相手の顔を立てることにつながるというわけである。

たしかに、店からの要望にしぶしぶ従ったかのような退店シーンよりは、顧客の側からの配慮を引き出して、店の事情を慮った形で退店するといったシチュエーションに誘導したほうが、顧客も気分がよいはずであろう。場合によっては、その暗喩が顧客の配慮を引き出したことにより、「店の運営に協力的な、よい客でいたい」といったような顧客が持つポジティブフェイス（親近欲求）を満たせるかもしれない。

このように、ポライトネス理論においては、丁寧さや敬意を示す表現のような言葉に現れるもの以外に、発話されていないにも関わらず、その行為が何らかの意図を暗喩している場合も含まれる。第10章4（1）の図4-1において「FTAしない」という文言だけを見ると、まるで何も配慮しないかのようにみえるが、そうではない。実際にはそのフェイス侵害リスクの高さゆえに、FTAしないということが選ばれていることを忘れてはならないだろう。

サービスの現場では、前節で見た言外の配慮や、本節のような暗喩が多用されており、それぞれが立派に顧客のフェイスを立てる目的で使われている。前節ではオフ・レコードによる言外の配慮が、不可侵方略に代替される可能性を指摘したが、本節ではＦＴＡしない選択をしても、暗喩を込めた行為によって、不可侵方略だけでなく、親近方略をも代替できる可能性を示唆した。

ここまでの説明により、第10章４（１）で紹介したＦＴＡ方策の五パターンをすべて解説したことになる。サービス従事者が接客をする場面では、顧客との関係性を意識した上で、顧客のフェイスに配慮したＦＴＡ方策を適切に選択していきたいものである。

5　ポライトネスを用いたホスピタリティ研究

ここまで説明してきたように、ポライトネス・ストラテジーは、一つひとつの対話を分析したり、発話の方略を考えたりする際に有効である。しかし、それだけでなく、特定のホスピタリティ業態における対話サービスを高めることにも利用できるものである。本書がポライトネス理論を紹介した理由も、まさにそこにある。とはいえ、ポライトネス理論を生んだ語用論の本格的なサービス経営学への導入は残念ながらまだみられない。

ところが、人類学の分野から、「スナック」というホスピタリティ業態を研究対象に選んだユニークな研究書が登場した。中田梓音［二〇一九］の著作『スナックの言語学――距離感の調整』[9]がそれである。本の帯に「フィールドワークにもとづいた『接客言語ストラテジー』の実証研究」とあるように、本章で扱ったポライトネス理論を、スナック研究に応用した博士論文をもとにした本格的学術書である。

（1）　ホスピタリティ産業としてのスナック

同書の研究フィールドとなったのは実際に営業する三店のスナックで、顧客とママとのリアルな対話が分析のテキストになっている。しかも、著者である中田氏が仮設スナックの経営者（いわゆる「ママ」）となり、自ら接客した対話を実験データとした分析も行われている点がユニークである。

スナックとは、日本標準産業分類上は「スナックバー」に区分されてきたカウンター付きの飲食店（snack bar）のことである。食品衛生法に従って、保健所に飲食店として届け出をして営業する業態である。こうしたスナックでは、ママをはじめとする従業員が、カウンター越しに酒食を提供したり、会話をしたりといった接客形態をとる。こうした業態では、酒や提供がコアサービスというより、会話そのものがコアサービスであるともみなせる。

なお、似た業態であるクラブやラウンジは、法的には風俗営業に区分される。一般には水商売と一括りにされ、外観だけでは見分けがつかない場合もあるスナックとクラブだが、法的には明確に分かれている[10]。

ただ、スナックと一口に言っても、その業態にはかなりのバリエーションがある。酒と料理を提供する事業所である点は共通しているはずだが、ちょっとした小料理を提供する店もあるが、料理としてのスナック（軽食）ではなく、スナック菓子を酒のつまみとして提供する店も珍しくない。接客にあたる店員にしても、ママ一人あるいは数人の女性店員を雇うタイプが一般的だが、男性マスター一人で営業する店や夫婦で切り盛りする店、さらにはニューハーフ店員だけが雇用されている店など多種多様である。また、スナックは仕事帰りに利用する夜の店というイメージがあるが、近年は近隣住民が昼に集って、皆でカラオケを楽しむ（いわゆる「昼スナック」）コミュニティカフェのような使い方ができる店も増えてきた。

(2) スナックにおける接客言語ストラテジー

前述の中田［二〇一九］を読めば、スナックをはじめとした水商売の接客が、いかに高度な言語ストラテジーにもとづいているかがわかる。酔客の失礼なＦＴＡをあしらいつつも、顧客のフェイスをうまくたててやるのは朝飯前である。ときには、敬語だけでなく、友だち同士の会話で使うようなざっくばらんでフレンドリーな呼びかけを交え、親近感を演出するのである。

また、スナックにおける接客では、接客言語ストラテジーとして、丁寧体（いわゆる「です、ます」調）と普通体（いわゆる「だ、である」調。わかりやすく言えば「タメ語」）の混用がみられるという。この混用の度合いは、スナックの顧客が初来店からやがて常連となり、対話回数が増えるほど、普通体の割合が増えるという傾向を持つ(11)。つまり、親しくなった証として、あえて敬語を使わないという言語ストラテジーが採用されるのである。このような言語ストラテジーの駆使により親密さを示すことは、言語学の先行研究においては友人同士の会話分析で観察されるが、スナック業態における接客時にも有効に作用していることがあらためて示唆されたということである。

なお、スナックでの接客においては、仮に顧客が常連となり、店主（ママ）や従業員との関係が親密になったとしても、丁寧体が消滅するわけではない。具体的には、普通体での会話が接客時に続いていたとしても、顧客から飲食物の注文をとるときには丁寧体になり、そのやりとりが一通り終われば、また普通体に戻ることが多いという(12)。言語学的にはこれを「スピーチレベルシフト」と呼ぶ。

(3) 方言の活用

ところで、方言と標準語の混用もスピーチレベルシフトとしてみることができるだろう。方言の使用による対人関係の変化は、言語学的な研究対象としては古くからあり、ポライトネス理論においても分析対象の一つである。具体例をあげれば、病院で医師が方言によって語りかけることで、患者が緊張を解き、診察がスムーズになることをポライトネス分析した研究(13)もある。

実際、医師や看護師が、患者とやりとりする場面において、方言と標準語の混用という形は、地方においては日常的によく観察される。ただし、患者のなかには医師や看護師に敬語を使って欲しいと考える人と、むしろ親しみをもって敬語を使わずに話して欲しいという人がいる[14]。そのため、実務的には簡易な丁寧体を基本とし、ときおり方言（方言の多くが普通体である）を交える形で、親密さの記号を示す使い方が推奨されよう[15]。

このように、患者の緊張を解きほぐすために世間話をする際などには、医師が使用する方言は、親密さを示す意味を持っている。医師がたとえその方言のネイティブ話者でなかったとしても、患者と親密なコミュニケーションをとりたいという意思の表明として作用する。これは表11-1の親近方略のうち、P4「同じ集団の仲間とわかる話し方をせよ」にあたる。

これらは、あくまでも人文科学の研究フィールドとしてホスピタリティ産業が選ばれたものであったり、医学研究の一部である患者コミュニケーション研究の切り口としてポライトネス理論が採用されたものであったりというように、サービス経営学に属する研究ではない。しかし、ホスピタリティ産業に対して、言語学とりわけ語用論のポライトネス理論を応用することが有効であることを示唆することは間違いない。

注

（1） ペネロピ・ブラウン、スティーヴン・C・レヴィンソン／田中典子監訳［二〇一一］『ポライトネス――言語使用における普遍現象』研究社（Brown, P. and Levinson, S. C. 1987, *Politeness: Some Universals in Language Use*, Cambridge: Cambridge University Press）。

（2） 吉岡泰夫・辛昭静［二〇一〇］「患者―医療者間コミュニケーション適切化のための医療ポライトネス・ストラテジー」（『社会言語科学』第一三巻一号）。

（3） 吉岡泰夫・辛昭静［二〇一〇］四二頁。

（4） 船田千秋・菊内由貴編集［二〇一七］『エキスパートナースの実践をポライトネス理論で読み解く――看護技術としてのコミュ

ニケーション』医学書院、三四～四〇頁。

（5）急性期病院は救急患者を受け入れる使命を持った病院であるため、国の医療制度によりおおむね二週間程度の入院が目安となる。患者はその後、リハビリの必要性があれば回復期病院に移され、ここでも一八〇日が経過すると慢性期病院に転院することになる。

（6）自然言語（英語や日本語などの日常語）の会話をデータ化し、言語学その他の学問的な分析に耐えられる量のレベルで蓄積したもの。

（7）岩井千春［二〇一七］「接客指導の教材におけるポライトネスに関する一考察」（『言語と文化（大阪府立大学）』第一六巻）。

（8）ブラウン、レヴィンソン［二〇一一］二四〇頁。

（9）中田梓音［二〇一九］『スナックの言語学――距離感の調整』三元社。

（10）スナックは風適法（風俗営業等の規制及び業務の適正化に関する法律）によって規制されている場合もある。法哲学者の谷口功一らは、本邦初とも言えるスナック研究書を二〇一七年に出版している（谷口功一・スナック研究会編著［二〇一七］『スナック研究序説――日本の夜の公共圏』白水社）。同書ではその第二章（執筆者は行政学者の伊藤正次）と第三章（執筆者は刑法学者の亀井源太郎）において、スナックをめぐる複雑な規制や、風適法や風営法に関する立法史を解説している

（11）中田梓音［二〇一九］一七七頁。

（12）中田梓音［二〇一九］一七九頁。

（13）吉岡泰夫・早野恵子・徳田安春・三浦純一・本村和久・相澤正夫・田中牧郎・宇佐美まゆみ［二〇〇八］「良好な患者医師関係を築くコミュニケーションに効果的なポライトネス・ストラテジー」（『医学教育』第三九巻四号）。

（14）吉岡泰夫ほか［二〇〇八］二五四頁。

（15）船田千秋・菊内由貴編集［二〇一七］五六～五八頁においても、看護師と患者との相談時の対話が一息ついてから、方言を交えたり、その逆に相談の最後の決め手となる場面で方言を使うことで、声かけ効果を狙ったりする対話上のテクニックが示されている。

第12章　ポライトネス理論を接客に応用する

1　顧客のフェイスに対応する施策

本章は、言語学におけるポライトネス理論を、顧客との対話を分析的に捉える場面で役立てるために使用することを意図している。ここでは前章までに解説を済ませた概念を持ちよるが、言語学的な制約からは離れ、実際のサービス提供場面に即した応用的な議論を試みることにする。

ポジティブフェイスは「親近欲求」にもとづき、ネガティブフェイスは「不可侵欲求」にもとづく。このことを再確認した上で、これらの欲求が実際のサービス提供場面においてどのような施策にあてはまるのか、例示をしながら考えていこう。なお、ここでの議論は言語学的な緻密さは求めておらず、あくまでもサービスを分析するためのツールとして前章までに登場した概念を利用していることをあらかじめ断り書きしておく。

(1)　顧客のポジティブフェイスへの対応施策

まず、ポジティブフェイスに対応するサービス提供の例を見てみよう。

このようなサービスの場合、サービス事業者側は顧客への接客過程で、顧客の持つ親近欲求を満たしながら顧客の面目を立ててやることになる。

たとえば、世界中を飛び回っているようなビジネスエリートは、航空会社の上得意客であり、「マイレージカード」のプラチナ会員として処遇されることが多い。会員限定のラウンジが利用でき、優先搭乗が可能になるなど、会員としての特典も充実している。彼ら彼女らプラチナ会員が、快適そうなラウンジから搭乗ゲートに移動し、列に並ぶことなく速やかに優先搭乗していく様は、他の顧客から羨望の眼で見られており、プラチナ会員側もそのことを自覚しているであろう。ここで着目したいのは、その特典そのものが、経済的あるいは有形的な顧客メリットというより、プラチナ会員であることにより、航空会社から特別なステータスを与えられていることで自尊心を得られるという、無形的な顧客メリットとして作用している点である。いろいろなニーズを持った顧客がいるので一概には言えないが、プラチナ会員は多くの場合、その航空会社のファンであることが（第6章4（2）で見たように、上から目線を振りかざす勘違い顧客も一部にはいるが）多い。

こうした顧客は、いわゆるアンバサダー顧客（表序-1の「ファン育成」を参照）である。上得意客であると同時に、その航空会社の定時就航や安全運行にも非常に協力的な姿勢を持つ顧客である。プラチナ会員からこうした態度を引き出せているということは、顧客との共同生産の関係が構築できていることを意味する。

このような顧客処遇はまさに、ポジティブフェイスに対応する形で生まれたサービスであると言えよう。

（2） 顧客のネガティブフェイスへの対応施策

次に、ネガティブフェイスに対応する例をみてみよう。

この場合、サービス事業者側は、顧客への接客過程で、顧客の持つ不可侵欲求を害せずに、顧客の面目を立ててやる必要がある。ここで実際のサービスを想定する場合、顧客の行為をなるべく侵害しない処し方が求められることになる。

たとえば、カフェによく見られる「サードプレイス」[1]型のサービスは、自宅（ファーストプレイス）とも勤務先（セカンドプレイス）とも異なる空間を提供するサービスである。具体的にはスターバックスやタリーズなど米国シアトル発祥のグルメコーヒー・チェーンは、サードプレイスの場を提供することを目的に掲げている。つまり、カフェ提供事業者であり、空間提供事業者でもあることを自認している。自宅での家長としての役割や、職場での管理職としての役割から開放され、カフェでのんびりするもよし、コーヒー片手に仕事をするもよしといった、自由気ままな過ごし方ができるのがサードプレイスのコンセプトである。

ここで着目したいのは、一般的な喫茶店と異なり、入店後の顧客は意図的に放置される点である。席の選択は自由だし、おひやの注ぎ足しもない。一人席が多く設置され、その多くに電源が設置されていることから、ちょっとしたパソコン仕事であればカフェで済ませても問題ないことが暗黙的に表明されている。このような顧客処遇はまさに、ネガティブフェイスに対応する形で生まれたサービスである。

（3） 異文化理解との合せ技

このようにアーヴィング・ゴッフマンの社会学から語用論に応用されたフェイスの概念を用いれば、面目を保つという人間にとって普遍的な欲求を二つに区分して各欲求に応じた対応施策を考えることができる。もともとサービス・コンセプトというのが、ニーズに対応した商品コンセプトを組み立てるものであったように、フェイス概念によって、顧客のどのようなニーズが満たされるのかを考慮するということは、サービス・コンセプトを考案する上では大いに参考になるものだろう。

ただし、フェイスを二分する考え方に対しては、合理的に割り切りすぎているという批判や異論[2]がヘレン・スペンサー＝オーティ（Spencer-Oatey, H.）［二〇〇四］によってなされている。彼女は、心理学のラポール[3]という概念を取り入れ、ラポール・マネジメント[4]（関係作業（relational work）とも呼ばれる[5]）、すなわち対人関係の調整についての議論を再展開した。そこではフェイスのマネジメントとして、（a）資質のフェイスと（b）立場のフェイスがあり、他に社会的権利のマネジメントには、（c）公平の権利と（d）交際の権利、がそれぞれあるというのである。さらに彼女は、ペネロピ・ブラウン＆スティーヴン・C・レヴィンソンのいうネガティブフェイスというのは、実は体面というより権利なのではないかと批判した。つまり、個人は他者から当然のように配慮されるべきという、（c）公平の権利に属するというのである。

このように、フェイスを二分することは難しく、現実的にはどちらの欲求に基づくかを判断しにくいという場合もある。

また、フェイスとそれにもとづく欲求が、いくら普遍性を持つ概念であるとはいえ、フェイスにどれほど重きを置くかというのは属する文化圏によってかなり異なる可能性がある。民族をステレオタイプにあてはめるのは危険だが、たとえば、中国人（漢族）はとくに体面（中国語では「面子（miànzi）」）を気にする民族であるとよく名指しされる[6]。いずれにしろ、異文化を相手にする接客というのは、難しいものであるといえる。

なお、異文化の顧客を相手にしなければならないビジネスの代表が観光業である。インバウンド客対応は、最近の日本のサービス産業における重要課題であるが、もしも文化圏ごとにターゲット顧客を定めるのであれば、フェイス概念の適用可能性や例外的要因があるかどうかについて、文化論的な先行研究を参照しながら、マーケティング戦略を検討するとよいだろう。

2　ポライトネスがもたらす顧客満足

ここでは第9章2でみたコールセンターのクレーム対応を、ベルンド・スタウス&ウォルフガング・シーデルによる苦情対応の基本的行動原則とともに、再度振り返ってみよう。その上で、ポライトネス・ストラテジーにあてはめてみたい。

それでは、読者各位が顧客として、苦情申し出やトラブル解決を求めて、サービス提供者側のコールセンターに電話をかけている場合を、じっくり想起してみていただきたい。

まずは、挨拶の段階（①）を滞りなく済ませ、攻撃を抑える段階（②）に関わる原則から確認しよう。ここで顧客側から企業に伝えた解決ニーズを、コールセンター担当者がしっかりと要点を絞って復唱してくれたら、顧客はどう思うだろうか。きっと、自分が困っている状況を相手が正しく認識してくれたことを素直に嬉しく思うに違いない。お気づきのとおり、これは前述したポライトネスの目指すポジティブポライトネスストラテジー（親近方略）の一つであり、両者の共通基盤（common ground）を主張する方略である。

立場の違うもの同士が協力するのは難しく、だからこそ顧客はときに相手に自分の主張を理解させようと攻撃的になるわけだが、受け手が要求を正しく受け止めていることが伝われば態度は軟化する。大事なことは問題解決なのであり、敵対していればそこに至ることはもっと困難になる。担当者側も問題をしっかり認識していることを顧客にも理解させることで、協力して問題解決にあたる準備ができたことをあらためて強調し、両者の共通基盤が形成された状態を明示的にするわけである。

問題確定の段階（③）に関わる原則も確認しよう。コールセンターへの電話対応が順調に進み、少しずつ情報共有

Q. 今回のお客様サポートの対応に、ご満足いただけましたか。お気持ちに最も近いものをお答えください。(回答は1つ)

□満足
□まあ満足
□ふつう
□やや不満
□不満

図12−1 顧客満足アンケートの例

出所：筆者作成。

ができてくると、顧客の陥った状況に対して、コールセンター担当者がときおり相槌に交えて「それはお困りでございましたね」とか「ご不便をおかけしましたね」といった共感を示す言葉を投げかけてくれる。その時、顧客はどう思うだろうか。きっと、自分に味方してくれているかのような、どこか頼もしい気持ちになるはずである。実は、この共感を示すという対応術も、親近方略が持つ「協力者であることを伝達する」という機能の具現化である。

これらの段階を経て、問題解決の段階（④）に入るわけであるが、コールセンター担当者が共通基盤を獲得している顧客と、獲得できていない顧客とでは、仮に提示されるソリューションの内容にたいした違いがなかったとしても、終了の段階（⑤）後に得られる満足感はまったく異なるものになる。

近年、コールセンター利用者に対して、簡易なアンケートを取り、サービス向上に役立てようとする試みが各企業によっておこなわれるようになった。電話応対の場合、通話終了後に、機械音声が選択肢を読み上げて、プッシュボタン一つで回答できるようになっていたり、通話終了後に簡易アンケートへのリンクURLがSMS（ショートメッセージサービス）で送られてきたりする場合もある。

チャット応対の場合は、最後のメッセージに図12-1のようなメッセージを表示させるのが通例である。このような五段階スケールの簡易アンケートは、サービス品質を考える際の目安程度のものであるが、対応者がソツのない対応をしただけでは、「ふつう」や「まあ満足」の上の「満足」を獲得することは意外に難しい。

最高の顧客満足を得るためには、ポライトネスを意識し、いかにコールセンター対応者が顧客に対する共感を示し、顧客と共通の基盤に立ちながら親身に対応しているのかの姿勢を強調していくしかない。

顧客側にしても、礼儀正しくて丁寧な口調で、謝罪してもらっただけでは、苦情対応においては本来、何も問題が解決していないはずである。コールセンターに電話するケースというのは、たいてい顧客がなにか困っているときであるから、少しでも前向きに問題を解決したいと思っているならば、相手と協力的な対話ができる方がずっと好ましく、このような関係を企業側から引き出すことよう努力することが顧客側にも望まれる。

企業側もそうした顧客側の協力的態度を引き出すべく、親近方略と不可侵方略を使いこなし、顧客のフェイスを保った上で、企業と顧客との関係性モードへと導いていく必要がある。

3　接待のための「褒め」と「自己卑下」

酒や料理をふるまう接待サービス業、とりわけ芸舞妓やクラブやスナックの接客従事者は、顧客と接する時間が長く、ほぼ自身の持つ会話術のみによって顧客を満足させる必要がある。その点では、本章で扱ったような言語ストラテジーを総動員することが求められる職種であるとみなせるであろう。

しかし、落語家や講談師などの噺家や、話芸を売りにする売れっ子司会者やラジオＤＪたちが言語学を学ぶわけではないように、接待サービス従事者で言語学を学んだ人も少ないだろう。にもかかわらず、実践で身につけた彼ら彼女らのテクニックに、我々が学ぶことは多い。

ここでは、接待につかえる言語学的アプローチとして「褒め」と「自己卑下」に絞って紹介する。

(1)　褒めの効用

ポライトネス理論において、褒め（compliments）はポジティブポライトネスに属する言語行為である。ポジティブポライトネス・ストラテジー（親近方略）の一〇方略の中には、直接褒めるという文言は示されていない。しかし、いざ親近方略にもとづく対話をしようとすると、褒めに分類されるような発話を含めざるを得なくなるものである。たとえば、左記にブラウン&レヴィンソンがポジティブポライトネスの一〇方略に対する例文としてとりあげたものを抜粋(7)してみてみよう。

・P1方略――相手の興味に気づき、注意を向けよ
「きれいな花瓶ですね！　どこで手に入れたのですか」
・P2方略――大げさに興味・共感を示せ
「なんて素晴らしいお庭をお持ちでしょう」

これらの発話は、相手と自分が共通基盤に立つことを主張するのが狙いであるため、相手の興味や趣味嗜向が、自分にとっても関心事なのだということを伝える必要がある。その結果として、相手のフェイスを立てる過程で、自然な流れで褒めが介在するのである。

もちろん、褒めは所属する文化に依存する言語行為であるため、ある文化圏での褒めが、別の文化圏での褒めにつながらない場合がある。また、近年のジェンダー問題への関心から、これまでの価値観にもとづく審美的な褒め言葉や、男女の役割固定につながるような褒め言葉にも注意が必要である。

なお、接客テクニックとしては、サービス開始のあと、相手に対する褒めを真っ先に繰り出すことで、自分が攻められたくないゾーンに話題が及ばないよう、予防できるという効果が期待できる。ただし、その場合に相手の趣味嗜好も属する文化圏もわからなければ、迂闊なことはいえないため、「そのカバン、カワイイ！」などのありふれた褒

め言葉に留めるしかない（相手の容姿を褒めることは人間関係が出来ていない段階ではご法度！）。

一方、誰かの紹介などで来店している客に対しては、事前に提供された情報や、ある程度までは文化的属性についての情報が推測できるため、もう少し高度な褒め言葉が使えるかもしれない。

（2）　自己卑下

自己卑下（self-denigrations）は、敬語の機能である謙遜の原則に似ている。[8] つまり、相手を持ち上げることが自らを低めることにつながり、自分を持ち上げれば相手を低めることになるからである。[9]

実際の対話では、自己卑下は褒めと同時に現れることも多い。たとえば、相手の褒め言葉に一〇〇%同意すれば自画自賛につながるが、相手の褒め言葉を抑制するために自己卑下を用いれば、過剰な褒め言葉を格下げした形での控えめな同意になる。これも所属する文化圏によっては、どちらの応答が好まれるかは変わってくるであろう。

中田梓音［二〇一三］[10] は、いわゆる「おかま」スナック[11]における、従業員と顧客との会話に、この自己卑下が多用されることに着目し、その接客言語ストラテジーを分析している。興味深いのは、彼女たちが自己卑下を接客中に盛んに用いる理由が、相手に言われるよりも先に自分の欠点に自ら言及することで、自分が傷つくことを避けているという点である。自己卑下は、相手のポジティブフェイスをあげることになると同時に、自分のネガティブフェイスを維持するストラテジーとしても使えるということである。こうした褒めと自己卑下を接客時に用いるにあたって気をつけなければならないのは、接客時に相手の置かれた状況を理解した上で発することである。特に接客時に相対する顧客が複数の場合、誰か一人を褒めれば、残された人物のフェイスが相対的に低められてしまう可能性はある。

また、相手方からの褒めに自己卑下で応じることは、相手が繰り出した親近方略を薄めることでもある。せっかく距離を縮めようとして褒め言葉が発せられているのであれば、あまりに強い自己卑下で応じることは望ましくない。

なお、「自慢すること」というのは、相対的に自分の地位を相手より高めるための発話であるから、ポライトネス・ストラテジーが目指す配慮とはまったく真逆の発話行為である。褒めと自己卑下とを互いに応酬し合うことは、両者の立ち位置の確認に多少は役立つのに対し、自慢を高らかに宣言されても、その後の相互対話にはほとんどつながらない。つまり、自慢とは「非対話行為」なのであり、接客においては厳に慎まなければならない。

いずれにしろ、褒めと自己卑下がポライトネス理論上、どのように位置づけられるかを理解したあとは、現場での実践を積み重ねながら、発話の勘所をつかんでいくしかない。

4　トップ販売員から学ぶ接客

経験価値マーケティングの研究で著名なバーンド・シュミット（Schmitt, B. H.）は、著書の中で、「マーケターには、いかに顧客の前向きなフィーリングを引き出すかが問われる」と記している。シュミットは、前向きなフィーリングが、褒めによって引き出せるということを、高級ブランド店であるプラダの販売員であるビクトリア・ガイエゴス（Gallegos, V.）女史に関する記事に言及しながら示唆していた。[12]

原文は大変長い記事なので、褒めに関する部分のみ要約しつつ引用[13]してみよう。

ある日、ブラジル人のカップルが、世界のトップブランドが軒を連ねるニューヨーク・マジソン・アベニューにあるプラダの店舗に来店した際のエピソードである。

入店時、彼らのポルトガル語の囁きからは、男性客のスーツ探しに入店したことが伺えた（ビクトリアはポルトガル語も理解できる）。すると、おもむろにビクトリアは、男性客の色褪せたポロのセーターを褒めながら彼らの方に近づいていった。そして、セールになっていた何着かの値ごろ感のあるスーツを男性客に勧め、試着室へと導いた。その間、ビクトリアは女性客を相手に世間話に興じていた。

試着室から戻った男性客が、試着したうちの一着を買うと決め、会計をしている間、ビクトリアはさりげなく男性客に職業を訪ねた[14]。そこで男性客が弁護士であると答えると、ビクトリアは素早く売り物のブリーフケースを持ってきて彼に見せた。すると、瞬時に男性客は「これも買う」と購入を即決したのである。すかさずビクトリアは、そのブリーフケースの中に入れるのにちょうどよい小物が載った商品ポートフォリオも見せた。なんと男性客はそれらも全部買うと言うではないか。ビクトリアは一〇〇〇ドルのスーツジャケットの会計の間に、追加で五〇〇〇ドルも売り上げてしまった。

右記がプラダの販売員ビクトリアに関する記事の概略である。

ここでは、対話における褒めが冒頭で端的に現れている。注目したいのは、単に褒めて機嫌を取っているわけではなく、顧客のストーリーに耳を傾けるきっかけをつくっている点である。

前節の親近方略と褒めの関係についての解説にもあるように、褒めは「相手の興味に気づき、注意を向けよ」（P1方略）や、「大げさに興味・関心を示せ」（P2方略）にあたる発話行為になり得る。これにより、相手（顧客）と自分（従業員）が共通基盤に立つことを主張できるからである。それでは、この事例のどこにそれが現れていたのか。

ビクトリアは、男性客の色褪せたポロのセーターを褒めながら、彼らの至近距離へと近づいていった。ビクトリアがどこまで戦略的に考えた上で発話したかは不明だが、「ポロ（ラルフ・ローレン）」は、プラダほどのハイブランドではないものの、アメリカン・トラディショナルを体現するビジネスマンには信頼されているブランドの一つであり、しかもその控えめなデザインはプラダと共通する部分もある。実際、プラダは当時、ナイキやポロからの置き換え需要を狙っていると右記の記事にも書かれていた。

第一印象だけでは、男性客も女性客も、ともにファッションに無頓着なようにみえるため、他の販売員なら接客を躊躇してもおかしくない。しかし、別の見方をすると、男性客の着古したポロのセーターは、良いものを長く着ている人であることも意味する。事実、男性客はポロを褒められたことで、ビクトリアに気を許したのであろう。「さすが、この店の販売員はよくわかっている」といったように、自分との共通基盤を感じ取れる形で男性客のポジティブフェイスが刺激されたのかもしれない。

セール品のジャケットから先に勧めたことも、セールス担当者として「売らんかな」の意識を顧客にみせない作戦であったようにみえるし、女性客の方ともうちとけたことで、ビクトリアと彼らが共通基盤に立っていることを視覚的に暗示した可能性もある。

この事例は、優れた接客行為と言語ストラテジーとの密接な結びつきについて説明できる格好のケースである。

5 接客時の対話分析①——「褒め」篇

本節と次節[15]では、筆者が接客時の対話を分析する際に用いている三つのステージ区分（声かけ、関係作業、提案）を紹介する。この三つのブロックは、対話フローにおける関係性の変化を示す大まかな目安となっている。以下では「褒め」と「自己卑下」を含む対話の分析例をそれぞれ示しておく。

各対話のスキット部分のテキストは、山下万里香［二〇一七］によるビジネス書『スタイリストが教えるお客様をもっと素敵にする！接客術[16]』から採取引用した。[17] ここでの対話は、顧客とショップスタイリストとのダイアドが想定されている。

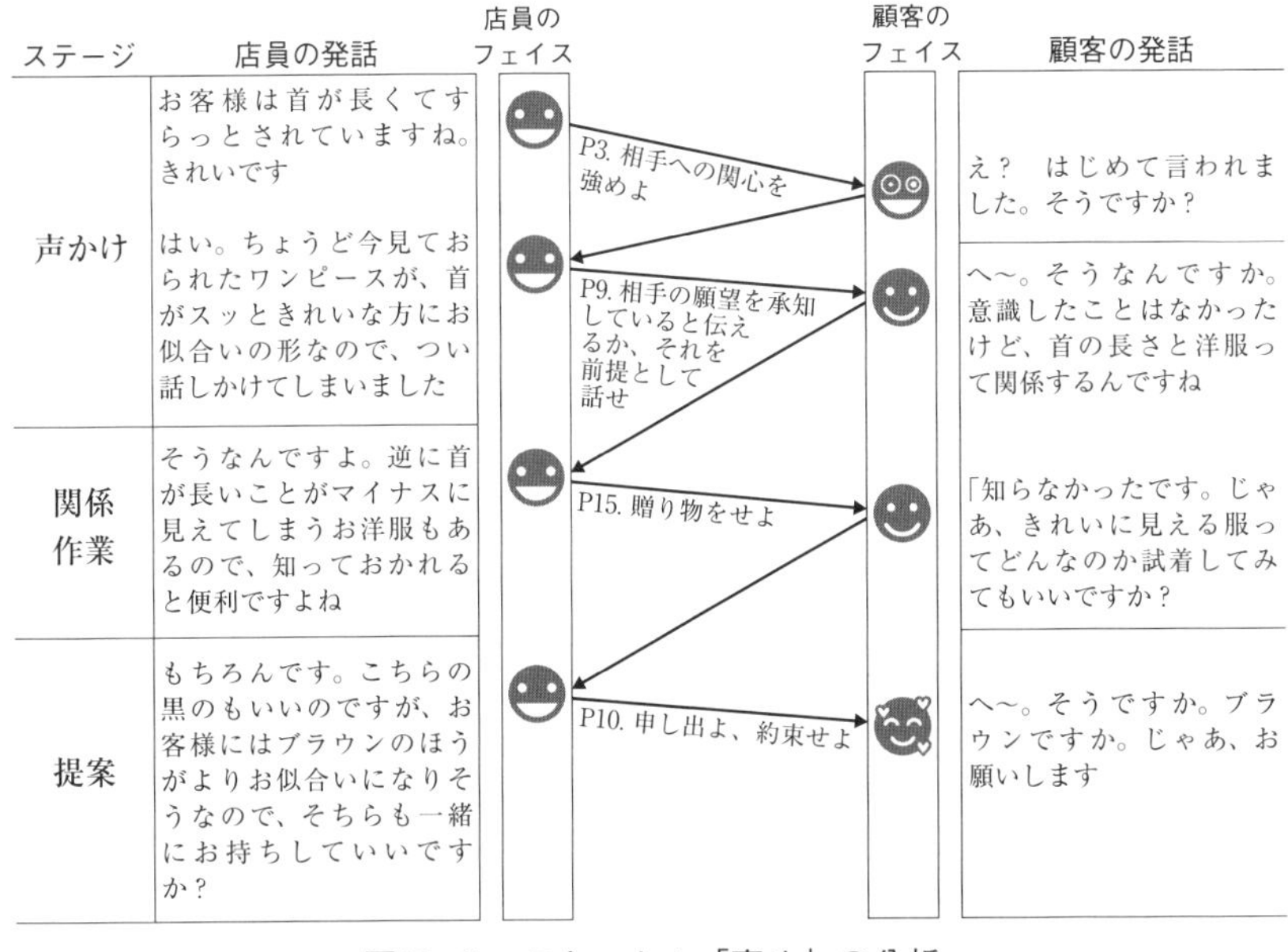

図12-2　スキット1「褒め」の分析

注：P3、P9、P15、P10は表11-1参照。
出所：筆者作成。

通常、接客にかかわる対話は、店頭の接客では必ず「声かけ」ステージから始まり、会話を運用する中で徐々にラポールを形成する「関係作業」ステージ、そして商品の「提案」ステージというように展開される。ただし、生身の人間同士の会話である以上、各ステージが機械的に区分されていることは少なく、厳密には混じり合っている。ただ、それを図示することは難しいので、一回の発話の単位で区切り、大まかに振り分けている。

対話を図示するため、この三つのステージ区分を左側に示し、その右に店員（ショップスタイリスト）の発話、最も右に顧客の発話の順にあてはめている。なお、中央にあるフェイスマークを挟み、矢印で対話のやりとりを示すとともに、店員から繰り出されるポライトネス・ストラテジー区分を、第11章で紹介している表11-1と表11-2の記号（親近方略はP1～P15、不可侵方略はN1～N10）を使って記している。

それでは、「褒め」と「自己卑下」のそれぞれの分析例について、本節と次節とでみていこう。その際、対話分析図（本節では図12-2）も併せて参照していただきたい。まず本節では「褒め」についてみていく。

（1） 声かけステージ――相手への関心を示す

図12-2および表11-1を参照しながら、左記の説明を読んで欲しい。

店員による最初の発話「お客様は首が長くてすらっとされていますね。きれいです」は、いきなり褒め言葉から始まっているが、やや特殊な身体パーツに注目したものであったために意外性を帯び、つづけて店の商品との関連性が語られるという形で、その種明かしがなされる会話運びである。単なる褒め言葉ではなく、スタイリストらしい発話であることを顧客に短い対話で納得させる褒め術であるといえる。その後の店員の発話はいずれもプロ意識を感じさせるものになっているが、顧客が興味を持ったそぶりを見せなければ、ここまで畳み掛けるように発話を重ねることはできないし、違う色の洋服をすすめることも難しいだろう。

この第一発話は、ポライトネス理論的には、「P3 相手への関心を強めよ」にあたる。同様に、顧客の反応を見て店員が第二に放った商品知識と結びつけた発話「はい。ちょうど今見ておられたワンピースが、首がスッときれいな方にお似合いの形なので、つい話しかけてしまいました」は、「P9 相手の願望を承知していると伝えるか、それを前提として話せ」にあたる。つまり、首が長いという褒めの発話と、つづけて発する店の商品との関連性を結びつけることをもって、自身が顧客に、職業的な関心を持ったこと、そして顧客の願望にはすぐさま気づいており、とっくに了解している、といった事実を伝える発話になっているのである。

これは、通常の一般的褒めが、単なるお世辞として機能し、相手から「いえいえ」「とんでもない」といった謙遜の言葉を引き出して終わるのとは大きく異なっている。ましてや褒められ慣れていない人は、褒め言葉そのものをセールストークとして警戒する可能性がある。

親近方略の機能は、表11-1の左側にあるように「①相手と自分が「共通基盤」に立つことを主張する」ことや「②自分が相手にとって協力者であることを伝達する」ことである。店員の発話は、P3の発話で①を、P9の発話で②をおこなっているとみることができる。なお、褒めの発話というのは、右記のような謙遜の言葉や軽い否定文を引き出すことが多いため、褒めが二回繰り返されるという特徴もある。上記の対話の場合、店員による第一発話に含まれる「首が長くてすらっとされていますね。きれいです」は、顧客の返答を挟み、第二発話で「首がスッときれいな方」と、わずかに表現を変えて言い直されている。

右記の場合、似たような形容表現を繰り返した形であるが、二回目の褒めには強意語が伴われたり、褒めを聞き手に結びつけるために、呼格を加えて発話し直されたりすることも多い。これは褒めを個人化（personalize）[18]するのに役立つテクニックである。

（2）関係作業ステージ――負担軽減、ギフト

顧客は、一回目の発話において、明確な謙遜の言葉を返さなかった。もちろん、これはめったに言われない指摘であったためであろう。そして、顧客の二回目の発話にも、褒めに対する応答なのか洋服に関する応答なのか不明瞭な「へ〜。そうなんですか」という言葉を返している。本来、褒めに対しての返答は、明確に同意することも、拒否することも、いずれも無愛想で無作法なことであるとされている[19]。拒否すれば相手からの親密になろうとする申し出を跳ねつけることになるし、謙遜せずに同意すれば、「控えめの行動指針[20]」に反するからである。このように、褒めへの反応というものは難しいものなのである。

しかし、顧客側の二回目の発話はそのいずれにもなっていない、あいまいな返答となっている。なぜ、このような返答が可能となったのか。これは、あらかじめ店員による二回目の発話によって、褒めだけではなく洋服の話題が結

び付けられたことで可能になった返答なのである。つまり、褒めは人間関係を親密にするうえで必要なものであるが、それを無礼にならないよう適切に返答することは案外難しい。しかし、店員による発話は、褒めそのものへの返答をおこなわなくても、洋服の話題で返答できるようになっており、顧客側の返答上の負担を大きく減らすことに成功しているのである。

また、店員による第三発話もよい。「逆に首が長いことがマイナスに見えてしまうお洋服もある」というように、首が長いという褒めを三度繰り返すとともに、「マイナスに見え」ないために知っておくと便利な知識を顧客に授けている。これは、表11-1の「P15 贈り物をせよ（品物、共感、理解、協力）」にあたる。

なお、ブラウン＆レヴィンソンによれば、この贈り物とは、具体的な品物の贈り物だけでなく、さまざまな人間関係上の欲求（人に好かれたい、称賛されたい、理解されたい等）も含まれるとしている。その意味では、ここで提供された情報的ギフトが、顧客の欲求に基づくかどうか、発話段階では確証を持てないものであるだろうが、協力したいという話者の気持ちや姿勢は、顧客に十分に伝わる発話となっているので、P15の方略に分類しておくこととした。

（3） 提案ステージ――協力者になる

次に、顧客が試着してみる気になった後の「お客様にはブラウンのほうがよりお似合いになりそうなので、そちらも一緒にお持ちしていいですか？」も抜かりのない言葉である。そもそも、顧客側は見ていた服（黒い洋服）を試着する気になったのであるから、店員は接客からいったん離脱し、少し間を置いてから、フィッティングルームに「いかがでしたか？」などと声をかければよさそうなものである。しかし、そうはせずに、すかさず新たにブラウン色を提案している。これは表11-1の「P10 申し出よ、約束せよ」にあたる。つまり、P10が該当する表11-1の左側にあるように、「②自分が相手にとって協力者であることを伝達する」ことを、すかさずおこなったわけである。この

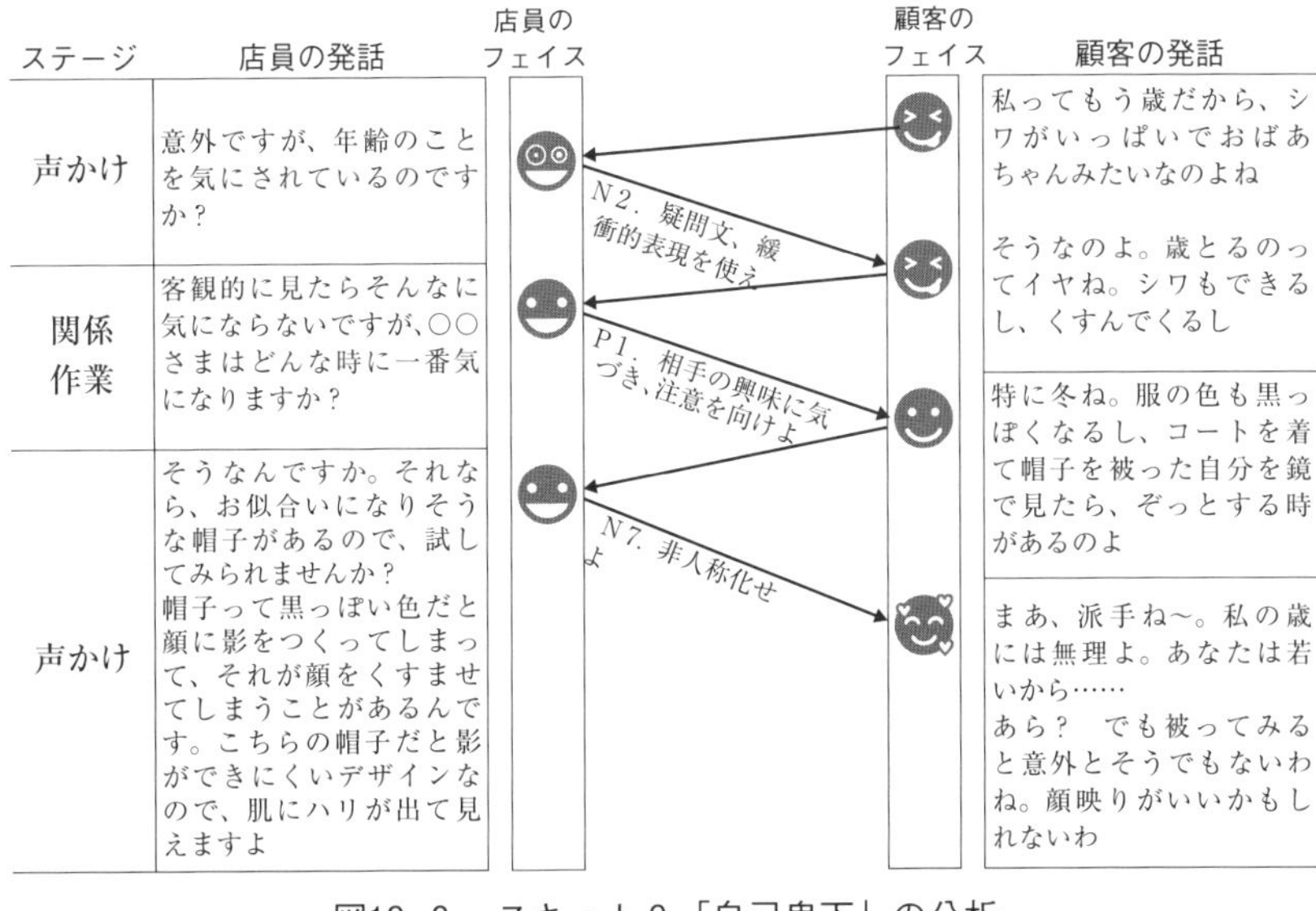

図12-3　スキット2「自己卑下」の分析

注：N2、P1、N7 は、表11-1、11-2 参照。
出所：筆者作成。

発話により、洋服選びの協力者であることを明確に伝えたショップスタイリストは、この後、スムーズに顧客との伴走関係を築くことができるだろう。顧客の意思のまま、黒い洋服だけを持ってフィッティングルームに向かわせてしまってはそうは行かない。知っておくと便利な知識を顧客にギフトとして授けたあとに、すかさず提案をし、それを顧客が受け入れているという関係作業のステージを済ませているからこそ、関係性が形成された状態で、提案ステージへと進んでいるわけである。

6　接客時の対話分析②――「自己卑下」篇

本節では、前節に引き続き、山下［二〇一七］から採取引用したテキストをもとに、対話分析を行っていこう。本節は「自己卑下」について見ていく。前節同様、対話分析図（本節では図12-3）も併せて参照していただきたい。なお、自己卑下の場合は、親近方略だけでなく、不可侵方略も含んでいる。

（1） 声かけステージ――ヘッジ表現を使え

図12-3および表11-1、表11-2を参照しながら、左記の説明を読んで欲しい。

ここで自己卑下の発話を最初に用いているのは顧客側である。問答に先立ち、顧客の方から、店員に対して、事前に「私ってもう歳だから、シワがいっぱいでおばあちゃんみたいなのよね」という発話があった状態で以下の問答が展開されるからである。そもそも自己卑下とは、先に弱みを自ら口にしてしまうことで、そこには踏み込まれたくないという、ネガティブフェイスを維持するストラテジーとして発話されている可能性が高い。したがって、接客のやり方としては、相手のネガティブフェイスに踏み込まず、表11-2の不可侵方略のための発話、とりわけ表の左側にある「④侵害したくないということを伝える」ためのストラテジー（N6～N9）が選ばれやすい。

それでは、この店員はどういう発話で返したか。

まず、店員が顧客との対話を開始する際の第一発話は、「意外です」から始められていた。最初の発話から本格的に褒めるような言葉を発せず、顧客の自己卑下による発話を提案の機会と受け止め、「年齢のことを気にされているのですか?」とつづけている。ここは疑問文になっており、部分的に事実を認めるヘッジ表現であることから、不可侵方略の表11-2にあった「N2 疑問文、緩衝的表現（ヘッジ表現）を使え」であることがわかる。

そして、ここで用いた「意外」という言葉は、顧客の応答を挟んだ第二発話にある「客観的に見たらそんなに気にならない」とセットになることで、控えめな「ほのめかし」（シワは気にならないし、年齢で悩んでいるとは意外だ、ということを暗示）として作用するようになっている。

注意すべき点は、相手の自己卑下を打ち消すための単なるお世辞は、このような場面では決して有効ではないという点である。その自己卑下には、顧客の悩みが隠されており、それを「いえいえ、お客様はまだお若いです」とか「全然シワは気になりません」などというお世辞で返してしまっては、関係作業にも提案にも進めないからである。

（2）　関係作業ステージ――ソフトなフォロー

先に見たように、店員は、「客観的に見たらそんなに気にならないですが、」という発話を行った。この店員は、面と向かって（オン・レコードで）顧客の自己卑下を否定するのではなく、やんわりとした部分否定、すなわち第10章4（1）の図10-1のＦＴＡ方策のうち④にあたるほのめかし（オフ・レコード）を採用したのである。この④は相手のフェイスを失うリスクが大きいときに採用される方策であった。しかも、部分否定にとどまるため、顧客の悩みは受け止めたことになる。よって、図10-1の「フェイス補償行為とともに明言」するの分岐にはとどまることになる。

店員は先の発話に連続して、「○○さまはどんな時に一番気になりますか？」という質問を繰り出している。この「どんな時」のような言葉を入れることで、シワが気になるのは常時ではないはずという、顧客へのソフトなフォローになっていることに注目したい。前述のように、顧客の自己卑下を部分否定したスタンスを維持しながらも、それでも時にはシワが気にあることはあるのだろうなと、顧客の悩みに少しずつ耳を傾ける発話となっているのである。

また、「○○さま」という呼びかけ表現がここで併せて用いられていることは、親密さの表明であるとともに、「歳をとったおばあちゃん」と「○○さま」とをいったん切り離す効果もある。店員側があえて口にしないからこそ、顧客側も気楽に対話をつづけられる部分である。これにつづけて店員が「どんな時に一番気になりますか？」という質問を繰り出しているため、親近戦略の表11-1にある「Ｐ1　相手の興味に気づき、注意を向けよ」に沿った姿勢を、店員がとろうとしていることが顧客に伝わりやすくなる部分でもある。

（3）　提案ステージ――不可侵方略からの提案

次に、店員による第三発話からは、顧客の目下の悩みである「くすみ」の問題に切り込んでいく。ここでの「帽子って黒っぽい色だと……顔をくすませてしまうことがある」という発話は、先ほどの発話とは一転して、顧客だけに限定したものではなく、誰もがそうなりうるという言い方をしている。これは、不可侵方略の方の表11-2にあった「N7 非人称化せよ（人称代名詞の使用を避けよ）」にあたる。しかし、それのみをもって相手のフェイス侵害を避けるだけでなく、つづけざまに「こちらの帽子だと……肌にハリが出て見えますよ」というように提案を同時にしている点が、この店員の巧みなところである。

もともと、この顧客の悩みはあまり表に出したくないような悩みであり、そのことは顧客が冒頭で自己卑下をし、あらかじめ弱みを見せることで、意図せずに他人からこの悩みに踏み込まれることに予防線を張っていることからもわかる。顧客のフェイスを守るため、接客中に、あえて呼びかけを用いて、世間一般のおばあちゃんと「○○さん」を分離してみたり、くすみ対策におすすめの帽子をすすめる際には、再び非人称化して、誰にでもくすみは起こり得るということを例示したりしている。このような自分事と他人事とを、対話の中で上手に操ることで、フェイスを侵害しないままに、本題である商品提案を実行しているわけである。

注

（1）本来、サードプレイスの概念には、コミュニティ内部の「交流型」空間に集う人々の「能動性」を促進するような目的が含まれていた。レイ・オルデンバーグ／忠平美幸訳［二〇一三］『サードプレイス――コミュニティの核になる「とびきり居心地よい場所」』みすず書房（Oldenburg, R. 1989, *The Great Good Place: Cafes, Coffee Shops, Bookstores, Bars, HairSalons, and Other Hangouts at the Heart of a Community*, Saint Paul: Paragon House）。しかし、こうした目的は「コミュニティ・カフェ」といった別業態に移行し、大手グルメコーヒー・チェーンではもっぱらサードプレイスの空間的な提供に特化している。

（2）ヘレン・スペンサー＝オーティー編著／田中典子・津留崎毅・鶴田庸子・熊野真理訳・福島佐江子訳［二〇〇四］『異文化理解の語用論――理論と実践』研究社（Spencer-Oatey, H.（ed.）2000, *Culturally Speaking: Culture, Communication and Politeness Theory*, London: Continuum）。

（3）Rogers, C. R. [1940] The processes of therapy, *Journal of Consulting Psychology*, 4(5).

（4）ラポール・マネジメントはスペンサー＝オーティーが用いた概念。スペンサー＝オーティー編著〔二〇〇四〕を参照のこと。

（5）Locher, M. A. and Watts, R. J. [2005] Politeness theory and relational work, *Journal of Politeness Research*, 1(1).

（6）たとえば、米国人宣教師アーサー・H・スミスは一八九〇年に、中国に一五年間在住した経験をもとに、中国人論を上海の新聞紙上で展開し、後に書物にまとめられた。その本の第一章において彼は、中国人の「face」（邦訳版では「面子」と訳されている）は、中国人の性格の重きを占める要素だが、西洋人には理解するのは難しいと記している。アーサー・H・スミス／石井宗皓・岩崎菜子訳〔二〇一五〕『中国人的性格』中公叢書（Smith, A. H. 1894, *Chinese Characteristic*, New York: Revell）。

（7）ペネロピ・ブラウン、スティーヴン・C・レヴィンソン／田中典子監訳〔二〇一一〕『ポライトネス——言語使用におけるある普遍現象』研究社（Brown, P. and Levinson, S. C. 1987, *Politeness: Some Universals in Language Use*, Cambridge: Cambridge University Press）訳書、一三七〜一三九頁。

（8）ジェフリー・N・リーチ／池上嘉彦・河上誓作訳〔二〇〇〇〕『語用論』紀伊國屋書店（Leech, G. N. 1983, *Principles of Pragmatics*, Harlow: Longman）。

（9）ブラウン、レヴィンソン〔二〇一一〕五二頁。

（10）中田梓音〔二〇一三〕「「おかま」と客の会話から見る接客言語ストラテジーに関する一考察」（『総研大文化科学研究』第九号）。

（11）「おかま」という用語には差別的なニュアンスもあることは承知しているが、おかまスナックという業態を示す場合、これに代わる表現はない。また、店のコンセプトとして、おかまスナックという業態が自称されていれば差別にはならないと判断し、この用語のままで引用した。

（12）バーンド・H・シュミット／嶋村和恵・広瀬盛一訳〔二〇〇〇〕『経験価値マーケティング——消費者が何かを感じるプラスαの魅力』ダイヤモンド社（Schmitt, B. H. 1999, *Experiential Marketing: How to Get Customers to Sense, Feel, Think, Act, and Relate to your Company and Brands*, New York: The Free Press）訳書、一六九〜一七二頁。

（13）シュミットが参照したのは、雑誌 *The New Yorker* の記事である。記事が古いことも影響しているが、ファッション文化雑誌特有の言い回しがあって、少しわかりにくい事例だったため、筆者の方で *The New Yorker* の元記事にあたり、情報を多少補った。なお、本書執筆時点ではウェブ版（https://www.newyorker.com/magazine/1998/03/30/victorias-secret）も参照可能であっ

た（二〇二四年六月一日最終確認）。Swartz, M. Victoria's Secret, *The New Yorker*, March 30, 1998, pp. 94-101.

（14）一般的に欧州人は職業を聞かれることを嫌うが、南米人はそうではないことをビクトリアが熟知した上での質問である。

（15）本章の5節と6節で紹介する対話分析は、次の拙稿から加筆・引用したものである。内田純一［二〇二四］「接客における「褒め」のポライトネス理論的考察」（『人文研究（小樽商科大学）』第一四八輯）。

（16）山下万里香［二〇一七］『スタイリストが教えるお客様をもっと素敵にする！接客術』同文舘出版。なお、会話体のテキストは同書の二四〜二五、一五二〜一五六頁より引用した。

（17）具体的発話が、実際の会話すなわち生データに基づくかどうかは、実証研究の手続き上は重要であるが、今回は対話分析の手法を紹介することが目的であるため、科学的厳密性にはこだわっていない。

（18）リーチ［二〇二〇］によれば、褒めの表現は限られたパターン表現が多く、使用される形容詞は、nice, good, beautiful, pretty, そして great の五つに集約されるという。褒めに際し、繰り返し表現や強意語との併用、そして個人化テクニックが用いられるのは、これらの褒め表現が日常的な頻出語であることに関係がありそうである。ジェフリー・N・リーチ／田中典子監訳［二〇二〇］『ポライトネスの語用論』研究社（Leech, G. N. 2014, *The Pragmatics of Politeness*, Oxford: Oxford University Press）訳書、二七七〜二七八頁。

（19）リーチ［二〇二〇］二七九頁。

（20）リーチ［二〇二〇］で整理されたポライトな言語的振る舞いを説明するための六つの行動指針（気配り、気前のよさ、是認、控えめ、同意、共感）の一つ。これに反するとインポライト（無礼）であるとみなされる。リーチ［二〇二〇］五〇〜五一頁。

第Ⅲ部のまとめ

1　サービススケープで支えるホスピタリティ事業コンセプト

ホスピタリティ産業におけるサービスの良さとは主観的なものである。接遇には技能的側面と態度的側面があるが、実サービスを支えるのが前者であり、後者は前者に対する態度変数として作用することが多い。

実サービスは、本質的なコアサービスに加え、二つのサブサービスすなわち強化型サービスと促進型サービスをパッケージにして成立する。それらの組み合わせにより、企業が構想したホスピタリティ事業コンセプトを、サービス商品として体現するのである。また、そのサービスの提供時には、物的環境に属するサービススケープを最大限に活用し、顧客に提案したコンセプトの質の高さを、目にみえるように演出することが求められる。

サービススケープは無機物でありながら、それ自体が強化型サービスとして作用する。有形要素と無形要素を活用し、ホスピタリティを実現することで、顧客との共同生産は促進される。そして、企業側からの共同生産への誘いは、顧客と出会うサービス・エンカウンターにおける最初の段階から始めていくことが効果的である。

こうした議論を含む経営学的な顧客対応の問題について第9章では解説したが、いまだサービスやホスピタリティ分野の経営学は発展途上である。とはいえ、苦情取り扱いの基本的行動原則など、実務的な示唆をまとめたガイドブックは整備されつつあり、高質のサービスのなかに顧客に愛敬を振りまかない接客が見出されるなど、サービス経営学には、新たなホスピタリティ事業コンセプトにつながるような興味深い現象が発見されつつある。

2　ポライトネス・ストラテジーでラポールを形成

三つの章（第10章から第12章）にまたがる形でポライトネス理論を接客の現場に応用した。

第10章で説明したように、顧客のフェイスには、ポジティブフェイスとネガティブフェイスがあり、それぞれ人が社会生活を送る上での親近欲求と不可侵欲求に対応している。サービス提供時に限らず、人間同士の対話において、誰かのフェイスを損なう場面すなわちフェイス威嚇行為（ＦＴＡ）となる可能性は避けられない。これがフェイス・リスクである。対話においては、極力相手のフェイスを侵害しないよう、補償行為を用意する必要があり、ポライトネス理論ではその場面に対応するフェイス・リスク軽減策をポライトネス・ストラテジーとして用意している。このポライトネス・ストラテジーは、一五通りの親近方略と、一〇通りの不可侵方略とに分かれている。

親近方略には、相手と自分が共通基盤に立つことを主張するなど三つの機能がある。また、不可侵方略には、相手の領域を慎重に扱うなど五つの機能がある。第11章では、これらを接客時の具体的対話で検討した事例を紹介した。つづく第12章では、褒めと自己卑下に着目しながら、優れた接客術のあり方をポライトネス理論の枠組みを使って検討した。ここでは、接客時の対話の進展段階を声かけ、関係作業、提案の三つにステージ分けし、接客が成果をあげる過程において、いかにポライトネス・ストラテジー的に有用な会話が駆使されているかについて解説した。

結果的に、スムーズな接客のためには、顧客と従業員の間にラポールを形成することが欠かせない。

終章では全体を振り返った上で、未来のホスピタリティの姿を展望し、本書を総括していくこととする。

終章　日本的おもてなしとサービスエクセレンス

1　優れた接客サービス、優れたホスピタリティとは？

本書は、これまでの記述を通じて、競合との戦いに負けず、市場で埋没しないホスピタリティ事業コンセプトを策定（第Ⅰ部）し、そのコンセプトを継続的に実現できるよう、企業側が感情労働者である従業員を的確にマネジメント（第Ⅱ部）し、顧客と相対する彼ら彼女らがポライトネス・ストラテジーという武器を携えて（第Ⅲ部）、接客の最前線に向かうことができるよう、必要となるロジックを人文・社会科学にわたる後半な領域からピックアップして説明してきた。

優れた接客サービスとはつまるところ、競争に埋没しない「鋭角化されたコンセプト」を「堅牢なマネジメント」で顧客へと提案し、「顧客と対話しながら共同生産」することにある。ここで共同生産と書いたのは、サービスとは企業側からの一方的な提供行為ではなく、顧客とともに共創されるものであるからである。そのことは、近年になって急速に巷間に普及し始めたサービス・ドミナント・ロジックの主張でもあるし、本書でもその考え方を大きく取り入れて議論を展開してきた。

それでは優れたホスピタリティとは何であろうか。

序章で述べたように、ホスピタリティの起源はホストによるゲストの歓待にあった。このゲスト（顧客）を歓待するホスピタリティの仕事の過程において、接客サービスは顧客接点で展開されるために最も目立つ部分だが、そこだけでホスピタリティ事業コンセプトは実行できない。顧客接点で機能する接客サービスを含め、それと同時に展開される多くのサービス活動を動員し、それらを組織的なオペレーションでサポートする必要がある。さまざまな部分的サービスが動員されることで、ようやく一つのまとまりを持った全体としてのホスピタリティ事業が完成するのである。

つまり、優れたホスピタリティとは、ホスピタリティ事業コンセプトの実現に動員されるサービスの個々が優れており、それらの組み合わせやバランスも優れて魅力的な状態ということになるだろう。

本書の序章で「ホスピタリティは全体であり、サービスは部分である」と述べ、図序-2で全体構図を、一方的な線形（リニア）型ではなく、フィードバックを想定した連鎖（チェーン）型を描いて説明したのは、本書の各論に進む前に、このような全体と部分からなるホスピタリティ事業の構図をあらかじめ示しておきたかったからである。

2　日本のおもてなしは世界に対抗できるか？

本書を振り返るのはこれくらいにして、ここからは未来のホスピタリティの姿を展望してみたい。

読者の方々は、日本のおもてなしの現在についてどう考えるだろうか。「世界に誇るべき日本の心」、「エクセレントサービスの見本」あるいは「実は外国人には不評」などといったさまざまな見方があるに違いない。いろいろな意見があるだろうが、それでも概ね肯定的に捉えている人が多いのではないだろうか。

ただ、筆者個人は、率直に言って「日本的おもてなしは、数あるホスピタリティ事業コンセプトのひとつに過ぎず、競争力は薄れつつある」と考えている。左記で理由を説明しよう。

（1）　ホスト主導とゲスト主導

日本のおもてなしは、良きにつけ悪しきにつけ、第7章5（1）で説明したように、日本文化という高文脈文化の上に存立している。茶席がそうであるように、一定の型や作法があり、そこには明らかに高度なコミュニケーション行為があるが、その席に座るにはそれなりの文化的素養が求められる。はっきり言えば、あらゆるゲストに同じ作法・型に従わせるサービスであるため、柔軟性が低く、サービス提供形態を時と場合に応じてアレンジすることは例外的である。つまり、日本的おもてなしとは、「ホスト主導」のサービスなのである。

たとえば、インバウンド観光客向けのティーツーリズムいわゆる茶道体験は、日本文化を理解しようと思っている層には大変人気がある。ちなみに茶道のホスト役は「亭主」と呼ばれる。日本文化を理解しようとする顧客であれば、亭主の接待を心から楽しむことができるだろう。しかし、ビジター客がほとんどのツアーパッケージの中に茶道体験をセットしてしまうと、「正座が苦痛だった」とか「あれこれ作法を指図されているようで嫌な思いをした」といったクレームが出てくる可能性がある。

こうしたミスマッチが発生するのは、第1章で解説したドメイン設定にあてはめていえば、必ずしもターゲットとして適切でない「顧客層（who）」に対し、ホスト主導のおもてなしを提供している状態を示している。日本文化という高文脈文化を共有していない顧客層に、彼ら彼女らが望んでもいないサービスを提供しているわけである。

少々厳しい意見のようだが、実際に一部の外国人観光客には、日本のおもてなしは不評である。その理由を端的に示せば、前述した顧客層のターゲティングが外れているのである。おそらく日本的おもてなしを嫌う層は、自国あいはこれまでの旅行体験において、「ゲスト主導」のサービスに慣れ親しみ、ホストに主導権があるサービスを味わったことがほとんどない可能性がある。こうしたミスマッチ状態があれば、ホスト主導のサービスは顧客（ゲスト）に嫌がられるだけであろう。

（2）顕在ニーズと潜在ニーズ

日本的おもてなしは、日本固有の「気配りと察し」の文化に根ざす技術・ノウハウの実践適用である。この技術やノウハウとは、再びドメインの議論でいえば、おもてなしを提供しようとする個人や組織の「顧客機能（how）」にあたる。気配りや日本的察し（*Sassi*）が大事にされてきたため、顧客が何も言わなくても、ホスト側がよかれとおもうことをゲストに「してあげる」ことを良しとする。そのため、顧客のニーズ、すなわち「顧客機能（what）」を、直に相手に尋ねるのではなく、気配りの結果として提供者側が心情を汲んで提供する。ゲストが何を望んでいるかを尋ねるのは無粋であり、ときにゲスト自身も気づかなかったニーズを探り当て、そっと提供するという、ホスト主導の接客スタイルこそが日本的おもてなしの真髄である。

当然ながら、その心情の汲み取り方が不十分であるか、あるいはゲスト側の文化に対する無理解から、ホストがゲストに対して的外れなサービスを提供してしまう可能性は大いに有り得る。近藤隆雄はこのような日本的おもてなしを、おしつけやプロダクト・アウトの発想であると手厳しく指摘している(1)。

たしかに、海外のインバウンド観光客とくにビジター客は、日本の文化をよく理解していないことも多い。彼ら彼女らは、おもてなしの意図がよくわからずに、一歩間違うと「ゲストである我々のニーズを、ホストはまったく聞こうとしてくれない」と不満に思うかもしれないのである。

実に悲しいすれ違いである。ゲストのニーズは、ホストが汲むもの、察するものと考える日本的おもてなしのホスト主導の流儀と、そうした文脈を共有しない文化圏に属する人々の、あくまでもゲスト主導のニーズベースでサービスを享受したいという思惑が、まったく噛み合わない状況である。そもそも両者は、ニーズへの処し方がまったくもって対極的であり、前者は、ニーズとはすなわち「潜在ニーズ」であり、ホストが探り当てるものと考えているのに対して、後者は、ニーズとはすなわち「顕在ニーズ」であり、ゲストが表明すべきものだと考えている。[2]これでは、すれ違うはずだし、噛み合わないのも当然である。

さらにいえば、相手国の文化的土壌が日本とあまりにも違えば、もてなす側がいくら「気配りと察し」のスキルをフル稼働しても、彼ら彼女らの求めるニーズを探りきれないだろう。インバウンド観光客を相手に、日本的おもてなしを施す場合、従来のように東アジアからの観光客がメインであれば、ホスト側はまだ相手国の文化を学ぶ余裕があるが、昨今のように広く東南アジア、とりわけイスラム圏からの観光客が多くなると、すべての文化に知悉するのは不可能であろう。

ゲストのダイバーシティが進化するほどホスト側は、本来はもっと奥行きがあるサービスを提供したいのにと歯がゆさを感じながら、定型的で無難そうなサービスをゲストに提供せざるを得なくなる。本来なら、そこには前述したおもてなしの真髄である気配りと察しが含まれるべきだが、その余裕もなければ、能力も足りないということになってしまう。海外に誇るべき日本的おもてなしが虚しく空回りしてしまう危険性があるのである。

3　サービスエクセレンスのＩＳＯ規格

それでは、日本のホスピタリティ業界はどうすればよいのか。とくに日本的おもてなしを事業コンセプトの核としてきた業界はどう対処すればよいだろうか。

左記では、いったん日本から飛び出し、世界へと目を広げてみよう。

本書がここで紹介するのは、高質あるいは上質のサービスを実現するための組織要件やその設計仕様を国際機関が規格化した「サービスエクセレンス」をめぐる最近の動きである。

(1) サービスエクセレンス国際標準の制定

いま世界は、卓越したサービス（excellent service）を、国をあげて生み出す大競争時代に突入している。その先導的な取り組みと見られているのが、国際標準化のイニシアチブである。具体的には、二〇二一年一一月に国際標準化機構（ＩＳＯ）[3]が発行したISO 23592と、ISO/TS 24082がそれである。

これらはもともと、組織能力を扱う規格として、ドイツからの提案[4]がきっかけとなってＩＳＯ規格化の準備が開始されたものである。

ドイツは、日本と同様の工業国であり、高度成長期の日本もそうであったように製造業の育成が優先されていた。そのためかつては、ドイツのサービス産業はサービス砂漠（service desert）と揶揄される状況[5]にあったが、一九九〇年代なかばに、ドイツ教育・研究省（ＢＭＢＦ）[6]が主導する形で産学共同型のサービス・イノベーション・プロジェクトが次々と立ち上げられた。

結果として、ＢＭＢＦはこれ以降、公的な予算によるサービス研究をドイツ国内の研究機関に戦略的に割り振るようになった。二〇〇六年にはＢＭＢＦによって新たな「サービス研究プログラム（Innovation with Services)」が、七〇〇〇万ユーロの予算規模（五ヶ年トータル）で立ち上げられたほどである。そもそもドイツがサービスエクセレンスに関するＩＳＯ規格の発行を目指したのも、こうしたサービス重視の流れを受けて、国を挙げて研究規模を拡大してきたことの延長線上にある。

同規格の制定にあたっては、産業界からの参加はもちろん必要条件だが、専門的な知識を供給する上で、サービス経営学者、そしてサービス工学者の協力が欠かせない。研究費が重点的に配分され、研究者の層が厚くならなければ、そうした規格化に協力できる学者も増えない。とりわけサービス研究のような新しい学問は、その学術的有用性を権威ある機関が印象付けたり、政府が先導的に学術振興を図ることが宣言されたりしない限りは、なかなか研究が促進されにくく、もっとわかりやすくいえばサービスを専門とする教授職のポストが増えない[7]。

ドイツにおけるサービス研究の推進は、ＢＭＢＦによって、ドイツ国内研究機関の目を一斉にサービス研究へと誘導する意図的な動きであった。「サービス砂漠」と呼ばれながら、サービスエクセレンスのＩＳＯ規格化において先導的な役割をドイツが果たしたことは偶然ではないのである。

昨今、ＩＳＯ規格のようなデジュール・スタンダード（公的標準）に限らず、デファクト・スタンダード（事実上の標準[8]）など、業界で戦う自国企業・産業を有利にする「ルール形成戦略」が全般的に弱いということが、地政学や地経学の専門家たちから問題視されている[9]。日本の経済安全保障を揺るがしかねないという危機感から、国家的な課題として国会議員らによっても議論されている[10]ほどである。

そうした観点から眺めると、サービスエクセレンス国際規格への対応は、サービス化時代にあって、企業・組織が高い付加価値を上げるためには、無視できない潮流になるに違いない。

右記の ISO 23592 と、ISO/TS 24082 の制定にあたっては、日本の研究者・企業も一定の貢献を果たした[11]が、具体的な成果はまだなく、国や企業・産業はその対応を急がなければならない。

（2）顧客満足はあって当たり前

サービスエクセレンス規格である ISO 23592 と ISO/TS 24082 が目指しているのは、顧客満足ではなく、カスタマーデライト（customer delight）である。カスタマーデライトとは、顧客の期待に応えて顧客満足を引き出すのでは

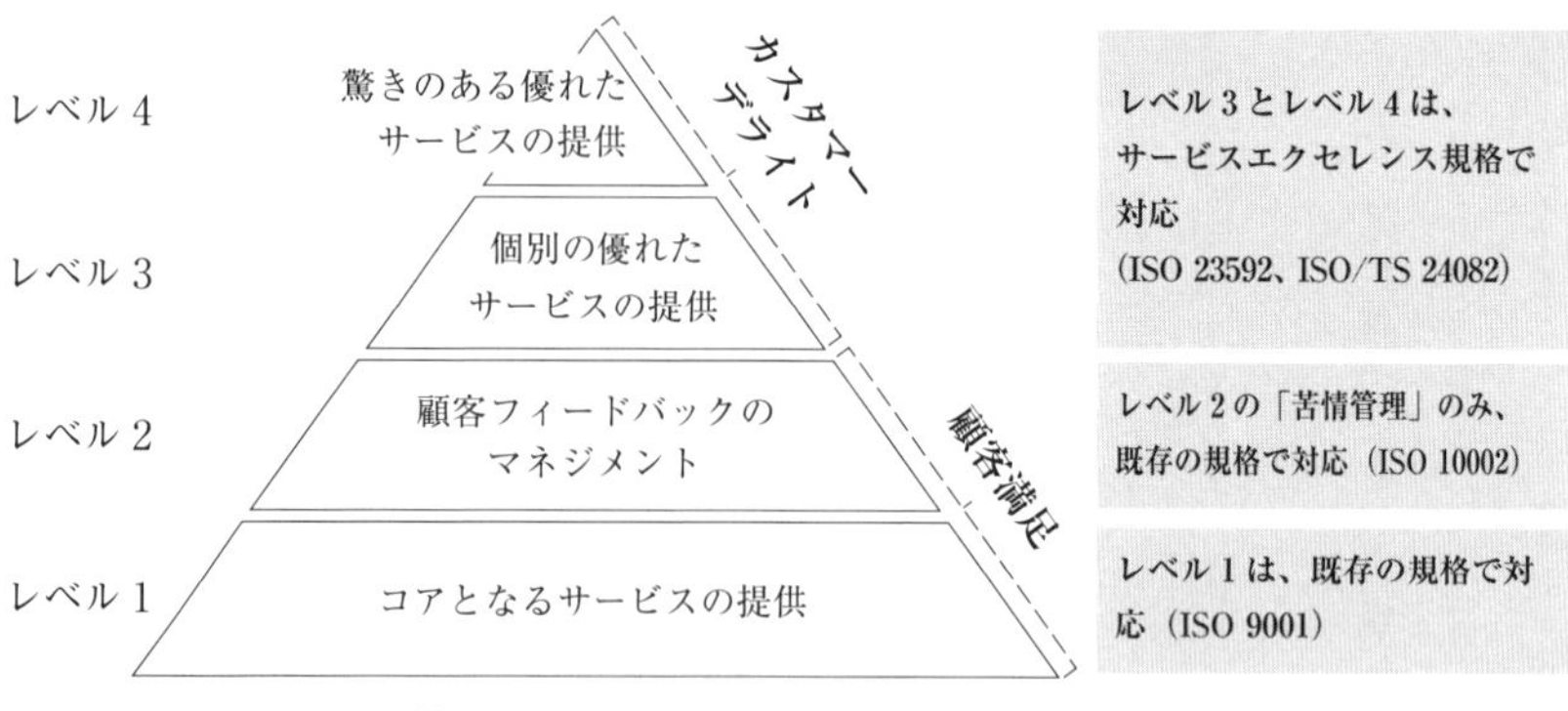

図終-1　サービスエクセレンスピラミッド

出所：水流聡子・原辰徳・安井清一［2022］36頁。

なく、顧客の予想以上あるいは予想外の感動を引き出すことを狙う概念である。顧客の喜び、というより歓喜に近い気持ちを引き出す、といった意味を持つ。

本書では第4章（図4-1）において、感動的サービスというサービス類型を紹介したが、こうしたサービスを実現するためには、顧客を満足させるという従来の発想の、さらに上を行く必要があることになる。

それでは、企業・組織は、何をどのようにおこなっていくべきなのか。その具体案の構想時にヒントになるのが、ここで紹介したサービスエクセレンス規格なのである。

図終-1をみていただきたい。ISO 23592の日本版であるJIS Y 23592では、このようなピラミッド図を用意し、従来の規格がどこに該当するかを一目で理解できるよう示している。

ISOというと、最も有名なISO 9001を思い浮かべる人が多いだろう。読者が日頃、宿泊するホテルや旅館の中にも、ISO 9001の認証を取得している宿泊施設がかなりあるはずである。たとえば、スーパーホテルや東横INNなど、日本のビジネスホテルチェーンのいくつかは、ISO 9001認証を取得している。地方旅館でもその地区を代表する企業は、リーディングカンパニーとして認証を取得していることが多く、たとえば北海道では鶴雅リゾートグループがこれを取得している。

このISO 9001は、品質マネジメントシステム（要求事項を備える）規格であり、もともとは製造業のための規格であったことから想像できるように、簡単に言えば、一定の品質を安定的に供給するための仕組みを実現するための規格である。この認証機関の審査にパスするためには業務手順をマニュアル化したり、人材育成のための研修制度を公式化したりといった、ISOが求める要求水準を達成する必要がある。

話を図終-1に戻すと、このISO 9001は、サービスエクセレンスピラミッドの図の中では、最も下のレベル1に位置づけられる。このレベル1の層は、「コアとなるサービスの提供」と書かれているように、さまざまなサービス活動のうち、もっとも基本的なサービスオペレーションに対応する層である。

それでは次に、レベル2の層を見てみよう。ここには「顧客からのフィードバックのマネジメント」と書かれている。本書でも序章において紹介した図序-2「ホスピタリティ事業の構図」の下部に顧客から従業員、あるいは顧客から企業利益へのフィードバックが想定されていたように、ホスピタリティ産業にとっては重要な層である。

このレベル2に対応する規格として総合的なものはないが、苦情管理に特化したISO 10002（品質マネジメント―顧客満足―組織における苦情対応のための指針）などが部分的に当てはまる。本書でもコールセンターのクレーム対応について第9章で扱ったが、そこでケースとしてあげた例がそうであったように、企業としての指針が何もない状態では、現場が混乱することは目に見えている。優れたマネジメントにより、その対応業務をサポートすれば、顧客満足につながることは容易に想像できるだろう。ホスピタリティ産業にとって、こうしたマネジメント上の指針は、なくてはならないものなのである。

図終-1の下部二層が、「顧客満足」の範疇にあり、前述のように、既存のISO規格でも対応ができていたものである。(12)

(3) カスタマーデライトで引き出す顧客感動

それでは図終-1の上部二層を見ていこう。レベル3は「個別の優れたサービスの提供」とある。第4章(図4-1)において「サービスの個別性」というベクトルを紹介したように、画一的で一律の万人向けサービスを提供するのではなく、個別に対応する要素がサービスに付加されればされるほど、一般的にサービスは進化していく。具体的には、その顧客のためだけに特別に用意されたサービスがそれに当たるが、こうしたサービスは顧客のことをよく知らなければ提案できない。つまり、顧客が自身の情報を開示するなり、自ら価値の創出に参加することがなければ実現しない。その意味では、共同生産の要素が必須になってくるレベルである。

最上部にあるレベル4は、「驚きのある優れたサービスの提供」である。これは個別性が高いだけでなく、第4章(図4-1)において「サービスの即応性」というベクトルを紹介したように、接客スタッフが当意即妙でその場に応じた機転を利かせる必要があるサービスに該当する。しかし、あらかじめ顧客の属性情報や、購買履歴情報によって準備できるようなサービスでは不十分である。なにしろ、「驚き」という感情を顧客から引き出さなければならないからである。

こうした驚きのあるサービスを、現場において実際におこなうためには、権限委譲を末端の従業員に付与し、現場で判断できる裁量を増やすことが前提となる。しかし、それだけでは十分とは言えない。権限委譲が柔軟なサービスを生み出し、それによって第9章で説明した技能的側面に貢献したとしても、もう一つの側面である接遇上の態度的側面が、顧客の驚きに大きく貢献するはずだからである。

また、驚きとは感情であり、従業員の感情労働の助けがあってこそ引き出される。第7章5(2)で紹介した「察し(tact)」によるつられ笑いの例を思い出して欲しい。カスタマーデライトが目指す驚きとは、顧客をびっくりさせたいわけではまったくない。引き出すべき感情は、「感動」なのであるから、顧客側の感受性もサービスの現場に引き出される必要がある。つまり、この驚きをともなったサービスには、「顧客側の察し（tact）」が必要とされるということである。

そして、感動を引き出すためには、態度的側面が大きな役割を果たすはずであり、本書の第7章で扱った感情労働者の演技にも一定の役割が課せられる。

さらに付け加えるならば、本章で紹介した「潜在ニーズ」を引き出す日本的おもてなしの技術は、そのような顧客側の察しという協力が土台としてあり、その上に発揮されるならば、強力な武器となるに違いない。

確かに、日本的おもてなしは、数あるホスピタリティ事業コンセプトのひとつにしか過ぎない。とはいえ、図終-1のピラミッドにおけるレベル4の「驚きのある優れたサービスの提供」を、文字通りの意味で提供したいなら、日本的おもてなしほど最適なものはない。

右記のように、上部二層によって目指す「カスタマーデライト」の創出に対応するのが、ISO 23592と、ISO/TS 24082である。いわば顧客満足は実現して当たり前のレベルであり、カスタマーデライトの二つのレベルこそ、企業が戦略的・組織的に実現すべきレベルということになる。

（4）エクセレントサービスのための設計活動

サービスエクセレンスに関わる二つの規格のうち、ISO 23592は基本規格として、「個別の優れたサービス」や「驚きのある優れたサービス」を生み出すための組織要件を纏めている。

組織要件とあるように、エクセレントサービスを継続的に生み出す組織能力を整備していくことが、本規格の主たるコンテンツとなっており、「原則と概念」、「基本的事項」そして「組織活動」といった内容について、それぞれ要求事項と推奨事項とに分かれて定められている。現時点でISO 23592は認証制度を持たないが、その要求事項に対応中か、あるいは対応を進めているということを、取引先や株主に周知していくことには経営上のメリットがある。なぜなら、サービスエクセレンスの重要性を理解しているステークホルダーにとって、その企業が将来、サービス競争に勝ち残っていけるスタンスを持っているかが、組織能力という根拠あるものとして理解されるからである。

一方で、ISO/TS 24082は設計規格として、サービス設計のための仕様書として纏められている。これはエクセレントサービスのための設計活動として「Design for Excellent Service: DfES」と呼ばれている。

DfESは、サービス提供プロセスを中心に描く一般的なサービスデザイン方法[13]だけでなく、新たな追加原則として、〝感情面〟、〝適応的〟、〝顧客との共創性〟、〝組織と顧客の視点との整合性〟といった四つが提示されている。その原則を加味した上で、DfES活動と呼ばれる以下の五つの活動を企業での設計開発プロジェクトやサービスデザイン手法に組み込んでいくことが奨励されている[14]。

■DfES活動

・A　顧客に対する理解及び共感
・B　設計課題及び独自の価値提案の明確化
・C　顧客接点及びデータポイントによる卓越した顧客体験の設計
・D　共創環境の設計
・E　エクセレントサービスのための設計の評価

ここで、追加原則の一点目が感情面であることに注目したい。この設計規格を策定するワーキンググループのプロジェクトリーダーであった原辰徳によれば、DfES活動のうち、「A　顧客に対する理解及び共感」と「B　設計課題及び独自の価値提案の明確化」においては、従来のサービスデザイン以上に、顧客のポジティブな感情に焦点をあてた顧客体験の理解と問題設定が重要になるのだという[15]。

これはまさに、本書が第Ⅱ部で示したように、感情労働マネジメントを適切におこなった上で、顧客への理解と共感を示しながら、顧客との共創によって卓越した顧客体験を設計せよ、ということであろう。しかし、筆者の立場からＡに一言付け加えるなら、「顧客に対する」従業員側の理解及び共感だけでなく、「従業員に対する」顧客側の理解及び共感が必要となってくることも強調したい。それこそが、前項で述べた「顧客側の察し」として、Ｄでいう共創環境の実効性を高めるのに必要な道具立てになると思うからである。

また、五つの活動のうちのＣは、顧客接点における設計を指している。ISO 23592とISO/TS 24082に含まれないものだが、筆者は本書第Ⅲ部で示した接客ストラテジーもまた、サービスエクセレンスを実現するためには欠かせないものになると考えている。なぜなら、エクセレンスであったかどうかの成否は、つまるところ顧客から従業員へのフィードバック、あるいは顧客から企業へのフィードバックが決めるわけだが、その際には接客の最前線の場で接客ストラテジーが有効に作用したかどうかがカギを握るからである。そして、その成否は、ＤｆＥＳの五つの活動のうち、Ｅの評価となって現れることになる。

右記が、ＤｆＥＳ活動すなわちエクセレントサービスのための設計活動である。

4　サービスエクセレンスピラミッドの頂点

前節に記したように、現在はISO 23592とISO/TS 24082は、まだどちらも認証規格ではなく、ガイドライン規格の位置づけにある。しかし、将来的には、認証の仕組みが取り入れられていく可能性がある[16]。その時、日本的おもてなしは、どのようにそれらを活用すべきだろうか。

　ここまで、日本的おもてなしとサービスエクセレンスを対比させながら述べてきた。それにより筆者は、日本的おもてなしとは、図終-1のレベル4、すなわち「驚きのある優れたサービスの提供」においてこそ、最も高質なホスピタリティ事業コンセプトとして効力を発揮する、ということを明らかにした。

　このように、規格を意識することには当該事業コンセプトのエッジを際立たせる際には、一定のメリットがある。日本的おもてなしは、インバウンド全盛期の現在の日本で、ときに悲しいすれ違いを起こしかねない事業コンセプトであると本章では課題提起したが、規格によってサービスがレベル分けされ、ホスト側とゲスト側とが互いに参照できるモデル図としてうまく機能すれば、両者がすれ違わないで済む可能性が高まる。

　たとえば、同じくエクセレントなサービスとして、カスタマーデライトを目指すサービスであっても、レベル3は「個別の優れたサービスの提供」を総体としてのホスピタリティ事業コンセプトとして提供することを狙うものである。おそらく、このレベル3では、ホスト側はゲストの「顕在ニーズ」に対応すればそれでよい。その一方、レベル4にあっては「驚きのある優れたサービスの提供」が期待されているのだから、ある程度まではホスト側にゲストの「潜在ニーズ」を掘り起こすことで驚きや感動を創出することが期待されている。

　このレベル4を、ホストもゲストも目指しており、互いに察し（tact）を持ち寄って共同生産しつつ接客の最前線に臨むのなら、すれ違うことはない。そして、その前提があれば、日本的おもてなしというホスピタリティ事業コンセプトは効力を発揮するに違いない。名実ともに、優れた接客サービス、優れたホスピタリティとして、日本的おもてなしが機能するのである。

　また、細かな事業コンセプトの違いが明確化されることは、そのコンセプトを持つホスピタリティ事業者と取引しようとする海外の事業者・顧客の立場から見れば、安心して取引したり、購入したりできるメルクマールになる。そうなれば、悲しいすれ違いもさらに起こりづらくなる。このように規格とは、その活かし方さえ理解すれば、極めて合理的なツールとなる。

とはいえ、規格というものは、あくまでも要件と仕様が項目として書かれたものであり、具体的な取り組みモデルを何パターンかに提示してくれるような、便利な戦略オプションを用意しているわけではない。そして、それはISO 23592とISO/TS 24082も例外ではない。つまり、エクセレントサービスを体現するホスピタリティ事業コンセプトとは、おのおのの企業が戦略的に構想し、必要な組織能力を設計し、獲得しなければならないものにほかならない。

このような問題意識を持っていた本書では、ホスピタリティ事業コンセプト策定のための基礎的な戦略論については、第Ⅰ部において集中的に扱うこととした。その上で、第Ⅱ部の感情労働マネジメント、そして第Ⅲ部の接客ストラテジーまでを読者が身につければ、業界レベル、組織レベル、現場レベルといった三つの次元において求められるホスピタリティ・ロジックの範囲をくまなく知ることができるよう、本書を構成した。

もちろん本書は、ホスピタリティ業界あるいはホスピタリティ業務に携わる人々にとって必要な人文社会科学にわたる諸理論の、ほんの入口をガイドしたに過ぎない。今後、読者の方々がそれぞれ、実務的な必要性や、学術的な関心に迫られた際に、筆者が提示した入口を手がかりとして、さらにホスピタリティ・ロジックの世界を探求されんことを切に願っている。

ホスピタリティ・エクセレンスを目指す企業・組織の実務に、本書が少しでも役立てば、著者として望外の喜びである。

注

（1）近藤隆雄［二〇〇七］『サービス・マネジメント入門――ものづくりから価値づくりへの視点へ』（第三版、生産性出版）一八六頁。

（2）この顕在ニーズと潜在ニーズの区分については、近藤隆雄が提案する「上質なサービスの四類型」を参考にした。近藤隆雄［二〇一五］「心情をくむサービス（3）4類型に分けられる」（『日本経済新聞』二〇一五年六月四日付朝刊）二七面。

（3）スイスのジュネーブに本部を置く非政府組織 International Organization for Standardization のこと。製品の標準的なサイズを決めるモノ規格のほか、ISO 9001 や ISO 14001 のようなマネジメントシステム規格も制定する。実質的に欧州が主導してきた枠組みだが、現実的に国際標準として機能するため、日本のＪＩＳ規格（日本産業規格）においても、ＩＳＯの規格を日本語に訳して国内に通用する規格に適用している。たとえば、国際規格である ISO 9001 に対応するのが「JIS Q 9001」である。

（4）ドイツはＩＳＯへの規格提案に先立ち、ドイツ国内規格である「DIN SPEC 77224」を二〇一一年に制定していた。これを欧州規格である「CEN/TS 16880」に二〇一五年に格上げし、こうした実績に基づいてＩＳＯで規格を整備するため、ＩＳＯ内に専門委員会（Technical Committee: TC）をドイツ主導で立ち上げた。結果として二〇二一年にＩＳＯ規格になったのが「ISO 23592」と「ISO/TS 24082」である。このように、サービスエクセレンスに関するＩＳＯ規格は、ドイツが国を上げて入念に準備を進め、日本をはじめとした先進国をその動きに巻き込みながら規格化されていったものである。

（5）ディーター・スパース、バルター・ガンツ、トーマス・レイン、ベルント・ビーンザイスラー［二〇〇九］「サービス・エンジニアリング――サービス・リサーチにおける学際的アプローチ」（ベルンド・スタウス、カイ・エンゲルマン、アンジャ・クレマー、アキム・ルーン／近藤隆雄・日高一義・水田秀行訳『サービス・サイエンスの展開――その基礎、課題から将来展望まで』生産性出版）（Spath, D., Ganz, W., Meiren, T. and Bienzeisler, B. 2008, Service Engineering: A Transdisciplinary Approach in Service Research, in Stauss, B., Engelmann, B., Kremer, A. and Luhn, A. 2008, *Service Science: Fundamentals, Challenges and Future Developments*, Berlin: Springer-Verlag）訳書、六五頁の記述による。

（6）日本の文部科学省とは異なり、初等教育や中等教育は管轄せず、研究に関わる高等教育部門と産業部門を管掌する省庁。

（7）これと同様のことは、他ならぬ日本でもみられる。二〇〇三年に観光立国宣言が政府によってなされたことをきっかけに、これまで立教大学のほか私立大学数校にしかなかった観光学部・学科が、観光立国推進基本法が施行された二〇〇七年までに一挙に四つの国立大学に学部・学科、大学院専攻などが整備されたケースがそれである。当時、政府の動きに足並みを揃えた国立大学は、山口大学の観光政策学科（二〇〇五年設置）、琉球大学の観光科学科（二〇〇五年設置）、和歌山大学の観光学科（二〇〇七年設置）、北海道大学の観光創造専攻（二〇〇七年設置）の四大学である。このうち、筆者（内田）は北海道大学の観光創造専攻のスタートアップメンバーとなり、二〇一六年までの九年間を准教授として在職した。

（8）事実上の標準とは、市場における競争の結果、顧客からの支持を得て、勝ち残ったことで、業界における標準的な規格としてのポジションを得ること。一方、公的標準は国際機関や認証機関が定める製品や部品の規格やマネジメントシステム規格である。これらの他に、製品発売前に複数の企業が協議して標準仕様を決める「コンソーシアム型スタンダード」という区分もある。

（9）市場形成戦略として標準化を含めた戦略を用いること。企業戦略だけでなく、国の経済安全保障の一貫として行う姿勢が求められる。國分俊史［二〇二〇］『エコノミック・ステイトクラフト――経済安全保障の戦い』日本経済新聞出版本部。

（10）たとえば、自由民主党のルール形成戦略議員連盟（甘利明会長）など。

（11）水流聡子・原辰徳・安井清一［二〇二二］『サービスエクセレンス規格の解説と実践ポイント――ISO23592（JIS Y 23592：2021/ISO/TS24082（JIS Y 24082）：2021』日本規格協会、二五～三二頁。

（12）ＩＴサービスマネジメントの規格であるISO/IEC 20000-1は、ＩＴに特化した認証基準およびガイドライン規格だが、サービスエクセレンスピラミッドの図で言えば、レベル1とレベル2とに対応した規格である。

（13）代表例は、リン・ショクタックが提唱した「サービスブループリンティング」。Shostack, G. L.［1981］How to Design a Service, in Donnely, J. H. and George, W. R.（eds.）*Marketing of Services*, Chicago: American Marketing Association.

（14）原辰徳［二〇二三］「サービスデザインと優れたサービスの国際規格」（岡田幸彦・原辰徳編著『サービスサイエンス』放送大学教育振興会）一八〇頁。

（15）原辰徳［二〇二三］一八〇頁。

（16）このサービスエクセレンスに関するＩＳＯ制定のもとになったドイツの規格「DIN SPEC 77224」にも、欧州の規格「CEN/TS 16880」にも認証制度が導入されているため、今後の改定作業により、認証制度が取り入れられる可能性は大いにある。

参考文献

和文

アージリス、C／伊吹山太郎・中村実訳［一九七〇］『組織とパーソナリティー――システムと個人との葛藤』日本能率協会（Argyris, C. 1957, *Personality and Organization: the Conflict between System and the Individual*, New York: Harper & Row）。

青木義英・神田孝治・吉田道代編著［二〇一三］『ホスピタリティ入門』新曜社。

安達巧・石部紗貴子編著［二〇一〇］『大学准教授 真島弘之――モノ言える顧客』ふくろう出版。

アンゾフ、H・I／廣田寿亮訳［一九六九］『企業戦略論』産業能率短期大学出版部（Ansoff, H.I. 1965, *Corporate Strategy: An Analytic Approach to Business Policy for Growth and Expansion*, New-York: McGrow-Hill）。

石黒武人［二〇〇六］「多文化関係における日本的コミュニケーションの可能性――「察し」に内蔵された肯定的側面」（『多文化関係学』第三巻）一五一～一六〇頁。

磯村和人［二〇一二］「経営戦略の技法」（沼上幹編著『学史から学ぶ経営戦略』文眞堂、一〇二～一三〇頁）。

井上達彦［二〇一九］『ゼロからつくるビジネスモデル』東洋経済新報社。

岩井千春［二〇一七］「接客指導の教材におけるポライトネスに関する一考察」（『言語と文化（大阪府立大学）』第一六巻）二七～四一頁。

岩崎明夫［二〇一三］「ワーク・エンゲイジメントとポジティブメンタルヘルス」（『産業保健21』第一一二号）一四～一七頁。

内田晃［二〇一四］「ドイツにおけるカーシェアリングサービスの比較考察」（『北九州市立大学都市政策研究所紀要』第八号）二一～四〇頁。

内田純一［二〇一三］「サービス商品の〝値上げ力〟を考える」（『ほくよう調査レポート』第三二七号）二四～三〇頁。

内田純一［二〇一四］「接客における「褒め」のポライトネス理論的考察」（『人文研究（小樽商科大学）』第一四八輯）七五～一一一頁。

ヴルーム、V・H／坂下昭宣、榊原清則、小松陽一、城戸康彰訳［一九八二］『仕事とモティベーション』千倉書房（Vroom, V. H. 1964,

Work and Motivation, New York: John Wiley & Sons）。

エーベル、D・F／石井淳蔵訳［一九八四］『事業の定義――戦略計画策定の出発点』千倉書房（Abell, D. F. 1980, *Defining the Business: The Starting Point of Market Planning*, Upper Saddle River: Prentice Hall）

エクマン、P／工藤力訳編［一九九二］『暴かれる嘘――虚偽を見破る対人学』誠信書房（Ekman, P. 1985, *Telling Lies: Clues to Deceit in the Marketplace, Politics, and Marriage*, New York: Norton）。

大方優子・乾弘幸［二〇二二］「ファンツーリズムの行動実態に関する基礎的研究――推し消費と観光行動に関する一考察」（『産業経営研究所報（九州産業大学）』第五四号）四九～六二頁。

太田肇［二〇〇七］『承認欲求――「認められたい」をどう活かすか?』（東洋経済新報社）。

オルデンバーグ、R／忠平美幸訳［二〇一三］『サードプレイス――コミュニティの核になる「とびきり居心地よい場所」』みすず書房（Oldenburg, R. 1989, *The Great Good Place: Cafes, Coffee Shops, Bookstores, Bars, Hair Salons, and Other Hangouts at the Heart of a Community*, Saint Paul: Paragon House）。

勝田良知［二〇二〇］「Ryanair とeasyJet の対比を中心とした欧州ＬＣＣの現状考察」（『関西外国語大学研究論集』第一一一号）二八七～三一六頁。

金井壽宏・髙橋潔［二〇〇八］「組織理論における感情の意義」（『組織科学』第四一巻四号）四～一五頁。

久保真人［二〇〇四］『バーンアウトの心理学――燃え尽き症候群とは』サイエンス社。

久保真人［二〇一二］「バーンアウト――使命感の喪失が引き起こす「病」」（『DIAMOND ハーバードビジネスレビュー』第四六巻七号）三〇～四〇頁。

講談社編［二〇一九］『改訂版 東京ディズニーリゾート キャストの仕事――あの笑顔のヒミツがわかる!』講談社。

ゴー、F・M、パイン、R／安室憲一監訳、有村貞則・古沢昌之・四宮由紀子・徳永典子・西井進剛訳［二〇〇二］『ホテル産業のグローバル戦略』白桃書房（Go, F. M. and Pine, R. 1995, *Globalization Strategy in the Hotel Industry*, London: Routledge）。

國分俊史［二〇二〇］『エコノミック・ステイトクラフト――経済安全保障の戦い』日経ＢＰ・日本経済新聞出版本部。

ゴッフマン、E／石黒毅訳［一九七四］『行為と演技――日常生活における自己呈示』誠信書房（Goffman, E. 1959, *The Presentation of Self in Everyday Life*, New York: Doubleday）。

ゴッフマン、E／佐藤毅・折橋徹彦訳［一九八五］『出会い——相互行為の社会学』誠信書房（Goffman, E. 1961, *Encounters: Two Studies in the Sociology of Interaction*, Indianapolis: Bobbs-Merrill）。

ゴッフマン、E／浅野敏夫訳［二〇〇二］『儀礼としての相互行為——対面行動の社会学』（新訳版、法政大学出版局）（Goffman, E. 1967, *Interaction Ritual: Essay on Face to Face Behavior*, Anchor Books, New York: Doubleday）。

小林多喜二［一九二九］『蟹工船』戦旗社。

近藤隆雄［一九九九］『サービス・マーケティング——サービス商品の開発と顧客価値の創造』生産性出版。

近藤隆雄［二〇〇七］『サービス・マネジメント入門——ものづくりから価値づくりの視点へ』（第三版、生産性出版）。

清水洋［二〇〇六］「サウスウエスト航空——ポイント・システムの経営戦略」（『一橋ビジネスレビュー』第五三巻四号）一一二〜一二二頁。

シュミット、B・H／嶋村和恵・広瀬盛一訳［二〇〇〇］『経験価値マーケティング——消費者が何かを感じるプラスαの魅力』ダイヤモンド社（Schmitt, B. H. 1999, *Experiential Marketing: How to Get Customers to Sense, Feel, Think, Act, and Relate to Your Company and Brands*, New York: The Free Press）一六九〜一七二頁。

新藤晴臣［二〇一五］『アントレプレナーの戦略論——事業コンセプトの創造と展開』中央経済社。

鈴木和雄［二〇一二］『接客サービスの労働過程論』御茶の水書房。

スタウス、B、シーデル、W／近藤隆雄監訳［二〇〇八］『苦情マネジメント大全——苦情の受理から分析・活用までの体系』生産性出版（Stauss, B. and Seidel, W. 2004, *Complaint Management: The Heart of CRM*, Mason: Thomson South-Western Pub.）。

スパース、D、ガンツ、W、マレイン、T、ビーンザイスラー、B［二〇〇九］「サービス・エンジニアリング——サービス・リサーチにおける学際的アプローチ」（スタウス、B、エンゲルマン、B、クレマー、A、ルーン、A／近藤隆雄・日高一義・水田秀行訳『サービス・サイエンスの展開——その基礎、課題から将来展望まで』生産性出版、六一〜七六頁）（Spath, D., Ganz, W., Meiren, T. and Bienzeisler, B. 2008, Service Engineering: A Transdisciplinary Approach in Service Research, in Stauss, B., Engelmann, B., Kremer, A. and Luhn, A. 2008, *Service Science: Fundamentals, Challenges and Future Developments*, Berlin: Springer-Verlag, pp. 41–53）。

スペンサー＝オーティー・H編著／浅羽亮監修、田中典子・津留崎毅・鶴田庸子・熊野真理訳・福島佐江子訳［二〇〇四］『異文化理解の語用論——理論と実践』研究社（Spencer-Oatey, H.（ed.）2000, *Culturally Speaking: Managing Rapport in Talk Across*

Cultures, London: Continuum)。

スミス、A・H／石井宗晧・岩崎菜子訳［二〇一五］『中国人的性格』中公叢書（Smith, A. H. 1894, *Chinese Characteristic*, New York: Revell)。

ソシュール、F／町田健訳［二〇一六］『ソシュール一般言語学講義』（新訳、研究社）（de Saussure, F. 1916, *Cours de linguistique générale*, Critical edition prepared by Tullio de Mauro, Paris: Payot)。

高野登［二〇〇五］『リッツ・カールトンが大切にするサービスを超える瞬間』かんき出版。

田中宏隆・岡田亜希子・瀬川明秀［二〇二〇］『フードテック革命――世界７００兆円の新産業「食」の進化と再定義』日経ＢＰ。

谷口功一・スナック研究会編著［二〇一七］『日本の夜の公共圏――スナック研究序説』白水社。

水流聡子・原辰徳・安井清一［二〇二二］『サービスエクセレンス規格の解説と実践ポイント――ISO 23592（JIS Y 23592）: 2021/ISO/TS 24082（JIS Y 24082）: 2021』日本規格協会。

デシ、E・L／安藤延男・石田梅男訳［一九八〇］『内発的動機づけ――実験社会心理学的アプローチ』誠信書房（Deci, E. L. 1975, *Intrinsic Motivation*, New York: Plenum Press)。

デシ、E・L、フラスト・R／桜井茂男訳［一九九九］『人を伸ばす力――内発と自律のすすめ』新曜社（Deci, E. L., Flaste, R. 1995, *Why We Do What We Do: The Dynamics of Personal Autonomy*, New York: G. P. Putnam's Sons)。

ドゥブランク、R、井上富紀子［二〇〇七］『リッツ・カールトン20の秘密――一枚のカードに込められた成功法則』オータパブリケイションズ。

徳江順一郎［二〇二二］『ホスピタリティ・マネジメント』（第三版、同文舘出版）。

ドラッカー、P・F／野田一夫監修、現代経営研究会訳［一九五六］『現代の経営』自由国民社（Drucker, P. F. 1954, *The Practice of Management*, New York: Harper & Row)。

トンプソン、J・D／大月博司・廣田俊郎訳［二〇一二］『行為する組織――組織と管理の理論についての社会科学的基盤』同文舘出版（Thompson, J. D. 1967, *Organization in Action: Social Science Bases of Administrative Theory*, New York: McGraw-Hill)。

中田梓音［二〇一三］「「おかま」と客の会話から見る接客言語ストラテジーに関する一考察」（『総研大文化科学研究』第九号）一二三〜一三四頁。

中田梓音［二〇一九］『スナックの言語学――距離感の調整』三元社。

西尾久美子［二〇〇七］『京都花街の経営学』東洋経済新報社。

沼上幹［二〇〇九］『経営戦略の思考法――時間展開・相互作用・ダイナミクス』日本経済新聞出版社。

ハーズバーグ、F／北野利信訳［一九六八］『仕事と人間性――動機づけ―衛生理論の新展開』東洋経済新報社（Herzberg, F. 1966, *Work and the Nature of Man*, Cleveland: World Pub. Co.）。

バーニー、J・B／岡田正大訳［二〇〇三］『企業戦略論――競争優位の構築と持続（上・中・下）』ダイヤモンド社（Barney, J. B. 2002, *Gaining and Sustaining Competitive Advantage*, 2nd Editon, Upper Saddle River: Prentice Hall）。

パイヤー、H・C／岩井隆夫訳［一九九七］『異人歓待の歴史――中世ヨーロッパにおける客人厚遇、居酒屋そして宿屋』ハーベスト社（Peyer, H. C. 1987, *Von der Gastfreundschaft zum Gasthaus: Studien zur Gastlichkeit im Mittelalter*, Hannover: Hahnsche Buchhandlung）。

バッカー、A・B、ライター、M・P編／島津明人総監訳［二〇一四］『ワーク・エンゲイジメント――基礎理論と研究のためハンドブック』星和書店（Bakker, A. B., and Leiter, M. P., (eds.) 2010, *Work Engagement: A Handbook of Essential Theory and Research*, Hove: Psychology press）。

服部勝人［二〇〇八］『ホスピタリティ・マネジメント入門』（第二版、丸善）。

原辰徳［二〇二三］「サービスデザインと優れたサービスの国際規格」（岡田幸彦・原辰徳編著『サービスサイエンス』放送大学教育振興会、一六九～一八四頁）。

バンデュラ、A／原野広太郎訳［一九七九］『社会的学習理論――人間理解と教育の基礎』金子書房（Bandura, A. 1971, *Social Learning Theory*, Hoboken: Prentice Hall）。

廣間準一［二〇一五］「ホテル分類を考慮した重点開発項目の抽出研究」（『日本国際観光学会論文集』第二二号）八九～九五頁。

舩田千秋・菊内由貴編集［二〇一七］『エキスパートナースの実践をポライトネス理論で読み解く――看護技術としてのコミュニケーション』医学書院。

フライバーグ、K、フライバーグ、J／小幡照雄訳［一九九七］『破天荒！――サウスウエスト航空―驚愕の経営』日経BP（Freiberg, K. and Freiberg, J. 1996, *NUTS!: Southwest Airlines' Crazy Recipe for Business and Personal Success*, Portland: Bard Press）。

ブラウナー、R／佐藤慶幸監訳、吉川栄一・村井忠政・辻勝次共訳［一九七一］『労働における疎外と自由』新泉社（Blauner, R. 1967, *Alienation and Freedom: The Factory Worker and His Industry*, Chicago: University of Chicago Press）。

ブラウン、P、レヴィンソン、S・C／田中典子監訳［二〇一一］『ポライトネス――言語使用におけるある普遍現象』研究社（Brown, P. and Levinson, S. C. 1987, *Politeness: Some Universals in Language Use*, Cambridge: Cambridge University Press）。

ボー、J・J、ラジャ、A・S／友納仁子訳［二〇二一］「過酷な現場に学ぶ6つの教訓――ボストン最大の病院はバーンアウトの危機をどう乗り越えたか」（『DIAMOND ハーバードビジネスレビュー』第四六巻七号）七〇～七七頁（Baugh, J. J. and Raja, A. S. 2021, Six Lessons on Fighting Burnout from Boston's Biggest Hospital, *Harvard Business Review*, 99(1), pp. 48-37）。

ポーター、M・E／土岐坤・中辻萬治・服部照夫訳［一九八二］『競争の戦略』ダイヤモンド社（Porter, M. E. 1980, *Competitive Strategy: Techniques for Analyzing Industrial and Competitors*, New York: The Free Press）。

ポーター、M・E／土岐坤・中辻萬治・小野寺武夫訳［一九八五］『競争優位の戦略――いかに高業績を持続させるか』ダイヤモンド社（Porter, M. E. 1985, *Competitive Advantage: Creating and Sustaining Superior Performance*, New York: The Free Press）。

ポーター、M・E／竹内弘高訳［一九九九］『競争戦略論Ⅰ』ダイヤモンド社（Porter, M. E. 1998, *On Competition*, Brighton: Harvard Business School Press）。

ホール、E・T／岩田慶治・谷泰訳［一九八〇］『文化を超えて』TBSブリタニカ（Hall, E. T. 1976, *Beyond Culture*, New York: Anchor Press, Doubleday）。

ホックシールド、A・R／石川准・室伏亜希訳［二〇〇〇］『管理される心――感情が商品になるとき』世界思想社（Hochschild, A. R. 1983, *The Managed Heart: Commercialization of Human Feeling*, Berkeley: University of California Press）。

ポランニー、K／玉野井芳郎・栗本慎一郎訳［一九八〇］『人間の経済Ⅰ――市場社会の虚構性』岩波現代選書（Polanyi, K. 1977, *The Livelihood of Man*, New York: Academic Press）。

前田勇［二〇〇七］『現代観光とホスピタリティ――サービス理論からのアプローチ』学文社。

マグレガー、D／高橋達男訳［一九六六］『企業の人間的側面――統合と自己統制による経営』産業能率短期大学（McGregor, D. M. 1960, *The Human Side of Enterprise*, New York: McGraw-Hill）。

マズロー、A・H／小口忠彦監訳［一九七一］『人間性の心理学――モチベーションとパーソナリティ』産業能率短期大学出版部

（Maslow, A. H. 1954, *Motivation and Personality*, New York: Harper & Brothers）。

マズロー、A・H／小口忠彦訳［一九八七］『人間性の心理学――モチベーションとパーソナリティ』（改訂新版、産能大学出版部）（Maslow, A. H. 1970, *Motivation and Personality*, 2nd Edition, New York: Harper & Row）。

松田良子・竹田明弘［二〇一一］「看護師の動機づけ要因の変化とその組織的要因――内発的動機の観点から」（『大阪学院大学企業情報学研究』第一〇巻三号）三三～五一頁。

モース、M／森山工訳［二〇一四］『贈与論――他二篇』岩波文庫（Mauss, M. 1978, *Essai sur le don: Forme et raison de l'échange dans les sociétés archaïques*, Paris: P.U.F.）。

森きょうか［二〇二三］『上質なホスピタリティサービスを提供する「察しのスキル」――客室乗務員はなぜ寄り添うことができるのか』晃洋書房。

森元伸枝［二〇〇九］『洋菓子の経営学――「神戸スウィーツ」に学ぶ地場産業育成の戦略』プレジデント社。

安岡寛道・富樫佳織・伊藤智久・小片隆久［二〇二四］『ビジネスフレームワークの教科書――アイデア創出・市場分析・企画提案・改善の手法55』ＳＢクリエイティブ。

山内裕［二〇一五］『闘争としてのサービス――顧客インタラクションの研究』中央経済社。

山下万里香［二〇一七］『スタイリストが教える　お客様をもっと素敵にする！　接客術』同文舘出版。

山本哲士［二〇〇八］『ホスピタリティ原論――哲学と経済の新設計』文化科学高等研究院。

結城祥［二〇二一］「今、なぜポジショニングを問うのか」（『一橋ビジネスレビュー』第六九巻二号）一一四～一一九頁。

吉岡泰夫・辛昭静［二〇一〇］「患者―医療者間コミュニケーション適切化のための医療ポライトネス・ストラテジー」（『社会言語科学』第一三巻一号）三五～四七頁。

吉岡泰夫・早野恵子・徳田安春・三浦純一・本村和久・相澤正夫・田中牧郎・宇佐美まゆみ［二〇〇八］「良好な患者医師関係を築くコミュニケーションに効果的なポライトネス・ストラテジー」（『医学教育』第三九巻四号）二五一～二五七頁。

米倉誠一郎・笠崎州雄［二〇〇四］「フレッシュネスバーガー――成熟市場における後発企業の参入戦略」（『一橋ビジネスレビュー』第五一巻四号）一二〇～一三三頁。

ラッシュ、R・F、バーゴ、S・L／井上崇通監訳、庄司真人・田口尚史訳［二〇一六］『サービス・ドミナント・ロジックの発想と応用』

同文舘出版（Lusch, R. F. and Vargo, S. L. 2014, *Service-Dominant Logic: Premises, Perspective, Possibilities*, Cambridge: Cambridge University Press）。

ラブロック、C、ウィルツ・J／白井義男監修、武田玲子訳［二〇〇八］『ラブロック&ウィルツのサービス・マーケティング』ピアソン・エデュケーション（Lovelock, C. and Writz, J. 2007, *Service Marketing: People Technology, Strategy*, 6th Edition, Hoboken: Prentice Hall）。

リーチ、G H／池上嘉彦・河上誓作訳［二〇〇〇］『語用論』紀伊國屋書店（Leech, G. N. 1983, *Principles of Pragmatics*, Harlow: Longman）。

リーチ、G・H／田中典子監訳［二〇二〇］『ポライトネスの語用論』研究社（Leech, G. N, 2014, *The Pragmatics of Politeness*, Oxford: Oxford University Press）。

ルメルト、R・P／鳥羽欽一郎・山田正喜子・川辺信雄・熊沢孝訳［一九七七］『多角化戦略と経済成果』東洋経済新報社（Rumelt, R. P. 1974, *Strategy, Structure and Economic Performance*, Cambridge : Harvard University Press）。

欧文

Alderfer, C. P. [1972] *Existence, Relatedness, and Growth: Human Needs in Organizational Settings*, New York: The Free Press.

Bakker, A. B. and Demerouti, E. [2017] Job Demands–Resources Theory: Taking Stock and Looking Forward, *Journal of Occupational Health Psychology*, 22(3), pp. 273–285.

Bandura, A. [1986] *Social Foundations of Thought and Action : A Social Cognitive Theory*, Hoboken: Prentice Hall.

Bandura, A. [1997] *Self-Efficacy: The Exercise of Control*, New York: W. H. Freeman.

Barney, J. B. [1991] Firm Resources and Sustained Competitive Advantage, *Journal of Management*, 17(1), pp. 99–120.

Becker, L. J. [1978] Joint Effect of Feedback and Goal Setting on Performance: A Field Study of Residential Energy Conservation, *Journal of Applied Psychology*, 63(4), pp. 428–433.

Deci, E. L. [1971] The Effects of Externally Mediated Rewards on Intrinsic Motivation, *Journal of Personality and Social Psychology*, 18(1), pp. 105–115.

Dong, Y., Liao, H., Chuang, A., Zhou, J., and Campbell, E. M. [2015] Fostering Employee Service Creativity: Joint Effects of Customer Empowering Behaviors and Supervisory Empowering Leadership, *Journal of Applied Psychology*, 100(5), pp. 1364–1380.

Grouth, M. [2009] Customer Reactions to Emotional Labor: The Roles of Employee Acting Strategies and Customer Detection Accuracy, *Academy of Management Journal*, 52(5), pp. 958–974.

Grove, S. J., Fisk, R. P. and Bitner, M. J. [1992] Dramatizing the Service Experience: A Managerial Approach, in Swartz, T. A., Bowen, D. E. and Brown, S. W. (eds.) *Advances in Services Marketing and Management: Research and Practice*, Vol. 1, Greenwich: JAI Press, pp. 91–121.

Kotler, P. [1989] From Mass Marketing to Mass Customization, *Planning Review*, 17(5), pp. 10–47.

Kotler, P., Bowen, J. T., Makens, J. and Baloglu, S. [2021] *Marketing for Hospitality and Tourism*, 8th Edition, Harlow: Pearson Education Limited.

Levitt, T. [1972] Production–Line Approach to Service, *Harvard Business Review*, 50(5), pp. 41–52.

Locher, M. A. and Watts, R. J. [2005] Politeness Theory and Relational Work, *Journal of Politeness Research*, 1(1), pp. 9–33.

Locke, E. A. [1968] Toward a Theory of Task Motivation and Incentives, *Organizational Behavior and Human Performance*, 3(2), pp. 157–189.

Locke, E. A., and Latham G. P. [1990] *A Theory of Goal Setting and Task Performance*, Hoboken: Prentice Hall.

Locke, E. A., Shaw N. R., Saari, L. M., and Latham G. P. [1981] Goal Setting and Task Performance: 1969–1980, *Psychological Bulletin*, 90(1), pp. 125–152.

Marx, K., Tr. Fowkes, B. [1977] *Capital*, Vol. 1., New York: Vintage.

Matsui, T., Okada, A. and Inoshita, O. [1983] Mechanism of Feedback Affecting Task Performance, *Organizational Behavior and Human Performance*, 31(1), pp. 114–122.

McGahan, A. and Porter, M. E. [1997] How Much Does Industry Matter Really?, *Strategic Management Journal*, 18, pp. 15–30.

McMillan D. W. and Chavis, D. M. [1986] Sense of Community: A Definition and Theory, *Journal of Community Psychology*, 14(1), pp. 6–23.

Porter, L. W. and Lawler III, E. E. [1968] *Managerial Attitudes and Performance*, Homewood: Richard D. Irwin.

Porter, M. E. [1996] What is Strategy? *Harvard Business Review*, 74(6), pp. 61-78.

Porter, M. E. [2001] Strategy and the Internet, *Harvard Business Review*, 79(3), pp. 62-78.

Prahalad, C. K. and Hamel, G. [1990] The Core Competence of the Corporation, *Harvard Business Review*, 68(3), pp. 79-91.

Rogers, C. R. [1940] The Processes of Therapy, *Journal of Consulting Psychology*, 4(5), pp. 161-164.

Rumelt, R. P. [1991] How Much Does Industry Matter? *Strategic Management Journal*, 12(3), pp. 167-185.

Seeman, M. [1959] On the Meaning of Alienation, *American Sociological Review*, 24(6), pp. 783-791.

Shostack, G. L. [1981] How to Design a Service, in Donnely, J. H. and George, W. R. (eds.) *Marketing of Service*s, Chicago: American Marketing Association.

Sturman, M. C., Corgel, J. B. and Verma, R. (eds.) [2011] *The Cornell School of Hotel Administration on Hospitality: Cutting Edge Thinking and Practice*, Hoboken: Wiley.

Teece, D. J. and Pisano, G. [1994] The Dynamic Capabilities of Firms: An Introduction, *Industrial and Corporate Change*, 3(3), pp. 537-556.

Wrzesniewski, A. and Dutton, J. E. [2001] Crafting a Job: Revisioning Employees as Active Crafters of Their Work, *Academy of Management Review*, 26(2), pp. 179-201.

Zapf, D., Aeifert, C., Schmutte, B., Mertini, H. and Holz, M. [2001] Emotion Work and Job Stressors and Their Effects on Burnout, *Psychology and Health*, 16(5), pp. 527-545.

Zeithaml, V. A., Bitner, M. J. and Gremler, D. D. [2017] *Services Marketing: Integrating Customer Focus Acrross the Firm*, 5th Edition, New York: McGraw-Hill, pp. 311-343.

参考ＵＲＬ

「アパグループウェブサイト」https://www.apahotel.com/sankaku-hotel（二〇二四年八月一日　最終確認）。

「株式会社セブン＆アイ HLDGS.　コーポレートアウトライン　２０２１」https://www.7andi.com/ir/file/library/co/pdf/2022_05.pdf

（二〇二四年六月一日 最終確認）。

「ジョブ・クラフティング研修プログラム実施マニュアル（慶應義塾大学総合政策学部島津明人研究室）」https://hp3.jp/wp-content/uploads/2019/09/14.pdf（二〇二四年四月二五日 最終確認）。

「職場環境へのポジティブアプローチ（慶應義塾大学総合政策学部島津明人研究室）」（二〇一九年三月発行）https://hp3.jp/wp-content/uploads/2019/06/02.1.pdf（二〇二四年四月二五日 最終確認）。

「テイラー・スウィフト公演鑑賞旅行、マリオットのポイントで可能に」『ブルームバーグ』二〇二四年四月二八日、ニュース記事。https://www.bloomberg.co.jp/news/articles/2024-02-28/S9JQIWT0AFB400（二〇二四年五月三一日 最終確認）。

「日本マクドナルドホールディングスＩＲ情報」https://www.mcd-holdings.co.jp/ir/sales_report/（二〇二四年五月二八日 最終確認）、

「chocoZAP 会員数日本一＆グランドオープン一周年記念 chocoZAP 新サービス全店導入を正式決定」（ＲＩＺＡＰグループ株式会社二〇二三年九月二八日付けプレスリリース）https://www.rizapgroup.com/news/detail?topics_id=713（二〇二四年一一月七日 最終確認）。

「ＭＢＩマニュアル」（第四版）https://www.mindgarden.com/maslach-burnout-inventory-mbi/685-mbi-manual.html（二〇二四年一一月七日 最終確認）。

「ＯＩＣサイト」https://oicgroup.co.jp/about（二〇二四年六月一日 最終確認）。

新聞・雑誌記事

『観光経済新聞』所収、電子版記事、「世界最大ホテルチェーンの戦略 マリオット・インターナショナル アジア太平洋プレジデント ラジーブ・メノン氏に聞く」二〇二四年四月三〇日付。

『日本経済新聞』所収、電子版記事、「スーパー「ロピア」、売り場で年収一〇〇〇万円 二〇代から」二〇二四年五月一九日付。

『日本経済新聞』所収、電子版記事、「ＲＩＺＡＰ、ジムから健康インフラへ ＳＯＭＰＯとデータ連携」二〇二四年七月一日付。

近藤隆雄「心情をくむサービス（3） 4類型に分けられる」（『日本経済新聞』二〇一五年六月四日付朝刊）二七面。

Swartz, M. Victoria's Secret, *The New Yorker*, March 30, 1998, pp. 94–101.

あとがき

本書は小樽商科大学出版会から刊行される書物としては、はじめての経営学領域の本である。とはいえ、目次をみていただければわかるように、本書の扱う領域は経営学にとどまらず、経済人類学、モチベーション心理学、ゴッフマンの社会学、言語学の語用論までを扱った人文・社会科学の広範囲のロジックを網羅した内容を有している。多彩な学問分野を縦糸に、ホスピタリティというテーマを横糸にして編んだのが本書である。本書は基本的に書き下ろしであるが、既発表記事（内田純一［二〇二三］）を文体・内容とも大幅に改変した上で第4章に含む。本書への収録を許可いただいた掲載誌の企画・制作元である北海道二十一世紀総合研究所調査部に感謝したい。

かつて小林多喜二や伊藤整も学んだ小樽高等商業学校以来の長い歴史を有する小樽商科大学で新しいことに取り組む際には身の引き締まる思いがするが、ホスピタリティというタイトルを冠した本書は、けっして奇をてらったものではない。近年の本学は、観光産業マネジメントや医療マネジメントの産学官共同プロジェクトを豊富に手掛けるなど、広い意味でのホスピタリティ産業に関連する教育研究を加速しているからである。北海道内では知名度の高い本学だが、ホテルやレストラン、医療機関などのホスピタリティ産業と、本学の研究教育動向とを結びつける北海道民はおそらく少ないであろう。しかし、いまや本学はホスピタリティ研究・教育と切っても切り離せないくらい関係性を強めているといっても過言ではない。ホスピタリティの名前を関する本書をあえて本学刊行物に含めることには、ホスピタリティ分野での本学の存在感を、対外的に広く周知したいという筆者としての願いがある。

ところで、本学で始めた新しい取り組みの中には、筆者が本学赴任後に商学部で担当することになった「経営戦略論」という科目の新設も含まれる。意外に思われるかもしれないが、経営戦略論という科目が日本の大学に設置されるようになったのは比較的最近である。経営戦略という用語が一般に使われるようになったのは一九六〇年代初頭であり、大学に所属する研究者が経営戦略や戦略的経営といった問題を扱い始めるのは一九七〇年代に入ってからである。大学のカリキュラムは一九九一年に大学設置基準の規制緩和（俗にいう「大綱化」）がなされるまでは（学部や学科の新設時でもない限り）、新しい科目が追加されることはほとんどなかったためか、本学の商学部にも経営戦略論という科目は置かれていなかった。結果として二〇一七年に、筆者は本学商学部初の経営戦略論担当者となったのである。余談だが、筆者が籍を置く同大ビジネススクールで担当する統合科目「サービスマネジメント」も、筆者が移籍する際に新設された科目である。

経営戦略論という科目は比較的人気の高い科目である。そのような科目を担当できることは身に余る光栄なことであるが、せっかく担当するからには個性的な科目内容にしたい。従来、経営戦略論は製造業のケースを使って講じられてきたが、筆者の専門分野であるサービス業とりわけホスピタリティ産業のケースで経営戦略論を講じられないものか。そうすれば自分自身のキャリアも講義内容に反映しやすい。ただ、そう勢い込んでみたところで、巷に適当なテキストはなかった。いずれホスピタリティ領域に最適化された経営戦略論テキストを自分で作ろう。こうした思いを抱きながらも、すぐには実現できなかった。

本書が成るきっかけとなったのは、社会人向けビジネススクールで教鞭を執るようになったある日、「われわれ教員も感情労働者なのではないか」という実感を突然抱いたことであった。筆者は民間企業勤務を経て、研究者養成型の大学院で助手、准教授として研究教育歴を積み、その後に社会人教育をおこなう国立大学の専門職大学院の教授となって現在に至る。このうち最もキャリアが長いのは研究者養成機関に所属していた時期であるが、その間には一度も大学教員が感情労働者であるなどと思ったことはなかった。しかし、社会人向け専門職大学院はアカデミアとは違う。在学生の多くは勤務先を持っており、院生というより会社員としてのアイデンティティの方が強い。彼ら彼女らは社会人大学院を文字通りの意味で教育サービス提供機関として認識している。ひらたくいえば「お客様意識」が強い。一方、教員側にも通常の大学教育とは違い、あたかもホスピタリティ産業従事者が「接客」に臨むがごとく、講義前に自らを鼓舞するためのルーティンを取り入れたり、受講生の体験価値を引き出すファシリテーターになりきったりと、まるで舞台俳優の本番前のような心の準備が求められる。ビジネススクール教員は感情労働者そのものである。

そう考えてみると、サービス経営学を専門領域としながら、感情労働と接客の問題に取り組んでこなかったことがむしろ不思議に思えてきた。善は急げと、自分事として研究を開始したのが二〇二三年だった。いざ研究を始めてみると、社会学や言語学など、新たに吸収しなければならない人文・社会科学領域の理論・知識が多いことに圧倒されかけたが、同時に自分がこれまで学んできた経営学領域の理論・知識、そして実務経験の記憶が、次から次へと感情労働と接客の問題を軸に再編集されていくような不思議な感覚にとらわれた。具体的には、感情労働者の動機づけのために、なぜ従来の製造業を対象とした研究成果がそのままあてはまらないのだろうかと考える作業の初期段階では、過去に学んだ古典的な経営管理論を再び学び直し、ホスピタリティの文脈にあてはめなおす必要に迫られた。またあるときは、接客サービス従事者の対話例（スキット）を研究素材としながら、自らの過去のアルバイト歴や実務歴の記憶をたぐり寄せ、販売員としての接客経験や、営業社員としてのセールス経験を懐かしく思い出しながら、対話分析をおこなったりした。研究を進めながら、しばしば自らの学習歴や社会人歴を振り返り、現場の接客担当者に舞い戻ったかのような既視感に包まれていたのである。

経営学領域の研究者である筆者にとって、社会学はともかく言語学は遠い存在のようにみえるかもしれない。しかし、筆者が最初にアカデミックポストを得て籍を置いた部門は言語文化部門を包括していたため、筆者の周囲には言語の専門家が多かった。本書で大きく取り上げたポライトネス理論についても、記述の正確さを期すために、草稿を旧知の言語学者である水島梨紗先生に読んでいただいた。もちろん、本書にあり得る誤謬の責は筆者にある。

また本書には、観光領域の事例が散りばめられているが、これらには准教授として観光研究部門に移籍してからの教育・研究の蓄積が役立っている。直接・間接に指導に携わった社会人学生や、学位取得後に社会人となった卒業生らは、現在でも筆者に実務的な刺激を与えつづけてくれている。最新の観光事情に関する実務的な知見が卒業生たちから得られることは、筆者の大きな財産となっている。もちろん現在の職場における社会人大学院生との講義中の白熱した議論からも多くの刺激を受けており、そこから新たな研究課題が見出されることも珍しくない。

思い起こしてみれば、筆者が観光学にはじめて触れ、ホスピタリティ産業を研究対象として意識しはじめたのは、はるか昔の学部生時代にさかのぼる。母校では当時、レストラン・ホテル学科を新設しようとしており、数多くのホスピタリティ関連科目が、社会人が受講できる寄附講座の形で用意されていた。筆者はそれらをあますところなく受講していたおかげでホスピタリティ業界を自分にとって身近な存在として感じることができたのである。研究領域として観光やホスピタリティに関わるのはその十数年後、北大のなかに観光系大学院新専攻を立ち上げる準備作業をおこなったときであったが、学部時代にこの業界に触れていたことが大きく役立つこととなった。

筆者はいまだサービス経営学研究やホスピタリティ産業研究の途上にいるが、齢五十代なかば、研究者としてのキャリア終盤に差し掛かった焦りも感じる。とはいえ、研究遂行上の副産物として本書が生まれ、研究をさらに進めるための道標として残すことができた。念願であったホスピタリティの文脈で経営戦略論を講義するために最適なテキストも用意することができた。本書を脱稿したいま、これら二つの意味でホッとしている。

浅学非才の筆者だが、多くの方々のご助力とご指導を得て、研究者として細々と研究業績をあげることができている。過去を振り返りながら執筆した本書に免じて、公私にわたって長らく指導を賜っている柳孝一先生に感謝したい。まずは多摩大学の学部時代より現在まで、左記に謝辞を述べさせていただくことを海恕いただきたい。柳ゼミは後に起業家を数多く生むことになる。筆者の研究者としてのキャリアが、地域企業論や地場産業集積の問題からスタートしていることの原点は柳ゼミにある。また多摩大時代には、近藤隆雄先生からも指導を受けることができた。先生方の薫陶を学生時代に得ることがなければ、現在の研究を切り拓くことはできなかったと確信している。

北海道大学の修士課程では、金井一頼先生のゼミに所属した。もともと研究者コースではなかった筆者を暖かく招き入れてくださり、在学中だけでなく研究者になってからも厳しく指導してくださった。大学院入学前に地域企業や地場産業の研究を志していた筆者が、この分野の碩学である金井先生に指導を受けられたことは大変幸運だった。また、金井ゼミ門下の先輩研究者にはこれまで幾度となくご支援いただいている。金泰旭先生は、修士課程在学中から筆者のメンターのような存在であったが、二〇〇八年に共編著書をまとめる際に共同研究を開始して以来、数多くの共著論文を発表させていただいた。金先生とは韓国や中国の企業調査にご一緒し、国際的研究の経験が浅い筆者を強力に導いてくださった。石田修一先生は、筆者が助手として研究キャリアをスタートさせた当初、研究の進め方から論文作法に至るまで筆者を導いてくださり、単著を二〇〇九年に上梓するきっかけをつくっていただいた。そして金井ゼミ門下の研究者コース出身の先生方（秋庭太先生、池田幸代先生、加藤敬太先生、新藤晴臣先生、崔光先生、山田仁一郎先生、横山恵子先生、吉野忠男先生）からは常に知的刺激をいただいており、共通の師を囲んで研究交流を深めながら、さまざまな形でご支援を賜っている。

北海道二十一世紀総合研究所の執行役員主席研究員である佐藤公一氏とは大学院時代から交友させていただいており、さまざまな機会を通じて地域ブランドや観光の研究に筆者がシフトする実質的なきっかけを作ってくださった。

筆者が研究者となり、前職場の北海道大学に助手として転職して以来、長年お世話になっている小早川護先生から得た学恩は計り知れない。ときに要求の高い上司として、ときに家族のように親身に接してくださった。その人間としての度量の大きさには深い敬意を抱かざるを得ない。小早川先生は大学を定年退職後も、学界と実業界に貢献を続けておられ、刻々と定年が近づいてきた筆者もまだまだ頑張らねばと勇気づけられる。また、二〇〇九年の共編著書の発刊プロジェクト以来、断続的に共同研究させていただいている敷田麻実先生と森重昌之先生には、海津ゆりえ先生を加えた科研費研究で長年ご一緒し、筆者自身の研究にも大きな刺激を与えてくださった。

現在の職場である小樽商科大学では、副学長の江頭進先生にいつも大所高所からの配慮をいただいている。とくに近年は小樽の歴史資源の観光活用に関する小樽市との共同研究メンバーに筆者を加えてくださり、貴重な研鑽の機会をいただいた。本学所属のマーケティング研究者（猪口純路先生、王力勇先生、長村知幸先生、カロラス・プラート先生、小林広治先生、近藤公彦先生、鈴木和宏先生）とは、筆者のライフワークである地域ブランドに関する研究を継続的にご一緒させていただいている。観光地マネジメント研究など、多くの研究関心を同じくする先生方との交流はいつも大変勉強になる。本学グローカル戦略推進センターの産学官連携推進部門の部門長である玉井健一先生と、副部門長である北川泰治郎先生には、観光関連のプロジェクトを中心に声をかけていただき、筆者が地域と関わる足がかりをいただいている。同僚である西村友幸先生は出身大学院の先輩にあたり、互いに別の研究機関に所属しながら学会活動等で協働してきた。期せずして同じタイミングで現職場に移籍以降も変わらぬご厚誼を得ていることに感謝したい。所属組織の専攻長である旗本智之先生には、ほかでは得難い研究環境を与えていただいている。専攻の諸先生方をはじめ本学教職員の皆様とは、学内業務を互いに支え合う良好な関係にあり、常に感謝している。

お名前はあげきれないが、多くの方に支えられて本書が世に出ることになった。筆者が人に恵まれ、助けられながら研究をつづけられていることをあらためて実感している。この機に御礼申し上げたい。

本書では感情労働と接客対話にトピックを絞ったため、サービス経営学の広範な領域を網羅できていない。サービス研究のさらなる拡がりに関心のある読者には、本書とほぼ同時期に中央経済社から刊行される予定の拙著（単著）『サービスファースト！――生産性を高める活動ベース戦略』を紹介したい。サービスの生産性も筆者の主たる研究関心分野の一つであり、同書ではサービス生産性を高めるための具体的手法を豊富に解説している。

最後に本書の出版に際しては、小樽商科大学出版会出版助成を受けました。出版にあたり、本学の学術情報課図書係の皆様には手厚くご支援をいただきました。そして、小樽商科大学出版会長の穴沢眞学長、附属図書館長の沼澤政信副学長には本書の企画提案を選考いただく過程で大変お世話になりました。また、本書の編集を手掛けてくださった日本経済評論社の柿﨑均社長、出版部の新井由紀子部長に感謝いたします。とりわけ同社出版部の宮川英一氏には本書を読みやすくするための懇切丁寧な助言をいただき、タイトなスケジュールのなか、無事に出版まで導いてくださいました。記して御礼申し上げます。

二〇二四年一二月

内田純一

［ま・や・ら～わ行］

［た・な行］

［は行］

［さ行］

事項

数字・欧文

和文

[あ行]

[か行]

組織名

欧文

和文

索引

人名

著者紹介

内田 純一（うちだ・じゅんいち）

小樽商科大学大学院商学研究科アントレプレナーシップ専攻（専門職大学院）教授。博士（国際広報メディア）（北海道大学）。
1971年生まれ。多摩大学経営情報学部卒業後、AFLAC日本社（現アフラック生命保険株式会社）勤務。この間、北海道大学大学院経済学研究科修士（経営学）課程修了。2002年より大学に転じ、北海道大学大学院国際広報メディア・観光学院准教授等を経て2017年より現職。著書に『地域イノベーション戦略』（芙蓉書房出版、2009年）、『サービスファースト！』（中央経済社、2025年）、『グローバル環境における地域企業の経営』（共編著、文眞堂、2008年）、『観光の地域ブランディング』（共編著、学芸出版社、2009年）など。

ホスピタリティの戦略論理
感情労働と接客対話の経営学

2025年3月21日　第1刷発行

著者　内　田　純　一

発行所　小樽商科大学出版会
〒047-8501 北海道小樽市緑3-5-21
電話 0134-27-5272　FAX 0134-27-5275

発売所　株式会社 日本経済評論社
〒101-0062 東京都千代田区神田駿河台1-7-7
電話 03-5577-7286　FAX 03-5577-2803
URL：http://www.nikkeihyo.co.jp

装幀：德宮峻（閏月社）　印刷：太平印刷社／製本：誠製本

落丁本・乱丁本はお取り替えいたします
価格はカバーに表示してあります

ISBN 978-4-8188-2677-9